黑龙江省哲学社会科学研究规划项目资助出版

张碧波◎著

理论的力量
——上古三代思想文化论略

黑龙江人民出版社

图书在版编目(CIP)数据

理论的力量：上古三代思想文化论略／张碧波著.
— 哈尔滨：黑龙江人民出版社，2019.8(2021.3重印)
ISBN 978 - 7 - 207 - 11890 - 5

Ⅰ．①理… Ⅱ．①张… Ⅲ．①中华文化—文化史—古
代 Ⅳ．①K220.3

中国版本图书馆 CIP 数据核字(2019)第 182716 号

责任编辑：孙国志　崔　冉
责任校对：秋云平
封面设计：欣鲲鹏

理论的力量
　　——上古三代思想文化论略
张碧波　著

出版发行　黑龙江人民出版社
　　　　　　地址　哈尔滨市南岗区宜庆小区 1 号楼 （150008）
　　　　　　网址　www.hljrmcbs.com
印　　刷　三河市华东印刷有限公司
开　　本　787×1092　1/16
印　　张　16.25
字　　数　250 千字
版次印次　2019 年 8 月第 1 版　2021 年 3 月第 2 次印刷
书　　号　ISBN 978 - 7 - 207 - 11890 - 5
定　　价　48.00 元

前言(一)

理论掌握了群众,便立刻成为物质的力量

——马克思

　　科学是生产力,软实力是生产力,观念是生产力;中华传统文化——中华文明发生发展学史中诸多观念——软实力,应属于生产力范畴,这些在生产力范畴中的观念软实力——理论,物质的力量,应是我们着力关注的宝贵财富,它们是中华文明史上最具有影响力的精神力量,构成中华文明传统的精华,成为今天实现中华复兴梦的创新的精神源泉。它是一个关于中国历朝历代宇宙观、价值观、治国方略的大问题。

　　在新时代建设有中国特色的哲学社会科学理论体系作为有价值的文化遗产,当是我们的精神宝库。上古三代的文化精华,是古代先民一代又一代,经过近百万年的积累、积淀,在创建宇宙、改造自然的磨炼、思索、认知的历史长河中凝聚成的人类智慧,成为文化史、文明史发生发展的文化精华,成为中华民族,也是全类的知识宝库、文化智慧的渊薮,成为中华民族文明的摇篮。

　　在全国宣传思想工作会议上发表的重要讲话中,习近平强调,要不断提升中华文化影响力,把握大势、区分对象、精准施策,主动宣介新时代中国特色社会主义思想,主动讲好中国共产党治国理政的故事、中国人民奋斗圆梦的故事、中国坚持和平发展合作共赢的故事,让世界更好地了解中国。中华优秀传统文化是中华民族的文化根脉,其蕴含的思想观念、人文精神、道德规范,不仅是我们中国人思想和精神的内核,对解决人类问题也有重要价值。要把优秀传统文化的精神标识提炼出来、展示出来,把优秀传统文化中具有当代价值、世界意义的文化精髓提炼出来、展示出来。要完善国际传播工作格局,创新宣传理念、创新运行机制,汇聚更多资源力量。

　　这是纲领性、战略性指导对传统文化精华的古文化资源力量。我们把上古三代传统文化精华提炼出来、展示出来,这些精华将成为我们在新时代建设中国特色社会主义理论体系的组成部分,用新观点、新思维、新理论改造这些文化精华,古为今用,增加文化资源,是我们衷心期待的。

前言（二）

文明有两大层次：一为物质文明，一为精神文明。

红山文明的坛庙冢应属物质文明，玉器、彩陶应属精神文明。

这两大文明层次在其形成过程中均有一个长期的过程，尤其精神文明，更是在这个族团的思想文化发生发展历程中，在长期的文化积累与积淀中形成的。而在玉器文化、彩陶文化的文化改造过程中，其工匠的经验、审美认知，工具的改进与提高，主体与客体的综合，天人关系中的形态的变化，综合能力的提高与升华——在2300万年的文化积累与积淀中，构成新石器文化与文明的转型，其所蕴含的文化浓度、深度，构成人们现在的非物质文化——精神文化的载体、精神文明的标志物。

在思想文化认知方面，经验的积累，对宇宙、对社会的认识，尤其对亲身体验的不断总结，这些有心人善于思考，才能成为生活的智者，他们为原始部落酋长。

美国文化人类学家布赖恩·费根在《世界史前史》中指出，"就人类来说，工具制造"就是石器制造。

以奥杜瓦伊峡谷命名的奥杜韦石器体现了人类最早掌握的技术。库比·福勒和奥杜瓦伊遗址出土的许多卵石曾被当作石核并制作锋利的石片。第一步，先迅速击打卵石的自然刃口附近，以将石片剥离。然后，将矿石翻转过来，在之前击打带来的疤痕形成的突起处继续多次击打。一个很可能被当作砍砸器来使用的刃部粗糙的"石核"就做成了。大量的石核被采集，以制作尽可能多的石片。

其他动物如黑猩猩会为了寻找食物或其他特定目的而制造工具，但只有人类才会常规性地、习惯性地制造工具，而且其形制也复杂得多。在制造工具这方面,我们比其他灵长动物走得都远。一个原因就是,我们的大脑允许我们提前对自己的行为做出安排。最早的人类工具很可能是用易腐烂的木头制成的,比如一些简单的棍棒、掘土用的棍子,或鱼叉,但这些都没有留存下来。终于,在大约 260 万年前,通过敲击两个石块得到的简单石器出现在东非,这个年代是惯常所公认的人类文化起源的时间。在东部和南部非洲都发现了大量这类石器,其中东图尔卡纳地区和奥杜瓦伊峡谷还发现了与之伴存的动物残骨。这些石器往往来自附近的卵石,有些如果移除一两片石片的话就能当作简单的石斧来使用。

200 万年是早期人类创造文化的节点,文化改造过了的岩石。

《人民日报》《参考消息》2018 年 7 月 13 日共同刊发了《中国两百万年前就有古人类》《古人类走出非洲的时间可能更早》,二文均指明,"从顶部到底部的 20 多个层位都发现了石器,主要包括石核、石片、刮削器、尖状器、钻孔器和手镐等。

——十五层土壤至二十八层黄土层——年代大约在 212 万年到 126 万年前之间,这一重大发现完全改变了中国上古史、文明发生学史的体系结构,对此均需要重新审视思考。

直至 200 万年前,世界上还存在好几种早期人族,但是为方便起见,我们可以将其归入同一个会制造工具的人种,即能人。那么,与更早的不会制造工具的人族相比,在最早的人类中究竟发现了何种专门化的心智过程(mental processes)呢?

我们可以从石器的制造中寻得一些线索。黑猩猩会就近取一些根木残枝,然后用牙齿把它咬成够白蚁的小细枝;它们会扯掉树叶,好把这个"人工制品"伸进小洞里。石器的制造需要良好的手眼协调能力,识别石料锐角的能力,以及使用一个工具来塑造另一个工具所必需的心智过程。但是,奥杜韦的石器制造者们所做的只是简单的工作,它们把石头塑造成可以一手抓握的形状,然后以之击打骨头,将那些刃部锋利的石片打掉。这种人工制品很难被划归为后人对石器的严格分类,例如砍砸器、刮削器、刀之类。奥杜韦石器中的石块和石片呈现出持续的多样性,这表明它们已经对基本的断裂力学(fracture mechanics)有所了解,但还不具备采用标准化形式,或者挑选简单加工过的原材料的能力。黑猩猩能够如人们所设想地制造出这样的工具吗?当尼古拉斯·图斯试图训练一个名叫坎兹(Kanzi)的倭黑猩猩制造奥杜韦工具时,他发现坎兹能够制造出锋利的石片,但它怎么都学不会鉴别石料或其他石片中的锐角。考古学家史蒂文·米琛(Steven Mithen)提出了两种可能:要么就是进化出了一种更普遍的智力,要么就是出现了一些基本石制造所需的心智过程——即能人的直觉性物理心智。奥杜韦石器主要用于处理动物尸体、剥皮、切割关节和肉、敲碎中空的骨骼。但是,能人是如何与自然界互动的呢?

从考古资料中可以发现,200万年前的能人和黑猩猩之间存在显著而重要的区别,即肉类消耗的剧增。实际上,能人很可能是一种行为灵活的非专业觅食者,他们的生活方式充满多样性,从狩猎到觅腐,从食物的分享到行动中进食,不一而足。能人脑容量更大,因而需要消耗更多的能量,对食谱质量的要求也更高。内脏的变化使基本代谢速度得以维持稳定,因为富含纤维的食谱会加速肠道的运动,所以导致内脏缩小的原因只能是食谱中肉类的增多。

史蒂文·米琛相信,相对于制造工具,这种对肉类的需求需要另一种认知能力,即一种能够使用自己关于环境的知识来完善有关到何处寻找食肉动物的猎物,以及何处动物更多的认知。他论证说,在距石料来源地10公里之外的地方发现了石器,标志着能人不仅会搬运石头,而且会把肉类转移到不同地点。与只能把"工具"转移到固定地点的黑猩猩相比,这种能力显示了一种相对复杂高级的与环境的互动关系。

到目前为止,能人的发现仅限于热带非洲,而且相对仅局限于稀树平原和草原环境,相比之下,后来的人类则能适应各种各样的气候条件。有些群体会居住在永久性水源附近,从某种程度上说,就像被拴在类似奥杜瓦伊峡谷浅水湖这样的一些地点周围,在这样的地区我们通常会看到各个不同时期大大小小的遗址重重叠叠地堆积在一起。在奥杜瓦伊峡谷发现了许多种动物,貌似我们的祖先曾在周遭广泛的领域内徘徊,但他们还是将许多食物转移到了一些容易辨认的地点。

与他们的祖先一样,能人拥有在大范围内发现并标记出资源的本领。

但是他们可能还拥有另一种认知能力,即发展出关于到何处去寻找食物的想法,并且在一个相对有限的环境背景中使用标记如动物的粪便来找到它。与此同时,能人的普遍智力通过人工器物制造方面的一些专门能力而得到补充,而这些专门能力在日后的几千年里成为提高适应环境的能力的重要基础。

社会智能(social intelligence)可能有了显著的进步。人类学家罗宾·邓巴(Robin Dunbar)研究了活体的灵长动物后,发现有证据证明,在更大的群体中存在着脑容量更大的个体,并且就脑容量和群体大小的关系推演出了一个等式。他先估算出能人的脑容量,然后将其数值代入黑猩猩等式中。黑猩猩的生活群体大小可测,约包含60个个体;相比而言,邓巴预计南方古猿所生活的群体,平均约含有67个个体,而能人所繁衍的群体,其个体数大约为81个。集体生活对能人来说是至关重要的,因为他们所生活的环境中到处都是食肉动物,能人只能使用最简单的武器与其争夺肉类。在人族动物生活的环境中,食物总是大规模不规则地分布着,因此,集体生活对于人族来说就有着巨大的优势。集体中的成员可以单独或者结对出去寻找食物,然后再与他人共享,从而使集体作为一个整体能够覆盖更广的领域。米琛相信,大脑的扩展使得人族具有了更高的社会智能,能够应对彼此密切并存所带来的种种复杂观念,而在这个集体当中,假设他人也具备某些认知是至关重要的。(《世界史前史》中文版,第59—66页)

人类心智的发生发展是人类产生时期一个根本性问题:智人、能人——人族之脱离动物而具有思考认知能力——这正是在红山人之所以创造出坛庙冢、玉器、彩陶等精神文化产品——几千年、几万年、十几万年的劳动实践,提高了红山人对自然物的认识使用,改造积累了经验,积淀了实践中的认知能力,并在部落、部落联盟的生活、合作中逐渐产生了语言、文字,例如西北高原地区、仰韶文化发生时期出有陶器刻划文字,这应是中国古人类经历上百万年生活历程,心智不断进化的成果。

古人类经历多长时间方可转入旧石器时代,又经历多久方转入新石器时代?

红山文化、仰韶文化(其中的大地湾文化)、庙底沟文化及良渚文化、大溪文化、石家河文化等等,它们的厚重的、精细的文化内涵,深沉的文化底蕴,玉猪龙、王勾龙、玉琮以及思想文化,这又正是精神文明早于物质文明的缘故所在。构成精神文明的结构均在所揭示文化范围之内,均表现着文化的长时间的积累、积淀,呈现出重新、重头思索,要求人们打破原有局限的新范畴,为人们提出重新思考的诸问题。

中华传统思想文化精华是中国历史前进的动力,是中国人民发展创造的精神力量和物质力量。它不断遵循、丰富体系化、理论化,成为中华上万年文明史的思想文化的渊薮,具有强大的文化影响力,给予世界以强力的影响。

前言（三）

2015 年之前看到一则关于 300 万年前红山人的消息，当时只作为一条参考消息存了起来。现刚刚看到关于 200 万年陕西蓝田人的报道，正因为在考查红山文化时考量到红山文化的体系性、成熟性而不得其解，看到关于 300 万年前红山人的报道（很简约，而且没有国内考古资料），认识到这一个消息应该是理解红山文化前所指出的不得解决的问题。这一报道直接涉及新石器时代所产生的诸多体系性文明的理论问题，虽然没得到国内学界的认可，但我们认为这一消息可以促使人们更深入地理解中国早期文化及其体系性、成熟性诸问题，为此提出一些看法，并成为中国文化、中国文明具有强大影响力的独特特征。

前言(四)

200 万年前中国就有古人类——蓝田人,近日又得知,内蒙古浑善达克沙漠发现了 300 万年前的古人类,又得知新疆出有马齿骨、肢骨化石。经新疆文物考古研究所专家考证,此为三趾马骨遗存点,属上新世纪晚期,距今大约 300 万年。石河子红山嘴三趾马遗存点西侧是玛纳斯河床,北约 1 公里为石河子红山嘴二级发电站,东面紧靠玛纳斯干渠。早在 5000 万年前,新疆许多地方还是郁郁葱葱的森林,现代家马的祖先——始祖马在这茂密的森林里生活。始祖马的蹄子是四趾,在漫长的地质历史变化中,森林面积逐渐缩小,始祖马不得不到草原上生活,成为草原古马。它的体型越来越大,接近于现代家马,腿逐渐变粗变长,侧趾逐渐退化,变为三趾,称为"三趾马"。

三趾马是哺乳动物奇蹄目马科中一个灭绝的旁支,它的颊齿是高冠型的,上颊齿原尖孤立。每肢三趾,这是它有别于所有已知马类的主要特征。它生存于距今约 1500 万年至 40 万年这一地质历史时期。三趾马化石广泛发现于亚、欧、非和北美四大陆,在国内广泛发现于山西、内蒙古、甘肃、河南、黑龙江等省区。

在新疆石河子发现三趾马化石,证明早在 300 万年以前,石河子一带的自然环境和气候条件曾适于三趾马的生存、繁衍。从而说明,那时石河子已有了人类生存的条件。这为在石河子区域寻找早期原始人类活动遗迹提供了依据和线索。

二三百万年前的中国古人类在文化史上的影响有独特特质。据人类学家费根所说:"有关人类起源进化的一个完整的情节大纲肇始于五六百万年前",黑猩猩一系和人类一系从一个未知的共同祖先那里分道扬镳。最早的人族是生活在树上的长臂长腿动物,并且最终演变成两足行类,即靠两后肢走路。400 万年前的全球降温导致大片空地的出现，为了适应这一转变，生活在非洲的人族丰富了他们的食谱，并且获得了更大的稳定性和行为的灵活性。截至 300 万年前，人族世界辐射文化为不同类型。能人可能会狩猎，掌握了简单的石器技术，具备一些交流能力，而且已有了非常初级的社会组织形式。这已进入最早的会制造工具的阶段，并已出现最早的人类心智——能人的普遍智力通过人工器物制造方面的专门能力而得到补充，社会智能有了显著的进步，集体生活对于人类来说就有着巨大的优势，"大脑的扩展使得人族有了更高的社会智能"。（《世界史前史》中文版，第 66 页）

从能人到智人到直立人，经一百万、两百万年的人与自然的接触、改造，提高了认知能力，控制和改造自然的能力，"早在距今 180 万年前就已经学会了保存火种"（《世界史前史》中文版，第 78 页）；文化改造了石器，出现了狩猎的复合工具弓、弦、箭——弓箭——"发明这些工具需要有长期积累的经验和较发达的智力，因而也要同时熟悉其他许多发明"（恩格斯：《家庭私有制和国家的起源》，《马克思恩格斯选集》第四卷，人民出版社 1966 年版，第 17 页）。

弓箭对于蒙昧时代，乃是决定性的武器，文化改造过了的泥土——陶器——"野蛮时代的特有标志是动物的驯养、繁殖和植物的种植"（《世界史前史》中文版，第 18 页），这与新疆石河子发现三趾马化石——前 300 万年人类活动相吻合。

"在野蛮时代中的人类的某些部落氏族制之下赢得了开化的境界，在开化的时代中，这些同一部落的子系在它之下赢得了文明。氏族制度将人类中的部落从野蛮带入了文明。"（摩尔根：《古代社会》，商务印书馆 1972 年版，第 101 页）《山海经·西山经》中古西王母王国，《尚书·禹贡》"黑水、西河、雍州"，《史记·大宛列传》"条枝，西王母"，《逸周书·王会解》"正西昆仑"；《尔雅·释地》"觚竹、北户、西王母、日下，谓之四荒"，新疆巴里坤东黑沟遗址是西王母祭祀天神的场地，其石筑台应是著名的"三成昆仑丘"的西王母的昆仑丘，这正是摩尔根重点指出的："女性本位是原始的法则——氏族制度随着人类的进步经过了一系列的连续发展阶段，由原始的形态递变到最终的形态。"（摩尔根：《古代社会》，商务印书馆 1972 年版，第 100 页）

　　这表明,距今二三百万年的中国古人类在氏族社会——母性氏族社会赢得了开化的境界,"在开化时代中的这些部落的子孙在它之下赢得了文明"。新疆石河子地区、内蒙古浑善达克沙地区、陕西兰田玉山镇下陈村的距今 240～300 万年的古人类,均遵循原始法则的女性本位制:新疆西王母王国文明来自石河子地区古文化的文化圈中的西王母文明王国,属于红山文明王国范畴的 300 万年前的浑善达克文化中的女神庙之红山王国。

　　女王,陕西大地湾遗址中的三皇中的女娲女王,均呈现着氏族原始法则。

　　西王母文化、红山文化、大地湾文化,均呈现出一共同性的特征:经历了二三百万年的生活实践,思想文化的长期积累与积淀,汇成西王母文明王国,红山文明王国,大地湾、女娲、神农文明王国,载着几百万年的思想文化精华,显示着沉重的中国文化的深度和厚度,显示着文明的成熟度与高度,这正是这些文明具有时代的历史文化影响度的原因!

目　　录

中国两百万年前就有古人类

研究称系亚洲最古老居民

【俄罗斯卫星通讯社莫斯科 7 月 12 日电】题:科学家称古人类 200 万年前出现在中国

古生物学家在中国找到了创纪录的古代劳动工具,证明人类早在 200 万年前就已经出现在亚洲土地上。这些工具的照片和科学家们的结论发表在《自然》杂志上。

英国埃克塞特大学的罗宾·登内尔说:"我们的发现表明,现在我们不得不重新考虑首批人类离开非洲并开始在地球上其他地方定居的那段时间。"

正如在格鲁吉亚德马尼西镇的发现所证明的,直立行走的古人类大约在 185 万年前离开非洲。

在中国陕西省蓝田县进行挖掘时,登内尔和他的同行发现,这比以前认为的要早许多。

三年前,古生物学家在那里遇到了一层厚厚的沉积物,这是他们不断挖掘并研究的沉积物。在其内部不仅找到了古代奶牛和其他动物的头骨,而且找到了近 100 种各种形式和用途的劳动工具。

科学家们断定,这些劳动工具的年代甚至可以追溯到 212 万年以前。

科学家们指出,类似的发现说明德马尼西镇的古人类不是亚洲最古老的居民。显然,中国的古人类要比格鲁吉亚的早。

【英国《独立报》网站 7 月 11 日报道】在中国发现的简单石器促使人们重新思考人类的早期迁徙

古老的石器以及动物骨头的年代可追溯至200万年以前,这表明我们的原始人类近亲经过长途跋涉来到亚洲的时间比科学家之前以为的早了数十万年。

在中国陕西省西安市蓝田县玉山镇上陈村(左图)发现了距今210万年的工具(右图)表明,原始人类离开非洲的时间早于科学家之前认为的时间。(美国《纽约时报》网站)

这些遗迹是追踪古人类早期迁徙的最新成果。他们从非洲的家乡出发。

这些早期迁徙的现场证据较少,因为第一批定居者的人口数量很少,但在实际骨头较稀少的时候,他们加工的原始工具起到了有效的"名片"作用。

如今,由朱照宇博士带队的中国科学院团队在蓝田县上陈村发现了近100件石器,这些石器表明,原始人类曾在130万年到210万年前在此居住。

之前,在非洲以外发现的最早的古人类证据来自格鲁吉亚。在那里发掘出了属于直立人的工具和骨骸,其年代可追溯至约185万年前。

在中国,甚至在更东边的爪哇岛,发现了最早可追溯170万年前的古人类化石,但一些人称,该地区的人类活动甚至可追溯至更久远的年代。

如今,这系列工具为这些论断提供了更强有力的证据。这些工具可能是用来加工附近找到的动物残骸。

这些物品是在时间跨度近100万年的土壤层中发现的,表明这些人类在该地区出现了很长一段时间,而且处于极为不同的气候时期。

任何新证据都有助于科学家试图将人类的历史拼凑起来,但迄今为止,关于这些早期迁徙仍有许多事情是个谜。

人类学家约翰·卡佩尔曼教授就这一发现发表评论说:"从东非至东亚,长达约 1.4 万公里的艰苦跋涉代表大范围的人口扩张。古人类的这一迁徙很可能得益于进入新领地时的人口增长。然而,即使迁徙速度仅为每年 5 到 15 公里,非洲到亚洲之间的距离也可以在 1000 年至 3000 年内走完。"

古人类走出非洲的时间可能更早

京 7 月 12 日电　由中国科学家领衔的研究团队日前在陕西省蓝田县发现旧石器遗址——上陈遗址,该遗址上存在持续性的人工制品文化可追溯至今约 212 万年到 126 万年之前,将蓝田地区古人类活动遗迹的时间向前推进了约 50 万年,比目前公认格鲁吉亚德玛尼西旧石器遗址年代还早,时表明古人类出现在非洲以外的时间比之前认为的更早。

研究合作团队由中国科学院广州地球化学研究所牵头,联合中科院地球环境研究所、古脊椎动物与古人类研究所、南海海洋研究所、地质与地球物理研究所以及英国埃克塞特大学等国内外 10 余个机构组成。团队在陕西省西安市蓝田县玉山镇上陈村进行了历时约 14 年的考察与地质发掘工作。

据介绍,上陈遗址地质剖面有很多清晰的标志层,可知晓比较准确的年代范围。通过野外勘查及对比,合作团队建立了清晰的黄土——古土壤地层序列和古地磁年代序列。经过连续采样和小规模地质挖掘,研究人员在上陈遗址从顶部到底部的 20 多个层位都发现了石器,主要包括石核、石片、刮削器、尖状器、钻孔器、石锤和手镐等古人类早期使用的工具。成果论文重点分析了其中第十五层古土壤至第二十八层黄土层位中的石器情况,年代大约在 212 万年到 126 万年前之间。

论文第一作者兼通讯作者、广州地化所研究员朱照宇说:"这些旧石器主要出现在气候温暖和湿润的古土壤发育时期,少量出现在气候干冷的黄土层时期。同时,这些文化层的时间跨度长达约 85 万年,显示了古人类可能在 212 万年到 126 万年前曾反复地(不一定连续地)生活在中国黄土原。"

传统观点认为非洲直立人在距今 180 万到 190 万年前走出非洲向世界各地迁移,而此次发现的非洲以外的蓝田上陈遗址旧石器层位的年龄远早于这个时间。研究人员表示,尽管目前尚未发现古人类的化石,也不知道是谁制造了这些工具,但是曾生活于此的古人类应该属于人类进化过程中一个非常原始的种群。此外,在同一个遗址中拥有平均约5万年高频率出现的旧石器文化层序列实属世界罕见,而石器主要赋存于古气候相对暖湿的古土壤层位中的事实也为深入探索古人类的生存环境及其演化过程提供了重要的线索。

朱照宇说:"这一突破性研究成果拓展了处于国际领先地位的中国黄土——古土壤序列研究在古人类与古文化方面的新方向,并将促使人们重新审视早期古人类起源、迁移和扩散的格局。"

中国人不是从非洲来的

——有感于 200 万年前的中国古人类

2018 年 7 月 13 日《人民日报》《参考消息》刊发重要的文化信息:《古人类走出非洲的时间可能更早——陕西蓝田发现约 212 万年到 126 万年前古人类活动遗迹》《中国两百万年前就有古人类——研究称系亚洲最古老居民》。

一、中国人不是非洲人——体质人类学的考查

1. 这"比公认的西北格鲁吉西德玛尼西旧石器遗址年代还早 27 万年,同时表明古人类出现在非洲以外地方时间可能比之前认为的更早"。

2. 中华自然生态环境与民族文化格局

历史地理的生态环境制约着甚至决定性地影响着民族文化格局。中华大地是一从西向东逐级倾斜的斜坡,西部有世界屋脊的青藏高原,海拔 4000 米以上,东接横断山脉,形成云贵高原、黄土高原、内蒙古高原的由西南到东北的半圆形高原带,海拔 200 米以下的平原地带及沿海地带。东北则为大兴安岭及燕山山脉接触地带和东北平原。中华大地本身是一个巨大的地理单元,东西落差形成三级巨大阶梯。南北跨度达 30 个纬度,这既决定它的起源的本土性,又形成了极其不同的多种文化区系。

人类产生是宇宙本体论的核心问题,中国人的诞生自有它的人类生成史,"女娲抟黄土作人"(《风俗通义》),文化改造过了的黄土,诞生了黄种人——中国人,西北黄土高原成为"黄土作人"的中国人的诞生地。

中国或发现未知人类族群。

【英国《每日邮报》网站2月2日报道】题：我们找到人类新物种了？

出土化石显示，许家窑人是一个不同于任何已知人类祖先的未知族群。图为从不同角色拍摄的三颗许家窑人牙齿化石。（英国《每日邮报》网站）

中国出土了一个神秘古代人种的化石，既像尼安德特人又像现代人类。

距今约12万到6万年前的化石显示，这是一个不同于任何已知人类祖先的未知族群。科学家说，对这一不寻常发现的一种解释是，这些化石是两个已知人种杂交的结果。

这些化石是1976年在山西省许家窑的一个洞穴中发现的，其中有头骨的碎片以及来自4个个体的9颗牙齿。西班牙人类进化国家研究中心的玛丽亚·马丁农－托雷斯教授最近对这些牙齿进行了新的分析。

据英国广播公司报道，玛丽亚着重分析了牙冠和牙根的大小以及形状，还有牙尖、牙槽以及它们的相对位置。然后她将这些牙齿与其他已知古人种的5000多颗牙齿进行了比较。

玛丽亚说："每个牙齿的斜度、牙槽和凹陷都呈现出一种模式或者一个独特种群的综合特征。"其中一些牙齿的特征与更早的直立人相似，另一些则与尼安德特人相似。"他们有些未知的非常原始的混合特征。我们还不能说这就是一个新人种，因为还需要做其他的比较。"

虽然现代人类起源于非洲，但科学家还发现了地球上其他四种早期人类，而生活在亚洲的丹尼索瓦人就是其中的一种。

一种可能性是这些化石属于丹尼索瓦人，这个神秘的早期人种曾与我们的人类祖先并存并杂交。

但澳大利亚新南威尔士大学的达伦·柯农说，牙齿的表面特征有力地证明这是一个不同于丹尼索瓦人的全新未知人种。

研究人员希望能够在亚洲其他地方发现更多骨骼化石，从而解开这个谜。

上周发表的另一项研究则说，亚洲可能还有另一个新的早期人种。

台湾沿海的渔民曾打捞出一个 20 万年前生活在该地区的古人种的腭骨。与在东亚发现的其他人类化石相比，这一下腭骨又短又厚，长有罕见的巨大牙齿。与许家窑的发现相似，这一发现显示它属于一种以前未知的古人种。

专家说，在 5.5 万年前现代人类出现之前，亚洲可能生活着好几个早期人种。

——《参考消息》2015 年 2 月 4 日

3. 中国型牙和其他型牙

毫无疑问，最早的美洲人是从西伯利亚来的，但其最终祖先的归属问题却存在很大的争议。亚利桑那州立大学的克时斯提·特纳长期致力于美国印第安人的牙齿类型研究，并将其与旧大陆上的诸种群相比较。他的研究显示，人类牙齿的牙冠和牙根暴露了史前各特定人群之间的关系。这些牙齿比绝大多数进化特征都要稳定，而且可以在很大程度上排除环境因素、性别差异和年龄不同所造成的影响。特纳尤其关注一种特殊的牙齿特征模式，他称之为中国型牙（Sinodonty）。

中国型牙的标志包括门齿的铲型（内侧呈铲型）和双铲型（内外侧均呈铲型），上颌第一前臼齿单根以及下颌第一臼齿三根。中国型牙是所有美洲印第安人的共同特征，也常出现于亚洲北部和中国北方。其他蒙古人种被特纳称为其他型牙（Sundadont），二者之间差异如此之大，以至于特纳相信西伯利亚和美洲移民就是来自亚洲北部有着中国型牙的人群,他认为这些人就是最晚于 40000 年前在中国进化而来的。问题是如何找到考古证据来证实他的理论。①

中国发现 8 万年前牙齿化石,或打破人类源自非洲说。

【英国广播公司网站 10 月 14 日报道】中国境内发现的化石打破了关于人类源自非洲的传统说法。

在中国南方道县进行考古发掘的科学家发现了一批牙齿化石,它们属于至少 8 万年的现代人。这比普遍得到认可的"走出非洲"大迁徙要早 2 万年。据认为,那次大迁徙最终导致了人类遍布全球。

英国《自然》周刊介绍了这项研究的细节。

遗传和考古方面的多项证据表明,人是 6 万年前从非洲分散到世界各地的。据认为,生活在非洲之角的早期现代人在水位低时经曼德海峡越过了红海,如今非洲以外的所有人都源于这次外迁。

现在,对道县福岩洞遗址的考古发掘出土了 47 颗牙齿。

"我们认为,(从形态来看)这些牙齿显然属于现代人。"伦敦大学的玛丽亚·马蒂农 - 托雷斯告诉英国广播公司记者。

所有化石被封在一层犹如墓碑的方解石里面。因此,这些牙齿必定比那个地层更古老。上面一层的石笋用铀系测年法推算属于 8 万年前。也就是说,位于那些石笋以下的所有东西都肯定比 8 万年还要古老。据研究人员称,这些人牙可能已有 12.5 万年之久。

此外,与这些人牙一起出土的动物化石具有典型的晚更新世特点——与放射性测年法测出的时间属于同一时期。

4.蒙古斑

(1)体质人类学

体质人类学指出蒙古人种有蒙古斑的体质特点。印第安人属蒙古人种,其体质有蒙古斑。

蒙古斑一种良性的先天的胎记,形状不规则,边缘呈波浪纹。蒙古斑是

---

① [美]布赖恩·费根:《世界史前史》,中文版第 120 页。

东亚等蒙古人种常见的胎记,故此记"蒙古"来命名。它亦普遍流行于东非及美洲原住民种族,白人亦有一些机会发现蒙古斑,但因为他们的皮肤色素较深或较淡,相对不易察觉。蒙古斑一般在出生后3至5年,最迟在青春期之前消散。蒙古斑呈现蓝色、瘀青色是因为真皮层的黑素细胞所致。当人体仍处于胚胎的状态

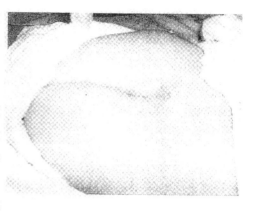

一名六个月大的女婴出现蒙古斑

时,由黑素细胞从神经脊移动到表皮时,未能穿透表皮和真皮交界处,在真皮深部而形成蒙古斑。它在人体出现的时候,可能会只有一个较大的斑印,或者是多个比较少的斑印,最常在下腰椎部位、臀部、肩膀发现。

蒙古斑是一种独有的皮肤出现的遗传紊乱,对人体并无害处,出现的概率亦没有性别倾向,即男或女都很可能会出现蒙古斑。

蒙古斑经常出现在蒙古人和其他亚洲族群,例如中国人、韩国人、日本人、越南人等。近乎所有东亚人婴儿都有一处,甚至多处的蒙古斑。有调查显示,95%—100%的东亚人婴儿会有蒙古斑,东非人婴儿出现的几率有90%—95%,而古美洲人则有85%—90%。如果父或母其中一方为东亚人,婴儿出现蒙古斑的机会亦相当高,高加索人种、土生的欧洲人、中东人、北非人、印度次大陆人,有1%—10%出现的可能。另外有50%—70%的南美人会在出生拥有蒙古斑,因为一些南美人是印第安人混血儿。①

5. 先于非洲人出现的,是本土人而非外来者,黄种人,不是黑种人。

二、(美)布赖恩·费根著《世界史前史》对人类起源的论述

急剧的骤变?

我们的前辈科学家们曾相信进化是一个渐进的上升机制,然而早期的

①　(英)劳拉·布勒:《印第安人》,二十一世纪出版社2003年版,第9—11页。

东非化石则为我们呈现了一辐非常不同的图景,目前的观点认为间断平衡论(punctuated equilibrium)——一段很长的相对稳定期之后,会出现一个由新的选择性压力(selective pressure)所造成的急剧骤变,这种选择性压力由于条件的改变,比如环境或机体自身的变化所带来的。全书包括以下内容:

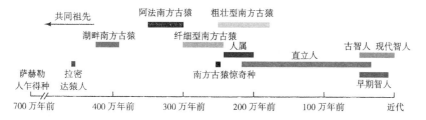

1. 背景:冰期

2. 非洲匠人(约 190 万年—约 60 万年前)

3. 从非洲辐射出去的人类

4. 直立人的生活方式

5. 古智人(约 60 万年前—13 万年前)

6. 尼安德特人(约 20 万年前—3 万年前)

7. 现代人的起源(约 18 万年前—15 万年前)

8. 走出热带非洲

一百万年进入细石器时代,并产生了玉器时代,这是从旧石器时代转型新石器时代,即文明产生时代。

三、根据马克思的"亚细亚生产方式""早期的儿童"理论,蓝田人是农业民族,三棱大尖状器,距今 180 万年的西侯度也出土这种大型石器,与蓝田人相同,有用火痕迹,已出有小石片的漏斗形小石核

从大石器到中石器到小石器到细石器,古代先民不断地用文化改造着石器,蓝田人不断地改造着大自然,《参考消息》右图展示的石器应是一件石斧,据古文学家康殷考查:"王字原为戌斧头之形"①。这件石斧可能是部落酋长权力之物。

---

① 《古文字形发微》,北京出版社 1990 年版,第 711—713 页。

"多功能石斧"(新石器时代,成为王权的象征物)是人类最常见的工具,袭击猎物,挖掘植物根茎,在百万年前得到多次改进,从思维考古学角度,在手斧技术变化中,在变化改造过的众多石器的实践经历与经验中,人类改造石器文化的认识与改造能力得到提高,在改造自然历程中,人类的认识能力、思维能力随之提高。

到了新石器时代,手斧——石斧成为权力之物,为酋长、宗教执长、巫觋为掌握神权做准备,获得神权就获得王权,这与埃及的法老、印度的湿婆相同,后二者的巫觋称王、称神。

对这些巫觋影响历史文化进程,司马迁在《史记·天官书》中记:"昔之使天数者,高辛之前,重黎,于唐、虞、羲、和;有夏昆吾,殷商巫咸,周室史佚、苌弘……"对这些著名的对历史有重大影响人物,史迁著之史记,传之千古。"天数"——天道性命——自然宇宙运行规律,对宇宙、人生全面性、整体性把握的学问,对宇宙、人生变化及其根源的意义的把握。

四、文化时代的转型——新世界的诞生

1.旧石器时代文化转型首先是巫觋文化产生,中国文明产生的问题

《国语·楚语下》:"昭王问于观射父曰:'《周书》所谓重、黎实使天地不通者,何也? 若无然,民将能登天乎?'对曰:'非此之谓也。古者民神不杂,……如是,则神明降之,在男曰觋,在女曰巫。……及少昊之衰也,九黎乱德,民神杂糅,不可方物,夫人作享,家为巫史,无有要质。民匮于祀,而不知其福。烝享无度,民神同位。民渎齐盟,无有严威。神狎民则,不蠲其为。嘉生不降,无物以享。祸灾荐臻,莫尽其气。颛顼受之,乃命南正重司天以属神,命火正黎司地以属民,使复旧常,无相侵渎,是谓绝地天通。'"《国语·楚语下》记述了巫觋产生的历史进程——从"夫人作享,家为巫史"到"民神杂糅,不可方物"到"南正重司天以属神,火正黎司地以属民""绝地天通",从人人皆可通神,到"南正重""火正黎"管天地人神,只有少数巫觋可有沟通天地的大权,这是一次对原始宗教的大改革。

中国的巫觋,埃及的法老、印度的湿婆(shira),是通天通地者的神职人员,又是知天知地的智者、圣者。南正重、火正黎帮助颛顼高阳创建了红山

文明王国,羲和帮助唐尧虞舜建立了尧舜文明王国,使中国历史从旧石器时代转型为新石器时代,进入文明王国时代。

按马克思"亚细亚生产方式""早熟的儿童"理论,红山王国在母系氏族社会经南正重、火正黎的支持与帮助,"不是通过技术手段或贸易手段",而是通天地的手段,通过政治手段获得政治权力。[①]

细石器(mierolitn),源自希腊语中的 micros,即小的和 hithos,即石头,是一种相当独特的人工器物,由一些细心制成楔形、锥形或柱形石核打制而来,充当矛的倒棘、箭头或小刀和刮削器。细石器最初至少三万年前出现于中国北方,成为移动性和便携式工具。

横穿白令海峡直达美洲,都发现了细石叶和楔形石核,13500 年以前,广泛分布在美洲大陆。

中国东北的北发人就是手持投枪、弓箭(细石器)追逐大野兽的猎人。

石器文化从大石器、中石器到小石器,石器逐渐小型化,短而小,出土多形态的雕刻器,从石器工业中转进细石器;——逐渐出土细石器,由细石器改造的复合工具,大大提高了生产力,特别是狩猎、渔猎文化,陶器文化。

3. 玉器文化的出现

玉器不是物质文化,是精神文化,精神文化载体。玉器与巫觋关系密切,是巫觋沟通天地的法器、工具。从石器文化的改造中发现美石——玉器。

A. 我们认为,红山玉器是王者通神的礼器,是巫者沟通天地的法器。红山玉器反映王国的天人关系和王国社会的人际关系。红山文化的女神庙是女王享殿,创造了女王文明模式。

牛河梁墓葬群有随葬高等级成组玉器的中心大墓和大墓型圹石棺墓;有随葬成组玉器的石棺墓,也有随葬单件玉器的石棺墓。每个积石冢内各墓之间的主次关系、主从关系十分凸显。这表明玉器显示出墓主人的身份与权力地位,它表现出社会上的严格的等级关系、政治的权力关系、社会财富的垄断关系,更重要的是表现出"玉器已是通神权力及其独占的体现",即

---

① 参见张光直《考古学专题六讲》,文物出版社 1986 年版,第 11 页。

独占神权。而王权来源于神权,则中心大墓的主人则是王者。红山王国已有着完备而严密的玉器礼制的思想文化体系。

B. 红山玉器是红山人的精神文明载体

玉器不是或主要不是作为生产工具出现的,红山人创造玉器,不是用于生产,而是用于通神;不属于物质生产范畴,而属于精神生产范畴。

红山玉器文化是中华新石器时代作为玉器时代而成为中华文明史的开端,其动物形玉雕、筒形玉器、勾云形玉器、方圆形玉璧以及多彩多样的玉器,使红山玉器成为中华一大玉器文化中心(另一中心为良渚玉器文化)。红山玉器文化作为红山王国的精神文明载体,在红山王国文明的产生、文明王国结构、文明王国宗教文化——思想信仰体系的确立诸方面起到了直接的主导作用。从而形成了红山学之外的红山玉学,并成为中华早期文明史中一个专门学科,为学界所关注。

在中华史、中华文化史、中华文明史上,红山文化占有极为重要的位置。红山人创造了一个玉器时代,改变了中华历史格局的传统认识。在石器时代与青铜时代之间有一个玉器时代,对国际学界历史阶段三段论与文明三要素等传统观念造成极大的冲击。红山人创造了物质生产体系之外的精神生产体系,创造了以玉器为主体的精神文明载体。开启了中华文明史,中华文明的产生与玉器文化密切相关。玉器成为礼器,成为沟通天地的神物,玉器带来了宗教文化大变革,构造了新型的思想文化信仰体系,建构了极富人文精神的天人合一的宇宙本体论;掌握玉器就掌握了沟通天地的神权,王权正来源于神权,文明王国产生了。红山人创造了红山文明王国。这是新石器时代辽河流域区域文化、王国文明。

上三者是时代文化转型的标志,从旧石器时代转型新石器时代,需在漫长的历史进程中进行的一个时代文化的产生,也是经历着漫长的历史过程,这是中国文化不平衡规律决定着的。

五、黄土高原文化圈中的早期文字举例

西安半坡出土的仰韶文化彩陶上的花纹

辛店彩陶上的花纹

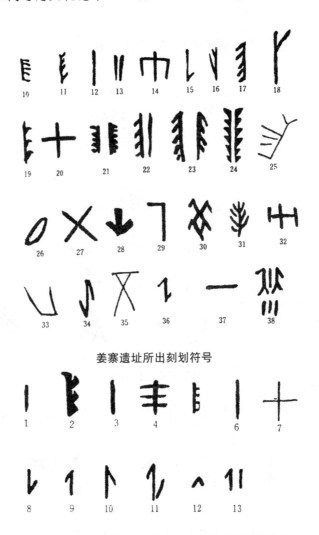

姜寨遗址所出刻划符号

零口、恒头、五楼、莘野、李家沟五遗址所出的刻划符号

1、2.零口所出;3.恒头所出;4.五楼所出;5.莘野所出;6—13.李家沟所出

— 16 —

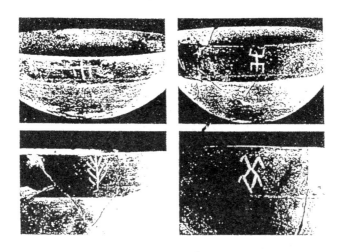

姜寨出土的陶钵与符号

青海柳湾遗址所出彩绘符号（一）

青海柳湾遗址所出彩绘符号（二）

　　国际学人划出了从猿到人的人类诞生历代史,中国古史上记有古羌族皆自称猕猴种,藏族祖族源为猕猴。

　　则中国古族的族源多有猕猴,正呈现出中华古族从猿到人的人类发生学史的规律,这样说来,中华古史上当不只蓝田古人这一种,只是考古尚未发现而已。

　　蓝田人应是中华文化史上"最早的会制造工具的人",用文化改造岩石的人,表明他们已对基本的断裂力学有所认识,产生了对石器制造的认识思维与处理能力,对自然界的认知、互动关系与观众——与动物、武器、部落生存等的认识能力的不断提高,多功能石斧普遍使用——"成为身份的象征",人类在与自然界的接触、改造、征服、认知的历程中,逐渐认识天地人神,古人类开始用火,从大石器到中石器到小石器,制作精致,器形复杂,如山西峙峪出土穿孔的三孔石墨饰品、刻划纹的骨片,当是巫觋的法器、卜骨;河北阳原虎头梁出土穿孔贝壳、石珠,是带在身上的法器、灵物;山顶洞人分上室、下室、下窨——阳界、阴界——生死界,它有了宇宙层次观众——天上、人间、地下、天神、地祇、人鬼——宇宙模式;陪葬品染成红色,尸体用赤铁石矿粉染成红色——红色象征鲜血和生命——"生命的来源、灵魂的寄生处",以企再生、复活。

鱼骨为灵物,鸟骨刻划沟纹骨管,一二三,最大数为五,五为天数,山顶洞人已有数理观念。

古代人类认识到植根于自然依赖宇宙的力量,经历百万年认识历程,近一百万年里,发生了文化大爆炸——新石器时代的产生,经百万年的积累,新石器时代积累和积淀了百万年的文化、智慧,才有黄土高原文化圈、裴李岗仰韶文化、庙底沟文化以及后来的龙山文化等等。有黄渤海文化圈,大汶口、红山文化等等,才有黄河流域文化圈、长江流域文化圈,在文化与文化圈之间的碰撞交流,在文化相互影响、作用圈中,构成中华文明的早熟性、早期性诸特点,这又正是我们看到的诸文明王国的体系性的完整性的高度与完美的思想文化体系,这正是我们现在看到的颛顼高阳所创建的中华文明史的第一个早熟文明王国——女王模式。

文字是文明产生的重要文明形态,中国文字产生很早,是中华文明早熟性文明的一个重要阶段。(虽然至今尚不可释读)却表明先民通过它们显示出复杂而多彩的思想文化世界。"苍颉作书,天雨粟鬼夜哭"(《淮南子·本经训》)。

文字是神物,惊天动地,文化大发展,社会发生大变化。

结　语

有两百多万年的文化积累,才有近百万年的文化积淀,形成了诸多文化圈,并构成多种文明模式。形成满天星斗(万国规模)式的浓重文化底蕴、早熟的早期的中国文明发生学史。这是我们从两百万年的考古报道中,得到的认识。

关于中国宇宙生成学史的考察

——以屈原《天问》为底本

关于中国宇宙生成史的考察，是受英国物理学家，史蒂分·霍金先生的《时间简史》的影响启发。认为中国也应有中国的宇宙发生学史。不知道国内学界是否已有这方面的研究，为此，就以屈原的《天问》为底本——因为在20世纪50年代，学习中国文学史时，接触到《天问》，对其中所问到的宇宙天地日月星辰诸所问，感到屈原不仅是一位大诗人，还是历史学家、科学家。

西方学者对所倡导的宇宙起源于恒星大爆炸又做了新发现、新的论说。中国的宇宙起源学说应在古代已经形成自己的中国式的论说，我们将在这里做一些归纳，以其对这一学说有一个大概的论廓。

系统地提出中华宇宙起源问题的是楚国大思想家大诗人屈原。屈原使用楚地"劳商"——离骚的民族抒情古诗开篇："帝高阳之苗裔兮，朕皇考曰伯庸。摄提贞于孟陬兮，惟庚寅吾以降。"这四句是屈子自述身世、家世，涵盖了楚民族的历史文化渊源，同时隐藏着中华上古一段早期南方历史与北方炎黄历史文化相对应的、相整合的中华早期历史文化。

从巫史世家所累积的对宇宙、天体诸结构、诸形态的思想文化史角度，屈原对上古三代以来的文化史进行了质疑性探索性的探索——《天问》，在史前3—4世纪时期，国人已对宇宙学诸问题做了严肃地思考。

为霍金先生的《时间简史》，我们特就屈原《天问》中所产生的时间文化学作一简要勾勒。经对屈子的身世考索，屈原出身于巫史世家，生于战国晚期，时当西周王朝覆亡，神权世界崩塌，春秋战国迎来了新时代——人文社会发生翻天覆地的变化，城邦经济新发展、商品经济新发展，土地从国有变为私有,文化下移,迎来了文化大解放的时代、文化大复兴的时代,诸子蜂起,哲学、史学进入一个学术自觉时代。

《天问》是屈原最奇特的以质问形式,杂言体叙事性的一首长诗。天问、问天,以宇宙自然人间社会一切事为问,"凡天地之象,阴阳之候,变化之由,死生之非,无弗及者。天问之者,犹言以自然界之一切事理为问耳。意若曰,宇宙间一切事物之繁忙不可推者,欲从而究其理耳。故篇内首问两仪未分,洪荒未辟之事;次问天地至形,阴阳变化之理,以及造化神功,八柱九天,日月星辰之位,四时开阖暗明之原,乃至河海川谷之深广,地形四方之怪度,昆仑增城之高,冬暖夏寒之所,皆天事也。天事之外,旁及动物珍怪之产,往古圣贤凶顽之事,理乱兴衰之故,又天道也。盖天统万物,凡一切人事之纷纭错综,变幻无端者,皆得摄于天道之中,而与夫天体天象天算等,广大精微,不可思议者同其问焉,此《天问》之义焉。"①游先生的论证是正确的,这种对天体天象天算以及人间社会历史的发问、质疑,实是对上古三代以来的宇宙哲学观、历史观、社会观及其历史神话的发问、质疑,要求新的科学的宇宙观、哲学观、社会观,是对上古三代史的质疑与批判,是新的宇宙观、历史观的建立。这是划时代的重大事件,是一位伟大的哲人、文化人、巨人的行状,中华科学史应有屈原的位置。

"遂古之初,谁传道之,上下未形,何由考之,冥昭瞢暗,谁能极之。"这是宇宙起源的发问:"冯翼惟像,何以识之,明明暗暗,惟时何为,阴阳三合,何本何化?"

怎样认识天地诞生,光明黑暗怎么发生,天地阴阳根据什么变化——"遂古之初,谁传道之"——屈子在问:在远古未有宇宙、"未有天地之先",何人传说这远古的历史文化呢? 探索认识了解开天辟地这一往古之事,用以探求中国历史文化发生发展的大问题,屈原在这里提出了中国文化创始及创始人的大问题。

这触及了中国文化、文明产生的问题,这涉及中国文化史上第一代文化人——巫觋:巫,《说文》:"巫,巫祝也,女能事无形,以舞蹈降神者也。"《国

---

① 游国恩:《天问纂义》,中华书局 1982 年版,第 8—9 页。

语·楚语下》:"在男曰觋,在女曰巫。"巫与工同意,"像人有规矩"。规矩乃古代画圆画方的工具。"数之法出于圆方,圆出于方,方出于矩"。"方属地,圆属天,天圆地方。""是故知地者智,知天者圣,智出于句,句出于矩。"(《周髀算经》)

巫觋是沟通天地的神职人员,通天通地、知天知地的智者、圣者。

"文信侯曰:尝得学黄帝之所以诲颛顼矣,爰有大圜在上,大矩在下,汝能法之,为民父母。盖闻古之清世,是法天地。"①"昔之传天数者,高辛之前重、黎……"②则黄帝、颛顼是执矩以规画圆方,以法天地者;由黄帝传授给颛顼,以"法天地"之至道而"为民父母"——王者兼巫者,这是黄帝以来的"古之清世"的文化传统。司马迁则明确指出"昔之传天数者"——掌握宇宙自然之至道者是从颛顼之命重、黎"绝地天通"开始的。是知,掌握天地之数——天地之道,是为中国文明之始,这也是说,掌握天地之数,是人类从原始自然宗教到人文宗教的转型,应是文明产生的一个重要标志。

颛顼高阳氏创建了红山文明王国,是为王国的女王(红山文化出有女神庙、女神像,它应是女王享殿,红山人对祖先神的尊崇与祭祀)。屈原自述"帝高阳之苗裔",在《天问》中开篇即问宇宙起源"遂古之初,谁道传之",谁传诵宇宙开辟史的"道",应指颛顼高阳氏以当之!

天地尚未出现,从何处考察?"冥昭瞢暗,谁能极之"——这是指宇宙天地产生前,有一个混沌时段。

这种宇宙创生观念,在晋人皇甫谧的《帝王世纪》书中,得到了一个系统而完整的记述。书中建立了这样一个宇宙创生的模型:

> 天地未分,谓之太易。
>
> 元气始萌,谓之太初。
>
> 气形之初,谓之太始。
>
> 形变有质,谓之太素。
>
> (太素之前,幽清寂寞,不可为象。)

---

① 《吕氏春秋·序意》。
② 《史记·天官书》。

质形已具,谓之太极。

天地开辟,有天皇氏、地皇氏、人皇氏。

天皇大帝耀瑰宝。

太易——太初——太始——太素——太极,混沌之后出有天、地、人——天地人神四大层次。层次观念是中国重大观念。

老子《道德经》谓:"道生一、一生二、二生三、三生万物。"道即混沌,由它的一(阳——太阳)生二(阴),阴阳对立;阴女,阳男,阴阳对立,天地自然,阴阳调和,天人合一,生成万物(三),产生宇宙、宇宙万物。

徐旭生对颛顼与中国古代巫术史的关系有很精辟的见解:"帝颛顼特别重要是因为他在宗教进化方面有特别重大的作用。《大戴礼记·五帝德》……说他……'依鬼神以制义'……明指他是鬼神的代表,就是说他是大巫,他是宗教主了。……不唯如是,帝颛顼主要的事迹是命重黎'绝地天通'……""帝颛顼生当原始公社的末期,……'民神杂糅,不可方物;夫人作享,家为巫史'……人人祭神、家家有巫史,是原始公社末期巫术流行时候的普通情形……'地天'可以相通,在当时人的精神里面,是一种非常具体的事实,绝不只是一种抽象的观念。龚自珍说:'人之初,天下通,人上通;旦上天、夕上天,天与人,旦有语,夕有语。'也就是因为他看出'家为巫史'时代的情形……""帝颛顼出来,快刀斩乱麻,使少昊氏的大巫重为南正'司天以属神'……说只有他同帝颛顼才管得天下的事情,把群神的命令会集起来,传达下来……又使'火正黎司地以属民'。就是说使他管理地上的群巫,……把宗教的事业变成了限于少数人的事业,这也是一种进步的现象。"①

更为重要的是,颛顼高阳氏的这次宗教性的伟大实践,造就了"南正重""火正黎"沟通天地的智者、圣者,他们是自有文献史料以来的第一代文化人,开启了中国文化史上的巫史时代。颛顼则成为中国文明史上"开始独占巫术的古帝王"。

"火历"的创建者

---

① 徐旭生:《中国古史的传说时代》,科学出版社 1960 年版,第 76—84 页。

《国语·周语下》:"王将铸无射,问律于伶州鸠","王曰'七律者何?'对曰:昔武王伐殷,岁在鹑火,月在天驷,日在析木之津,辰在斗柄,星在天鼋。星与日辰之位皆在北维。颛顼之所建也,帝喾受之……"韦昭注:"星,辰星也。辰星在须女,日在析木之津,辰在斗柄,故皆在北维。北维,北方水位也。建,立也……"令州鸠为周之巫史之官,将音律比之天象历数。

辰星乃大火星。《尔雅·释天》:"大辰,房、心、尾也。大火谓之大辰。"注:"龙星明者以为时候,故曰大辰。大火,心也,在中最明,故时候主焉。"房、心、尾为二十八宿之三宿,在东方天区,即所谓"东宫苍龙"。心宿由三颗星组成,中间一星较大,编号为心宿二,星呈火红色,古人因以"大火"名之,为古代农业指示星——黄昏时出于东方,即"在火昏见","为一个新的农事周期的开始,用后来的历法术语说,也就是以此时为'岁首'。这种以大火为授时的自然历,我们可以名之曰'火历'"。"我们的祖先以心宿昏见为岁首,并名之曰大火,同古印度人以昴宿晨见为岁首并尊之为火神一样,从人类认识发展史的角度来说,是十分自然而又必然的。"[1]"大火昏见",开始放火烧山,准备刀耕火种,故大火又称农星。"辰本耕器,故辱耨诸字均从辰。星之名辰者,盖星象与农事大有攸关。"[2]

观辰星——大火星运行而知气候节令之变化,是颛顼族团对星历气象与社会生产相结合的认知结晶。"商而曰辰","商主大火",则颛顼所创建的火历经帝喾高辛氏而为商周所沿用。"陶唐氏之火正阏伯居商丘,祀大火,而火纪时焉。相土因之,故商主大火,商人阅其祸败之衅,必始于火,是以日知其有天道也。"[3]

古人对大火星的观察与精审认识,不仅在于观象授时,还在于对星象历数的认识,亦即"知其有天道"——对宇宙自然规律的认识,实为天人合一的社会关系的秩序化。这标志着国家文明已进入一个新阶度。

---

① 庞朴:《"火历"初探》,《社会科学战线》1978 年第 4 期。
② 郭沫若:《释干支》,《郭沫若全集·考古编》。
③ 《左传·襄公九年》。

附:《关于中国宇宙生成学史的考察》阅后浅见

孙慕天

不久前去世的霍金(Stephen W. Hawking)的《时间简史》开头就讲了一个老妇人和天文学家拉塞尔的对话,老妇人用地球是由乌龟背驮着的神话驳斥了科学家关于宇宙结构的理论。当然,从现代科学的眼光看,老人的神话宇宙观不值一晒,但霍金却评论说:"但是,我们为什么认为自己了解得更清楚呢? 我们对宇宙了解些什么呢? 我们又是如何了解的呢? 宇宙来自何方,又往何处去?"科学追问的极致是哲学的思考,霍金宣布:"我的目标很简单,就是彻底理解宇宙。"因此,他的宇宙探索是对自然的揭秘,直逼科学和哲学的最彻底的诘问——本体论和存在论的基本问题。这样,现代宇宙论所诉斥的基本理论,有些就与古代的宇宙论猜想有了相通之处,其中一些甚至可以上溯到先民的神话传说。

近日张碧波先生以大作《关于中国宇宙生成学史的考察》见示,并认为我有能力知珍识贵。估计先生以为我多年专攻科学哲学,对宇宙学哲学当不陌生,而又粗通文史,故而殷勤下问。可惜余小子并非"多学而识之者",睹钜制叹为罕觏,学有不逮,本欲无言,奈何碧波学长多年畏友,不容抗命不遵,只好不揣鄙陋,略陈拙见。

我以为,大作要旨在阐明中华宇宙论所包蕴的独特理论,突出其与西方传统宇宙观的区隔及其特殊贡献,诵读一过,觉得大作提出了中国古代宇宙生成论的一系列基本理念,极具启发性。结合我过去对这一问题的学习,觉得可以突出阐发的是以下几个主题:

1. 本体演化论

宇宙的物质本体从混沌创生,这是中国传统的宇宙本原论。混沌未剖,无形无质。老子说:"有物混成,先天地生。"《淮南子》认为,宇宙原始之道,"高不可际,深不可测。包裹天地,禀授无形","天坠未形,冯冯翼翼;洞洞灟灟,故曰太昭。"作者引用西晋皇甫谧《帝王世纪》的说法,把宇宙演化分成五个阶段:太易——元初混沌期;太初——始基物质期;太始——形式发生期;

太素——本质形成期;太极——形态建构期。中国古代宇宙论最基本的理念是生成论的,物质是生成的,物质的形式、结构和性质也是生成的,这是一个从无形到有形,从无序到有序,从简单到复杂,从低级到高级的各态历经的进步的上升的过程。这种宇宙建构论,是中国传统宇宙论的主流话语。

值得一提的是,中国古代宇宙生成学中,有一个源远流长的纲缊学说,其滥觞是《周易·系辞下》最初提出的"天地纲缊,万物化醇"一说。后来张载、王夫之等将纲缊说发展成宇宙的物质本原论。王夫之说:"纲缊,太和,未分之本然"(《张子正蒙注》卷一),"天不听物之自然,是故纲缊而化生"(《思问录·内篇》)。纲缊是原始质料,是万物的始基。

现代大爆炸宇宙学提出宇宙起源于奇点(singularity of universe),奇点的体积为零,密度、温度和时空曲率均为无限大,实际上就是混沌,从奇点起始的大爆炸开始了宇宙从无序到有序的演化过程,基本粒子、原子、分子、各种宏观物体和星体及其系统,都是从混沌中不断生成的。碧波先生提到中国古代神话有"宇宙卵生"的观念,在现代宇宙学中有时也确实把宇宙奇点称作"宇宙蛋"(cosmic egg)。

2. 动力机制论

大作以《天问》之"圜则九重,孰营度之,惟兹何功,孰初作之"设问,别具慧眼,这里最重要的是"初作"这个概念,表明屈子已经明确提出了宇宙最初由谁建造的命题,这涉及宇宙生成的动力学机制(the mechanism of dynamics)。大作以象数学解读中国古人宇宙形成和发展的动因模式,而以数字三为极数,象征生育、生命和死亡,并用《史记·律书》的话"始一终十成三"表达这种动力学理念。"三"的哲学意蕴在于它体现了发展的结果,即合题,老子的"道生一,一生二,二生三,三生万物",正是表明了三作为宇宙整个生成运动的成果,而不是对动力过程的揭示。

这里最应补充说明的是,中国传统文化视域中的宇宙生成论是一种辩证动力论,对宇宙演化过程中的内在动因做了深入透辟的论析。贯穿《周易》的总纲就是阴阳矛盾对立和统一的辩证运动,这是宇宙发生发展的根本动力,如《系辞·下》所说:"乾,阳物也;坤,阴物也。阴阳合德而刚柔有体,以体天地之撰。"撰,事也,训"撰述营为",说的正是阴阳推动了宇宙(天地)

的创造运行。《周易》成书虽或已下抵周初甚至更晚，但其基本思想却可以上溯到三代以前。《左传·昭公三十二年》（公元前 511 年）载史墨的话："物生有两"，引出结论是"皆有贰也"，这里的"贰"就是相异、相反，也就是辩证法所说的"统一物只之分为两个互相排斥的对立面"。一生二，二生三，对立面通过排斥和斗争最后走向统一，如张载《正蒙·太和篇》所说："有象斯有对，对必反其为，有反斯有仇，仇必和而解。"王夫之诠释说："阴阳各成其象，则相为对。刚柔为对。刚柔、寒温、生杀必相反而相为仇。乃其究也，互以相成，无终相敌之理。"（《张子正蒙注·太和篇》）中国的古代的宇宙动力学与古希腊辩证法不同在于，阴与阳在宇宙生成中的作用是分化的，换言之，对立双方功能不对称。《易》云阳刚阴柔：乾纲行健，自强不息；坤道厚德，含弘包蕴。乾元的刚强、躁动、开放、进取和坤元的柔和、宁静、收敛、退守形成互补机制，是宇宙生成发展完整的矛盾的机制。《周易·系辞上》提出"其静也翕，其动也辟"的命题，翕是闭藏潜伏，辟是开拓扩展，先贤熊十力在《新唯识论》中，认为"离翕辟外，无所谓功能"，"一翕一辟者，大用流行之"，是宇宙进化的基本机理。这是中国古代宇宙生成论的高明之处。

近代西方自然科学也走上了以物质的内在矛盾阐明宇宙发展的辩证道路。1755 年，康德的《自然通史和天体理论》首次用物质自身的排斥和吸引的矛盾来解释太阳系的生成。牛顿曾经为行星围绕中心天体转动的切向力（排斥力）的产生所困扰，提出了著名的"第一推动力"的特设性假说。但康德的星云假说却将这个与中心引力相对立的切线力解释排斥力，如恩格斯在谈到康德——拉普拉斯假说时所说："如果行星运动的一个要素，即直接向心的要素，表现为重力，即行星和中心天体之间的吸引，那么另一个要素，即切线要素，则表现为气团各个质点原有排斥的残余，即以衍生的或改变了形式出现的残余。于是，一个太阳系的生存过程就表现为吸引和排斥的相互作用。"（恩格斯：《自然辩证法》，《马克思恩格斯全集》第 26 卷，人民出版社 2014 年版，第 593—594 页）恩格斯有一个著名的自然哲学命题："一切运动的基本形式都是接近和分离，收缩和膨胀，——一句话，是吸引和排斥这一股来的两极对立。"（同上，第 591 页）当代宇宙学的基础是广义相对论和量子力学，虽然大爆炸宇宙起源论仍然是假说，说成吸引和排斥的力是四种相互作用——引力、电磁、弱相互作用和强相互作用,这四种相互作用的机理虽然还没有完全揭示出来,但所有的理论和观测都贯穿一个根本的两极运动——排斥和吸引。霍金在《时间简史》中根据弗里德曼模型,描述了大爆炸时刻排斥引发的膨胀和温度降低使相互吸引造成的收缩,他声称自己就是这样"理解被广泛接受的宇宙史"(斯蒂芬·霍金:《时间史之谜》,上海人民出版社 1991 年版,第 139 页)。吸引和排斥是"古老的两极对立",就其理论的本质说,正是中国古代宇宙发生学中的翕辟范畴。

3. 天人合一论

碧波先生大作"天人同构的宇宙认知体系",指出有天道而及人道,由天象而及人间物宜,制定了"宇宙社会共同体的概念"。"大宇宙"——天地万有,"小宇宙"——人体生命,二者同构、同步、同感。法天象地,按天体运行变化总结认识物候时序,"敬授民时",建立时间文化;按天旋地转宇宙律动安排人事生活,象形制物,择地安居;按阴阳生尅自然秩序调节生命节奏,法于阴阳,和于术数,所谓"四时阴阳万物之根本也","逆其根则伐其本,…故与万物沉浮于生长门,逆其根则伐其本,坏其真矣"(《黄帝内经·素问》);或知《淮南子·天文训》所说:"阴阳相错,四维乃通;或灭或生,万物乃成;蚑行喙息,莫贵于人;孔窍肢体,皆通于天。"天人合一是中国传统文化的精髓,诚如大作所说,这种基辅中华民族特点的宇宙文化传统,"使天人同构的宇宙认知体系带有鲜明的人文特点"。

饶有兴味的是,这种中华特有的天人合一观念,在以实证科学理论为基础的现代宇宙学中,居然也有了相应的体现。霍金在《时间简史》中,根据现代宇宙学的主流模型提出弱和强两种"人择原理"(anthropic principle),或译"人的宇宙学原理"。弱的人择原理是说:"在一个空间或时间大或无限的宇宙中,发展有理智的生命所必需条件,将只会在某些空间和时间有限的空域里得到满足。"因此,我们在宇宙中所在的星区恰恰满足了人类产生所需要的条件,就不足为奇了。强的人择原理是说,无论是否存在多个宇宙,只要是产生了人类,其初始结构和一系列科学定律必定符合于人,也就是说,它正是我们看到的这个样子,原因很简单,如果不是这样的话,"我们就不会在这儿。"(斯蒂芬·霍金:《时间史之谜》,上海人民出版社 1991 年版,第 148—

150 页)值得一提的是,1937 年,量子力学的奠基人之一狄拉克(Paul Dirac)
提出大数假说(the large number hypothesis):自然界的一些基本常数是有量
纲数,而其比值则是无量纲数,作为特殊常数它们表征了宇宙物质结构及其
运动的内在本质联系,而狄拉克发现这些基本常数有一个共同的特点:

$$e^2/Gm_pm_e = 2.3 \times 10^{39}$$ 氢原子中静电力和万有引力之比

$$m_eC^3/e^2H = 7 \times 10^{39}$$ 以原子为单位量度的宇宙年龄

$$8\pi\rho C^3/3m_pH^3 = 1.2 \times 1.0^{2 \times 39}$$ 以质子为单位表示的宇宙总质量

可以看出这三个常数的数量级都是 10 的 39 次方。这正是这个宇宙的秩序,
恰恰是这个 10^{39} 是一个基本约束,大于或小于这个大数,宇宙的结构和秩序
就不能保证智慧生命存在的基本条件,因为恰恰是按照这一约束产生的物
质结构和能量分布保证了进化出思维着的生命——人类,换言之,宇宙是按
照产生人类的方向和道路发展的,人本身是宇宙内在本性的集中表现,人与
宇宙是一个生存共同体,它们是息息相通的。

英国哲学家波普尔(K. Popper)在谈到科学起源时,认为许多科学猜想
甚至可以上溯到"解释性的神话"。所谓"解释性",是与描述性相对的,是对
自然现象的因果秩序和本质根源给出的根本和理由,其中蕴涵着某种理念,
其中不乏哲理性。中国古代宇宙生成学说中,有些观念就有其神话渊源。
至于中国传统哲学中的自然哲学理念,更有与西方不同的独特意蕴,而在现
代科学走向系统化、动力学化的时代,这些理念更是焕发出新的光辉。可以
举出两个例子。诺奖得主汤川秀树在研究基本粒子时,思考"最基本的物质
形式",他认为:"更加可能的是万物中最基本的东西并没有固定的形式",他
说海森堡称这种东西为"原物"(Urmaterie),并由此联想到庄子所说的"混
沌"。他指出中国古代哲人的直觉和想象力对现代物理学具有特殊的意义。
(汤川秀树:《创造力和直觉》,河北科学技术出版社 2000 年版,第 64 页)还
可以举出另一位诺奖得主,耗散结构理论的创立者普里高津(l. Prigogine)。
他明确指出:"中国思想对于那些想扩大西方科学范围怀揣出的哲学家和科
学家来说,始终是个启迪的源泉。"(伊·普里高津,伊·斯唐热:《从混沌到

有序》,上海译文出版社 1987 年版,第 1 页)他认为思想传统是"带有它那自发的、自然的世界观"(同上,第 57 页),特别引用李约瑟的研究成果,强调中国占统治地位的哲学观念——"宇宙是在自发的和谐之中"(同上,第 85页)。总之,中国传统文化中的独特哲学理念正在成为弥补西方观念缺失的重要思想生长点。碧波先生在天才物理学家霍金逝世之际,梳理中国的宇宙生成学说中的一些独特理念,是一种知识考古学的独创性尝试。我的专业与中国传统文化和现代宇宙学虽均有关联,但仅是管窥和掠景,实在是门外文谈。以上是读碧波学长大作的读后感,倘有一得之见,或有助于长者覃思,则吾幸甚。

中国人的诞生学史（一）

人类产生是宇宙本体论中的核心问题,中国人的诞生自有它的宇宙生成史:"人类自身的生产和繁衍是认识自我解释自我对物与人类追求生命永恒的历史。"①"人者天地之心也。"(《礼记·礼运》)"二人者天之贵物也。"《白虎通·三军》)

1. 女娲抟黄土造人

中华人始终重视人类的地位。女娲是中华民族首位生育祖奶奶,这里不拟对女娲伏羲文化作整体研究,只就女娲生殖文化作解说。

《淮南子·览冥训》记述了伏羲女娲的事迹及其关系:在伏羲之前,先是记述"昔者黄帝治天下",达到"道不拾遗,市不豫贾","日月精明,星辰不失其行",《淮南子》作者认为"然犹未及伏戏氏之道也"。伏戏即伏羲,即疱羲,这里提出"伏戏之道"的命题。接下记女娲事迹:"炼五色石以补苍天,断鳌足以立四极,杀黑龙以济冀州,积芦灰以止淫水。"经过这一番整理创造,"苍天补,四极正,淫水涸,冀州平,狡虫死,颛民生",使世界重获新生,实现"卧倨倨,兴眄眄","其行蹎蹎,其视瞑瞑","隐真人之道,以从天地之固然","使万物各复其根"的"伏羲氏之迹,而反(复)五常之道"。从天地之固然,万物各处长其根——按宇宙自然之规律办事,使万物均恢复其本来面目,这就是"伏羲之道",而女娲炼石补天,正是"伏羲之道"中的重要内容。则女娲为组成伏羲氏历史文化体系中的重要成员。如果说伏羲氏是开辟天地创造天地的人王,女娲则是整顿天地、创立天地宇宙秩序的人王。② 1942

① 《马克思恩格斯选集》第9卷,人民出版社1966年版,第2页。
② 徐旭生先生早已从《淮南子·览冥训》的"语意含蓄未尽"中发现"女娲同伏戏氏有很密切的关系"。《中国古史的传说时代》,文物出版社1985年版,第236页。

出土于湖南长沙子弹库楚墓的帛书,开端即记"古大能(蛇、龙)雹戏(疱羲、伏羲)",古有伏羲为人面蛇身,又记"乃取组遅□子之子曰女皇","女皇"指女娲。《初学记》卷九引《帝王世纪》:"女娲氏亦风姓也,承疱牺(伏羲)制度,亦蛇身人首,一号女希,是为女皇。"可知,古人视伏羲女娲为夫妻,而且他们二人"是襄天地,是各参化"——开天辟地,化育万物。汉帛书认定伏羲女娲为开天辟地之创世者,为化育万物的人文始祖,中华早期文明的创始人。

《风俗通义》:"俗说天地开辟,未有人民,女娲抟黄土作人,剧务,力不暇供乃引绠于泥中,举以为人。"这是记女娲为创生之神,人类之始祖。

最有意味的"女娲抟黄土作人",西北黄土高原成为文化改造过的黄土造人,黄皮肤、黑眼睛黄种人的中国人民视女娲为文祖,中华文明创始的女王。

汉墓画像石上的伏羲女娲像现见者有三种形式:其一为伏羲女娲人首蛇身作交尾状、手捧日月之像,如四川新津宝子山汉代石棺画像,意为伏羲为日神,女娲为月神,创造日月宇宙,调和阴阳天地。四川简阳鬼头山出土石刻画像,伏羲女娲分别手举日月,二像下方为玄武,女娲身后有一鸟,且女娲身有羽翼,有人认为精卫填海之女娃即从女娲事迹演变而来。①

其二为伏羲、女娲人首蛇身交尾像,手执规矩以规划天地,二人身后上部有二小人握手图像。

新疆吐鲁番出土的麹氏高昌伏羲女娲帛画,伏羲女娲一男一女人首蛇身交尾,二人手执规矩,二人头上为日,尾下为月,其身旁身下还伴有星宿图像。这幅帛画说明伏羲女娲为规划天地、创造宇宙的开辟神。

"天道成规,地道成矩"②,规是画圆的工具。"五寸之矩,尽天下之方也"③,"方属地,圆属天,天圆地方","是故知地者智,知天者圣。智出于句,句出于矩。"④

规与矩是古代巫者掌握天地的象征工具,用以画方画圆,圆方象征天

---

① 冯时:《中国天文考古学》,社会科学文献出版社 2001 年版,第 34 页。
② 扬雄:《太玄经·十玄图》。
③ 《荀子·不苟》。
④ 《周髀算经》。

地。"用这工具的人,便是知天知地的人。巫便是知天知地又是能通天通地的专家,所以用矩(规)的专家正是巫师。"①是知伏羲、女娲是大巫师兼人王,是知天知地和通天通地的智者、圣者。这是一个涉及中华早期文明特征的问题。

其三,为伏羲女娲人首蛇身交尾,手执规矩图,在伏羲女娲二像臂下,有小儿手曳其袖,中间夹一小儿图像。② 蛇身交尾,天地交、阴阳交、日月交、男女交,雄雌构精,万物化生,生命穿过文化之网,创造人类,创造世界。伏羲女娲规划天地而且为人类始祖。

综上,伏羲女娲为创世者,开辟天地、规划宇宙、掌握天数之智者、圣王,又为万物之祖,生殖之神。这种灵蛇崇拜的文化人类学含义正集中反映了中华民族的古史观。

伏羲女娲人首蛇身图像,这种半人半神、半人半兽的形态,正标明中国社会从野蛮世界向文明世界过渡,在过渡过程中,新世界极力挣脱旧世界的羁绊而尚未摆脱旧世界印迹的特定状态,这又是中华早期文明诞生阶段一个鲜明特点。

从灵蛇到神龙,龙蛇原型本为一体,均来于对生命力的崇拜,巨龙乘云,腾蛇乘雾,人首蛇身,蛇身躯盘旋相交,中间一小儿突出,蛇躯相交象征相交(性行为)生子,"二蛇分雌雄而孕育生命","腾蛇雄鸣于上风,雌鸣于下风,而化成形之至也"。(《淮南子·泰族训》)

论者多以女娲为神话人物,如为神话人物,汉画像不应存在,秦汉大一统,文化大整合,本构成中华文化传统,也才有汉画像石,它是在一个出现在文化大整合时代的产物——对上古体说时代历史的重新考察与认识,诸如西王母、女娲等族历史神话的人物重出于历史,而大地湾文化遗址是已被传说化的三皇时代历史文化的考古遗址的重大发现。而女娲文化的最大文化功效是对应黄皮肤、黑眼睛的中国人的诞生学史这一重大问题。

2.感生模式:关于周后稷的出世

"周后稷名弃。其母有邰氏女,曰姜原……姜原出野,见巨人迹,心忻然

---

① 张光直:《商代的巫与巫术》,《中国青铜时代》,三联书店1999年版,第256页。
② 山东嘉祥武梁祠石刻画像。

说，欲践之，践之而身动如孕者，居期而生子，以为不祥，弃之隘巷，马牛过者皆辟不践；徙置之林中，会山林多人，迁；而弃渠中冰上，飞鸟以其翼覆荐之。姜原以为神，遂收养长大之。"①《诗·大雅·生民》对周之始祖后稷的诞生出世作了生动形象的描述："厥初生民，时维姜原，生民如何，克禋克祀，居然生子……以祓无子。履帝武敏，歆攸介止……延弥厥月，先生如达，不坼不副。诞置之隘巷，牛羊腓字之。诞置之平林，会伐平林。诞置之寒冰，鸟覆翼之。鸟乃去矣，后稷呱矣。实覃实訏，厥声载路。诞实匍匐，克岐克嶷，以就口食。艺之荏菽，荏菽旆旆……庶无罪悔，以迄于今。"

这是"见巨人迹"而"践之身动如孕者"的感生神话又与人生卵神话结合为一，与夏禹之感生卵生，为同一模式。

一个是见"流星贯昴"而"梦接意感"，一个是"见大人迹，心忻然说，欲践之，践之而身动如孕"——一个少女心动的细微而隐秘的情感律动过程，而这个"大人迹"乃天帝的足迹——帝之武敏——武，迹也；敏，拇也，是天帝的大脚印，因踩踏天帝大脚印而身动如孕，感而生子，则此子乃天帝之子了。

而感生的是一个大肉蛋："先生如达，不坼不副"——"后稷之生盖藏于胎胞中，如羊子之生，故言如达"——羊在胞中名达，其形如肉蛋（《诗三家集义疏》引陶元淳语）这个肉蛋，经历着从生到死，又从死到生的考验："置之隘巷，牛羊腓字之"——丢到狭窄的路上，牛羊躲开，不去践踏；"置之平林，会伐平林"——丢到树林中，正遇上在砍伐树林——而未能丢弃；"置之寒冰，鸟覆翼之"——丢到寒冰上，有大鸟用翅膀孵育它（寒冰即蕴含严冬寒冷的死亡，又从水中复活再生的巫史观念）；"鸟乃去矣，后稷呱矣"——大鸟飞走了，后稷破壳呱呱坠地降生了。这里有隘巷、牛羊、平林、寒冰，经历越来越严酷危险，其中生与死的观念是从生到死，又从死到生的循环，最后经诸神与神鸟的覆翼、护佑，后稷终于破壳而出世。论述了一个萨满降生出世的艰难历程，经受各种严酷考验的历程。因"覆帝的武敏"——践大人迹而怀孕；最后又在上帝使者——神鸟的"覆翼"下得到保护获得新生，这就是后稷之名弃——被弃经历死亡考验而获得生命的祖灵崇拜。从"克禋克祀，以祓无

---

① 《史记·周本纪》。

子"到"覆帝武敏","鸟乃去埃,后稷呱矣";"初,欲弃之,因名曰弃",以弃之相反相成,揭出生而神异,生乃神灵的萨满降生出世的故事。弃则成为周族始祖,并在青铜铭文图像上作为族徽,王徽有创造:如"父乙尊"鸟的两翼覆抱一子之状;又有像一人伸双手将幼儿抛向前方之状,北斐即版筑、隰巷,此当即后稷降生被弃之青铜纹饰,乃周族族徽。[1] 作为祖灵崇拜而传流后世。后稷出生即为种地能手,为周族的农业生产的发展开辟新天地,为周族的祖先神。

这种感生族源神话由来也古,是中华文化史中重要组成部分。这种感生神话有各种模式:

夏禹母修已"见流星贯昴,梦接意感,又吞珠薏苡,胸坼而生禹"。(《史记·夏本纪正义》引《帝王纪》)。

殷契母简狄,"见玄鸟堕其卵,简狄取吞之,因孕生契。"(《史记·殷本纪》)

周后稷母姜嫄,"出野,见巨人迹,心忻然说,欲践之而身动如孕者,居期而生子。"

秦大业母曰女修,"女修织,玄鸟陨卵,女修吞之,生子大业。"(《史记·秦本纪》《史记·周本纪》)。"

高句丽王东明(朱蒙)母为北夷橐离国侍婢,"有娠,王欲杀之。婢对曰:'有气大如鸡子,从天而下我,故有娠'。后产子名东明。"(《三国志·东夷传》引《魏略》)

鲜卑大人檀石槐,其父从军,"其妻在家生子。妻言尝昼行闻雷震,仰天视而雹入其口,因吞之,遂妊身,十月而产,名檀石槐……遂推以为大人。"(《后汉书·鲜卑传》)

闻雷震吞(冰)雹生子,这与吞燕卵而生商的神话相类而又别具一格。

卵生神话——这里专指吞燕卵、"大气如鸡子"、吞朱果等类型,吞雹生子也应属这一类型(以之与人生卵型相区别)。

流星、陨石、雷雹,均被男性化了。

---

① 康殷:《古文字形发微》,第45—48页。

"元康七年(297),霹雳破城南高禖石。高禖,宫中求子祠也。"①

雷击高禖石,高禖石为女性、阴性,雷为男性、阳性。

"(高车人)喜致震霆,每震则叫呼射天而弃之移去。至来岁秋,马肥,复相率候于震所,埋䄃,燃火,拔刀,女巫祝说,似如中国被除,而群队驰马旋绕,百匝乃止。人持一柳枝,回竖之,以乳酪灌焉。"②

雷霆为阳刚之物,象征力量,象征生命,高车人欢迎它,喜爱它,为之"叫呼射天",并在震所施行萨满祈祷仪式,竖植象征女性的柳枝,以求阴阳和谐,民族兴旺。

闻雷霆吞鼋生子象征强力的萨满降生出世,雷霆具有宇宙的生命能力,雷鼋赋有生命的力量,这个创生神话正反映了鲜卑人的极富阳刚之气的民族文化精神与民族性格。

3. 卵生模式

有论者指出,随处可见的人类顶礼膜拜的庙宇和神像:这两种东西,一加细意考察,便都足以证明在宗教仪书和法术行为上太阳神话与性的崇拜两者都占有极广泛的地位。大量的民俗学资料证明:太阳崇拜与生殖崇拜、生命崇拜相互连接的。③

据查:太阳神最原初为女神形象,如《山海经》中的"女丑之尸,生而十日""羲和生日"等均为女神形象。而夫余、高句丽感生神话中的"大气如鸡子""日""日影"则已为男神形象,从中可以窥见这些太阳神话所产生的时代及其变异。

在中华文化史上最为古老最早产生的创世神话要属著名的"本生日月"之天神——帝俊—帝喾神话、盘古神话、黄帝神话、伏羲—女娲神话,这些创世神话均以太阳崇拜为中心内容。

把太阳、土地、河水作为世界生成、人类繁衍、氏族产生的主要原因和基础,是中华民族从远古以来的共同认识、共同理念。高句丽族的太阳与太阳神崇拜自在中华民族太阳崇拜文化观念之中。

① 引自《苏秉琦考古学论述选集》,文物出版社1984年版,第6—7页。
② 《魏书·高车传》。
③ 卡纳著,方智弘译:《性崇拜》,湖南文艺出版社1988年版,第9页。

商族有"玄鸟生商"的始生神话，人食鸟卵而生子。

"天命玄鸟，降而生商。"①"有娀方将，帝立子生商。"②"有娀氏有二佚女，为之九成之台，饮食必以鼓。帝令燕往视之，鸣若嗌嗌，二女爱而争搏之，覆以玉筐，少选发而视之，遗二卵，北飞，遂不返。二女作歌，一终曰：'燕燕往飞'，实始作为北音。"③"殷契，母曰简狄，有娀氏之女，为帝喾次妃。三人行浴，见玄鸟堕其卵，简狄吞之，因孕生契。"④

"帝颛顼之苗裔孙曰女修，女修织，玄鸟陨卵，女修吞之，生子大业。"⑤与商族神话相同。

吞燕卵而生子、吃朱果（满族）而生子，则燕卵（日之精——大气如鸡子的动物卵化）、朱果为太阳神之植物卵化。又按前人已考定"鸟为男根"的象征。

中华古老的东夷族团和殷商先民均有鸟图腾崇拜，"日中有三足鸟"，"日之精"，鸟类、凤鸟是太阳的化身。太阳是宇宙世界、人间社会的生命的中心与源泉，人们对赖以燃烧，赖以呼吸，赖以产生食物的生命的源泉的探索，应该是从人类一产生就开始了的。正如英国人文学家与宗教学家麦克斯·缪勒所说："人们奇怪的是，为何雅利安人天天所讲的、如此之多的古老神话都是关于太阳的。但除了太阳还能是什么？太阳的名称是无穷的，关于太阳的故事也是无穷的。但太阳是谁，他何时到来，又去向哪里，从始至终都是个秘密。"⑥太阳与太阳神崇拜是一个世界性的文化现象，太阳——凤鸟作为中华大地的开辟神与创生神，正揭出中华民族文化的一致性与相融性。

总上，可见，高句丽民族始祖诞生神话与建国神话，完全属于中华古族的创生文化模式，具有鲜明的中华文化特点，与朝鲜半岛上的古韩族文化属

---

① 《诗·商颂·玄鸟》。

② 《诗·商颂·长发》。

③ 《吕氏春秋·音初》。

④ 《史记·殷本纪》。

⑤ 《史记·秦本纪》。

⑥ ［英］麦克斯·缪勒著，金泽译：《宗教的起源与发展》，上海人民出版社1989年版，第144页。

于两个不同性质的文化范畴。

汉王充《论衡·吉验篇》所记北夷橐离王侍婢因"有气大如鸡子,从天而下我",生东明事,是这类神话故事的最早记录。

《后汉书·夫余传》亦记此故事:"初,北夷索离国王出行,其侍儿于后妊身,王还,欲杀之。侍儿曰:'前见天上有气,大如鸡子,来降我。因以有身。'因囚之,后遂生男(卵)。王令置于豕牢,豕以口气嘘之,不死。复徙于马栏,马亦如之。王以为神,乃听母收养,名曰东明,东明长而善射,王忌其猛,复欲杀之。东明奔走,南至掩㴼水,以弓击水,鱼鳖皆聚浮水上,东明乘之得渡,因至夫余而王之焉。"

《三国志·东夷传》引《魏略》:"旧志又言,昔北方有高离之国者,其王侍婢有身,王欲杀之,婢云:'有气如鸡子下来,我故有身'。后生子,王捐之于溷中,猪以喙嘘之,徙至马闲,马以气嘘之,不死。王疑以为天子也,乃令其母收畜之,名曰东明……东明因都王夫余之地。"

以上关于夫余族源神话史料记载基本相同,只是一作橐离,一作索离,一作高离。

"天上有气,大如鸡子","有气如鸡子来下",这个"有气如鸡子",当是日之精?化为"鸡子"——"鸟卵"?"日影"?这个"有气如鸡子"具有生命的亮色,具有生殖的力量。

这种生命本体观念的原初形态,正是人类在神秘的大自然面前将他们所面对的一切事物(宇宙间、自然界)均赋予了生命力量。"使人惊奇诧异的……天地间一切有情物的作育繁生……凡此种种……人类便开始以惊异的心情,去根究大自然的林林总总……尤其使人醉心究诘的,是我们称为'太阳'的那个高悬天上关系。"

夏商时,河伯、洛伯为古族古方国,河伯专司(黄)河水之祭典,洛伯则专司洛水之祭典。清王夫之《楚辞通释》:"河伯,古诸侯,司河祀者。"

中华古人祭祀黄河之神,史不绝书。

在万物有灵观念的远古时代,山林河川均作为神灵之物而被尊崇祭祀。《竹书纪年》记:"黄帝五十年秋七月庚申,凤鸟至,帝祭于洛水";"帝尧五十三年,帝祭于洛";"帝少康使商侯冥治河";"帝芒元年壬申即位,以元珪宾于河"。卜辞"燎于河"(《殷墟书契前编》一、三、二、五),"枋于河"(《铁云藏龟》九六、四),"贞某年于河"(《库方二氏所控甲骨卜辞》),可知河伯族由专司黄河之祭典——河之宗,逐渐被神化为黄河之神,河伯也就成了黄河之神的代表人物,周秦以来,河伯成为中华民族所共有的黄河之神,其故事传说广布于中华大地。

河伯神话故事是地地道道的华夏文化,当东夷族团中的凫臾族团中的凫臾族以及作为颛顼高阳族团中的高夷北上,把河伯神话故事带进东北地区,构成夫余族、高句丽族(包括橐离、索离、高离)族源神话的主干,卵生族源神话开国之君朱蒙其母为河伯女郎,自认"河伯外孙",正说明高句丽以及夫余与中华民族、中华文化的亲缘关系。

团蛋为宇宙生命之源,为氏族创生之根,是中华古族共有的生命意识,均属于中华古族的团蛋创世神话的文化范畴。中国的宇宙卵生观念以盘古传说最具代表性。

"天地混沌如鸡子,盘古生其中,万八千岁,天地开辟,阳清为天,阴浊为地。盘古在其中,一日九变,神于天,圣于地。天日高一丈,地日厚一丈,盘古日长一丈。如此万八千岁,天数极高,地数极深,盘古极长,后乃有三皇。"①

这是说宇宙来源于"鸡子",把宇宙想象成一个混沌的鸡子。对此袁珂先生指出:"徐整作《三五历记》,吸收了南方少数民族盘瓠或盘古的传说,综合了古神话里开辟诸神的面影,再加上经典中哲理的成分和自己的推想,才塑造了一个开天辟地的伟大的盘古。"这是认为盘古神话是文化综合的结晶。

周族也有自己的卵生神话。

《诗经·大雅·生民》对周之始祖诞生作了生动的形象的记述:"厥初生民,时维姜嫄……诞弥厥月,先生如达,不坼不副,无灾无害……诞置之隘巷,牛羊腓字之。诞置之平林,会伐平林。诞置寒之冰,鸟覆翼之。鸟乃去矣,后稷呱矣……"

---

① 徐整:《三五历记》。

"周后稷名弃。其母有邰氏女,曰姜原……姜原出野,见巨人迹,心忻然说,欲践之,践之而身动如孕者。居期而生子,以为不祥,弃之隘巷,马牛过者皆辟不践;徙置之林中,会山林多人,迁之;而弃渠中冰上,飞鸟以其翼覆荐之。姜原以为神,遂收养长大之。"①"不坼不副",知后稷降而为一肉卵,后乃破壳而出。"禹坼副而生"。坼副,破壳,是人为卵生。

周族始祖后稷因其母姜原"覆大人迹"而孕与朱蒙母"感日影而孕",皆为接触律文化模式;后稷诞生为卵,卵生被弃。则与高句丽始祖朱蒙卵生被弃情节完全相同,可见中原文化影响在其中。

杨公骥先生指出:"始祖卵生的传说是古代北方族的神话。古商族、周族和高句丽、满族、朝鲜都有着极类似的神话。""日神(凤、玄鸟、神鹊)和河神的女儿(也是神鸟、娥凰)结婚,于是产生了商——是一个'人',也是全族。这说明在当时人的观念中,认为太阳和河水(包括土地)是人类的父亲和母亲,也正是依靠了太阳和河水,人类才能生产生活资料,才能生息繁殖。"②

"止贡赞普……被洛昂所杀……三子之母于梦中梦与一白人者交,产一血团,中有一子,名菇烈杰。"③生下了他(格萨尔)"像羊肚子一样的团团的肉蛋",用"箭头划开圆血蛋,只见里面有一个小孩,这个孩子和人间普通的孩子不一样,好像天上的仙童。"④团蛋创世、创生观念是藏族原始文化一个重要方面,应属于中华多元一体的文化内涵。

在中华大地上,中华古族的团蛋宇宙观念,卵生族源神话的普遍存在,正表现出中华文化上的多元一体的特点。伏羲是中华民族文化的始祖,"在伏羲神话中,多有瓜或肉球出现,而且均带切破、割开、剖碎、劈开等传说",伏羲即匏瓠,匏瓠即葫芦,"绵绵瓜瓞,民之初生",从伏羲到匏瓠(盘古、葫芦)再到团蛋(宇宙卵),其间存在一条民族文化的链条,中华各族的团蛋宇宙观念、团蛋生人观念正是这个文化链条中重要的一环。

太阳神作为生殖之神、生命之神主宰着我中华古族的生命意识,表现为

---

① 《史记·周本纪》。
② 杨公骥:《中国文学》,吉林人民出版社 1980 年版,第 96 页。
③ 蔡巴·贡嘎多吉著,唐景福译:《〈红史〉节译》,《甘肃民族研究》1982 年第 2 期。
④ 蔡巴·贡嘎多吉著,唐景福译:《〈红史〉节译》,《甘肃民族研究》1982 年第 2 期。

中华古族对生命起源的探索与认识,表现了中华民族在人与宇宙、自然的交往、认识过程中生命的无限张力,从而体现出中华文化的魅力与个性。

这种卵生创生神话认为宇宙之间有一个宇宙卵,宇宙卵创生了宇宙间的人生万物,是中华文化史上最普遍的创生模式(包括新疆、西藏),往往把自然界宇宙中有生命的功能,转型为人类生命的本源,创生了多种形态的宇宙卵,反映为人的生命力的极大张扬,构成宇宙、自然界、人世间的生命力的文化模式。

这些日、虹、大气、赤光、紫气、神气、大罴等均具有阳性生殖力的功能,风以及与风相联系的其他自然现象如雷、电、雨、云等都可以充当天父的阳性生殖力的象征物,或者作为这类生殖力的传播媒介、载体……光及发光物作为阳性生殖力的象征,本具有世界性的普遍意义。因天光,或因梦而生子,也与此为同一模式。

在古老的中华民族尤其是古老的北方民族的宗教信仰体系中,有一个灵性世界,有一个大自然灵性世界主宰着他们的生活的方方面面。宇宙中的万事万物均有灵性,均为感生的媒介,均影响着生存与发展。"每夜有黄白色人,自天窗门额明处入来,他的光明透入肚里"。"白光入自帐孔中"——生子为"天的儿子,不可比做凡人","盖天帝降灵,欲生异人"——则天光、黄白色人、白光均是天神腾格里的化身,这是自然之力的神化,是民族的保护神,是民族的人文始祖的创生之神。从中既呈现出文化的继承性与文化发展的连续性特点,也反映出民族精神文化的多彩多姿的特点。[①]

乌克申族—满族神话:柳树族源

神话中阿布卡赫赫虽然只被一笔带过,却明显地被赋予了其对乌克申、佛多妈妈的支配与指导权力。显示此则神话是在具有创世神话所体现的对世界的总体意识之后,再对人的社会性起源的关注。

"乌克申"神话着意强调的不只是生命,而是在思考人的社会性起源,亦即"族、家族、宗族"的起源。因此,神话中与始祖母柳树佛多妈妈结合的,才不是只盛载生命的"乔卡",而只能是"uksn",满语即"族、家庭、宗族"。神话

---

① 叶舒宪:《诗经的文化模式》,湖北人民出版社1994年版,第595页。

用象征手法叙述了一种民族意识:赫哲、达斡尔、鄂温克等黑龙江上下游民族,都与满族具有可追溯的社会性与血缘性关系。然而,神话又借杀夫和多女,造成社会性族源缺损和血缘性不纯意象,来强调这些民族同满族亲缘性的古老与遥远。只有满族一男一女,直接承袭了石头乌克申和社会性文化传统,柳树佛多妈妈纯正的血缘亲情。对满族宗族传统的强调和满族与黑龙江上下游民族关系的表述,这才构成了乌克申神话的主旨。

由此可见,神话中柳树佛多妈妈生命创生功能的依托性,与宇宙女神创世功能的无限性,一起构成了满族先人对世界有限与无限多样统一的哲理认识。这一点,在与满族其他柳母神神话的比较中会显现得更真切。例如,在另一则满族神话中,正是同创者身份的变化,约定了由长白山柳树演变来的佛赫妈妈功能的变化:"人类始祖母佛赫妈妈是长白山柳树演变而来,始祖父乌申阔玛发是由北海中支撑天下之天顶的一根石柱演变而来。在战胜恶魔的战争中,女始祖佛赫居主导地位。她使四对子女为夫妇,并教授夫妇之方法,使人类不断持续下来。另外,她还将天上的新鲜黏土和柳树分给他们,让他们按自己的模样继续生产更多的生命。"①

"很古很古的时候,世上还刚刚有天有地,阿布卡恩都里把围腰的细柳叶摘下了几片。柳叶上便长出了飞虫、爬虫和人。大地从此有了人烟。"②满族神话中的柳母神,不仅其神格始终处于被支配、被决定的地位,而且其生命的功能,也因神话给定的语境、对象的不同而显现差异,形成化生生命、民族、万物三种基本形态。显然,这与一直处于元支配、元决定地位"无处不在、无处不有、无处不生"的宇宙创世女神神格有着质的区别。

中国北方族对柳树崇拜,满族时则演变为创世神话与创生神话,可见中国之柳树崇拜已形成文化系统,在中华文化传统与中国巫史—萨满文化体系中居于重要地位。

4. 植物神感生模式:阿布卡赫赫与佛多妈妈

满族创世神话《天宫大战》有创世女神阿布卡赫赫。

"世上最先有的是什么? 最古最古的时候是什么? 世上最古最古的时

---

① 《满语大辞典》,第507页。
② 富育光:《满族萨满女神初探》,《社会科学战线》1985年4期。

候是不分天不分地的水泡泡，天像水、水像天，天水相连，像水一样流溢不定，水泡渐渐长，水泡渐渐多，水泡里生出阿布卡赫赫。她像小小的水泡那么小，可是她越长越大，有水的地方，有水泡的地方，都有阿布卡赫赫。她小小像水珠，她长长的高过寰宇，她大得变成天穹。她身轻能漂浮空宇，她身重能深入水底。无处不在，无处不有，无处不生。她的体魄也看不清，只有在小水珠里才能看清她是七彩神光，白亮湛蓝。她能气生万物，光生万物，身生万物，空宇中万物愈多便分出清浊，清清上升，浊浊下降，光亮上升，雾气下降，上清下浊。于是，阿布卡赫赫下身又裂生了巴那姆赫赫（地神）女神。这样，清光成天，浊雾成地，才有了天地姊妹尊神。清清为气，白光为亮，气浮于天，光游于光，气静光燥，气上光行，气光相搏，气光骤离，气不束光，于是，阿布卡赫赫上身才裂生出卧勒多赫赫（希里女神）女神，好动不止，周行天地，司掌明亮。阿布卡赫赫、马那姆赫赫、卧勒多赫赫，同身同根，同现同显，同存同在，同生同孕。阿布卡气生云雷，巴那姆肤生谷泉，卧勒多用阿布卡赫赫眼生顺、毕牙、那丹那拉呼（日、月、小七星）。三神永生永育，育有大千。"①

　　神话体现了满族先民对宇宙的总体把握。首先是将宇宙的基本物质界定为"水、气、光"。然后才有象征大千的诸神诞生："水泡里生出阿布卡赫赫"，才使其具有"无处不在，无处不有，地处不生"的本质特征；再由阿布卡赫赫裂生出地神巴那姆赫赫、"周行天地、司掌明亮"的上天女神臣勒多赫赫。体现出满族先民对大千世界皆源于水的认识。神话通过对三女神"同身同根，同现同显，同存同在，同生同孕"的强调，则进一步反映了满族先民对宇宙基本物质相互依存和作用的哲学理解。在这种理解中，"水、气、光"相当于"道生万物"之"道"，甚至连宇宙中的"云雷""谷泉""日月""七星"，也都因之才能生发。

　　古时候，洪水泛滥时，世上一切生灵都被淹没了，一切生命都停止了，只剩下一块石头，叫乌克伸，和一棵柳树，叫佛多妈妈，没有被淹没。于是它们两个便从两处相互喷火，这样水就渐渐没有了。后来，它们不知道为什么又

---

①　转引自富育光《萨满教与神话》，辽宁大学出版社 1999 年版，第 228—229 页。

打起来,被阿布卡赫赫(即天女)看见,她调解说:"你们不要再打了,可以结为夫妻。"这块石头乌克伸和柳树佛多妈妈便生了四男四女。这四男四女又互相结为夫妻,生儿育女。后来四女都同自己的丈夫反目,把丈夫杀死,带着儿女们向北边去了,就是现在黑龙江下游,成为达斡尔、鄂温克等民族的祖先。

5. 灵兽灵禽模式

查北方族民歌《敕勒歌》中有"天苍苍,野茫茫"诗句,苍苍乃天空宇宙之颜色,北方族奉之为神圣颜色,而天为北方族最为尊崇之万物主宰,故天之苍苍颜色,亦奉之为神圣之色。则苍狼即为天狼,上天派来的神圣代表。铁木真于 1206 年建立蒙古汗国时"从此遂称库克蒙克勒国焉"。[①] 库克蒙古勒,(Kòke mongghol)突厥族碑文作阔克突厥(KoK Türk),库克、阔克,为青,为苍青色,青蒙古、苍突厥,均以天之青色、苍色命族,并用此作为王汗的徽号,不只表示其民族为宇宙间之头等民族,并据以表示其为崇天拜天之民族,或可称之为天族。[②] 则满族之建立统一大帝国,命其国为大清(大青),当亦出于这种思想(宗教)意识。韩儒林先生早已提出这一问题。

苍狼与白鹿构成民族血缘结构,当系狼族集团与鹿族集团组成民族婚姻集团,构成为成吉思汗家族主要体系(捏古思、乞颜),保持着对远古时代族团创生的共同记忆与回响。

蒙古族以白鹿为先姚的传说,亦不是凭空产生,突厥族的创世族源神话即出有"金角白鹿"。唐段成式《酉阳杂俎》卷四记曰:"突厥之先曰射摩、舍利海神,神在阿史那窟西。射摩有神异。又海神女每日暮以白鹿迎射摩入海,至明送出……尔上代所生之窟,当有金角白鹿出……"则突厥族早有金角白鹿(神兽)传说。[③] 又查:内蒙古达茂族西河子乡出土鲜卑族一套动物形金冠饰,其中有金牛头鹿角形冠饰,为鲜卑王者步摇冠饰,以神牛为宗教大神,通天地的使者。

---

① 《蒙古源流》卷三。新译校注《蒙古源流》,内蒙古人民出版社 1981 年版,第 120 页。
② 参考韩儒林《突厥蒙古之祖先传说》,《韩儒林文集》,江苏古籍出版社 1985 年版,第 487 页。
③ 陈棠栋等:《鲜卑动物形装饰中反映的拓跋氏族源与祖源神话的创作》,《辽海文物学刊》1993 年第 2 期。

查《史记·大宛传》记乌孙昆莫之父，被匈奴攻杀，"而昆莫生，弃于野，乌嗛肉蜚其上，狼往乳之。单于怪以为神，而收长之。"《汉书·张骞传》："大月氏攻杀难兜靡（昆莫父），夺其地……子昆莫新生，傅父布就翎候抱亡置草中，为求食，还见狼乳之，又乌衔肉翔其旁，以为神……"则狼为乳养乌孙王之神兽也。

又查：《魏书·高车传》记匈奴单于有二女，"将以与天"，"请天自迎之"，"乃有一老狼昼夜守台嗥呼……其小女曰：吾父处我于此，其欲以与天。而今狼来，或是神物，天使之然……下为狼妻而产子，后遂滋繁成国。"则高车均为狼神。这里的"天"，乃北方族之神天、圣天腾格里（Tengri）、萨满教之所崇拜之天神，则狼为天神之神兽欤！

又查：《周书·突厥传》："突厥者……姓阿史那氏……后为邻国所破，尽灭其族。有一儿，年且十岁，兵人见其小，不忍杀之，乃刖其足，弃草泽中，有牝狼以肉饲之，乃长，与狼合，遂有孕焉……遂生十男，十男长大，外托妻孕，其中，各有一姓，阿史那即一也。"则狼为突厥族之始祖母。突厥自认狼种，并以之傲人；名其居地为狼山，并以狼头为饰："旗纛之上，施金狼头。侍卫之士，谓之附离，夏言亦狼也。盖本狼生，志不忘其旧。"[1]则狼为突厥族之祖先神（兽）。

蒙古族之民族创生神话"实集塞北民族起源传说之大成"；而其狼曰苍色，当与蒙古族之宗教信仰有关。中华古族有颜色崇拜，北方族之崇拜"苍"色，如《乌护汗史诗》记"一苍毛苍鬣雄狼由此光出""苍毛苍鬣大狼忽止"。则突厥族称其狼为苍狼。

中国北方古族也有神牛观念，美国著名蒙古学家塞瑞斯曾作过史料的收集，可以参照。

塞瑞斯先生只作了史料的收集与排比（包括这种神化动物的多种变异形态，可惜未对其文化内涵做任何分析）。这种神牛及其变异形态的一个特点就是与天地相接，均有通接天地的功能，均是可通天地的神化了的动物（包括怪人、怪兽）。那么，神马则具有交通、向背、阴阳的功能。

---

① 《通典》卷197。

综上,我国北方古族如东胡族系的鲜卑族、契丹族、蒙古族,肃慎族系的靺鞨、渤海、女真、满族,濊貊族系的夫余、高句丽以及西北诸族如匈奴、突厥、回鹘诸多崇拜马神、牛神,多有神兽、瑞兽、青牛,白马的神话传说,表现出北方草原文化的共同性。这应是图腾崇拜的遗留,是萨满文化的借牛马以沟通天地的宇宙观念的集中反映。

据此可知,乘白马、驾灰牛的一对男女是借助白马、灰牛以通天地的具有神格的巫者,这些白马、灰牛是"神兽",是"协于上下""先行导引"的沟通天地的工具,是巫者(男、女)沟通天地的重要助手。白马来自天界,是为天马、神马;青牛来于下界,为地祇服务,为地下神兽。

白马、青牛"神兽"从天上地下引导神人、天女降至地上人间,生有八子,是为八部萨满酋长。白马、青牛所"协于上下"、沟通天地的又正是萨满。这一族源神话表现出神权与政权的统一,自然神崇拜与祖先神崇拜的合一的文化特点。这种族源神话文化模式,渊源于鲜卑族与回纥族,契丹族正站在东西文化的交汇点。

又鲜卑族之族源神话:"有神兽,其形似马,其声类牛,先行导引,历年乃出,始居匈奴之故地。"明言似马似牛者为神兽。

契丹族有灰(青)牛白马的族源传说:"有男子乘白马浮土河而下,复有一妇人乘小牛车驾灰色之牛,浮潢河而下,遇于木叶山,顾合流之水,与为夫妇,此其始祖也"。《辽史·地理志》亦记此族源神话,并记"每行军及春秋时祭,必用白马青牛,示不忘本云。"

"其形似马,其声类牛""金角白鹿""青牛白马"等"神兽",到了蒙古族史诗中则成为苍狼、白鹿形象,其中可见中华北方民族族源神话之相互影响与演变的痕迹。其中一个共同点、一个基本点则是作为天兽、作为神兽,成为民族的"先行导引"者,保护神、创生的始祖。"黎明有亮似天光,射入乌护可汗之帐,一苍毛苍鬣雄狼由此光出,狼语乌护汗曰:攻 Ourou,予导汝","我居前示汝道路"(《乌护可汗史诗》)。狼为导引道路的神兽。在萨满文化中,动物作为灵兽、神兽是沟通天地的使者,是古代宗教巫师通天通地的助手。这表明,中国北方民族有一个以灵兽、神兽作为民族起源的史诗传统,作为沟通天地使者的萨满文化体系。可见苍之为天,苍狼之为天狼,苍突厥、青蒙古,作为民族色素而成为中华民族文化的重要内容。

　　以狼为民族始祖妣,具有世界性。古罗马民族有母狼乳人婴的民族创生传说,今日罗马城仍保有狼乳人婴的雕像,以示民族之本欤!

颛顼高阳族团创造的中国文明学理论

颛顼高阳氏是中华文明史上有文献与考古双重证明创造建立文明史的第一代女王,史料证明,这个族团在这之前,是著名的山东大汶口文化遗址的创立者,可从中看到这个族团先是创造了大汶口文明王国后裂变北上建立红山文明王国——对这个裂变现尚无有考古证明。

中华古族是以"天然为宗主","皆源于一"。这个"一",即"道"——宇宙、自然的规律法则,洞悉了解宇宙、人生本原,优先掌握宇宙、人生本原就是古代先觉所指出的"道"。

"和实生物,同则不继。是以和五味调口,则四支以卫体,和六律以聪耳,正七体以役人,平八索乃成人,建九纪以立纯德合十数听以训百体。声一无听,物一无文,味一无果,物一不讲。"(《国语·郑语》)

"有无相生,难易相成,长短相形,高下相盈,音声相和,前后相随,恒也。"(《道德经》四十二章)

这是二元对立统一的思维观念,非相反相成的事物对立矛盾转化是永恒不变的规律。

"道生一,一生二,二生三,三生万物,万物负阴而抱阳,冲气以为和。"(《道德经》四十二章)

宇宙本体是一分为二,负阴而抱阳——冲气以为和——矛盾对立统一。

一、宇宙,二、阴阳、天地,三、阴阳相合,天地合而生万物——阴阳二气、天地二元相互交合,激荡而生人、生物。

《淮南子·天文训》:"道者,始于一、一而不生,故分阴阳,阴阳合而生万物、生人。"

这是古老的宇宙、人类生成本体论的核心思维模式。

宇宙、自然界在阴阳二元力量推动下矛盾对立地发生发展，相反相成地变化，通过矛盾双方的交感构成集体表象，古代先民往往把他们生存的空间一切事物（甚至包括风云、雷电、大地、动植物）均具有神秘的血缘，一切有生命的东西、具有生命的力量被复杂的神秘的力量包裹着。——某种类似的万物有灵的复合体，"象与存在物的联想不论在物质上或精神上都真正变成了同。"①

主导世界的力量在人，在思想文化变化上！关注人的地位的提高。《国语·楚语下》："古者民神不杂"，"及少昊之衰也，九黎乱德，民神杂糅，不可方物；夫人作享，家为巫史"，"颛顼受之，乃命南正重司天的属神，命火正黎司地以属民，使复旧常，无相浸渎，是谓绝天无通。"《史记·天官出》："昔之传天数者，高辛之前，重黎；于唐虞、羲、和。"这说明"巫术与政治的结合，表明通天地的手段，逐渐成为独占的现象"。但社会发展到一定程度之后，通天地的手段便为少数人所独占。"通天地的手段与政治权力有直接的关系"，在中国古代，财富积累主要通过政治手段，而不是通过技术手段或贸易手段。

张光直《考古学专题六讲》引杜维明《试谈中国哲学中的三个基调》："瓦石草木、鸟兽、生民和鬼神这一系列存有形态的关系如何，这是本体学上的重大课题。中国哲学的基调之一，是把生物、植物、动物、人类和灵魂传统视为在宇宙巨流中息息相关乃至相互交流的实体，这种可以用奔流不息的长江大河来比喻的存有连续的本体观，和以上帝创造万物的信仰，把'存有界'割裂为神凡二分的形而上学决然不同。"

"中国古代由野蛮时代进入文明时代的过程中重要的变化是人与人之间关系的变化，是人与自然的关系的变化，而技术上的变化，则是次要的；从史前到文明的过渡中，中国社会的主要成分有多方面的、重要的连续性。"②

颛顼高阳命令他的两大巫觋集团南正重、火正黎"司天"属神、司地的属民；在中华文明史上首次创造了天地人神四大层次，并第一次创造了天地人神的四大平台，人成为这个平台的首要位置，并据此掌握沟通天地的权力绝

---

① ［法］列维·布留尔：《原始系思维》中文版第37页。

② 张光直：《考古学专题六讲》，文物出版社1986年版，第13页。

地天通,创造了巫觋集团这个集团通天通地、知天知地的智者圣者,他们创建了"女神庙"——女王享殿,建立了中华文明史上的女王模式,颛顼高阳氏创建了红山王国,而女神庙女王享殿是神权的直接文明具象,其中两件孕妇塑像,鲜明突出显示出红山王国主人的崇拜人类生命本原本体思维,表现着红山人强烈的生命张力!

根据中国的宇宙、人类生命的本源的思维体系,根据中华文化连续性的文化史特征,从中国人的农业文明诸特征、草原诸多元文化形态以及把民族根源神化(以企族源先祖的神化)构成中国人民的人类史、人类诞生史——"天地之性最贵也"所构成的宇宙的民族始原的生活、生产方式的产生的人类生成史,诞生与发展史,均体现出中国民族的宇宙、自然紧密的亲缘关系,均在"道法自然"这一根本性原则(法则)下发生与发展着。

1. 考古学的考察

继东夷少昊氏文化之后的颛顼高阳氏文化[颛顼"年十五而佐少昊,封于高阳"(《路史·高阳纪》)]是以山东汶、泗流域的大汶口考古文化为其第一阶段的中心分布区。这一地区的大汶口文化发展水平较高,表现出国家文明的初期特色。

其一是聚落规模的扩大和中心聚落的出现。大汶口遗址面积大者几十万甚至近百万平方米,小者数万甚至不足万平方米;并已发现大汶口晚期城址。

聚落的规模是经济力、军力与人力的集中反映,大小规模差距则反映了以中心聚落为核心的政治、经济、军事、宗教、文化等社会结构体系的出现。

其二是出现男女双人葬,墓室的大小、葬具的有无、随葬品的数量多少、质量的高低等方面,其差距迅速拉大。例如晚期墓葬,大墓有椁葬,随葬品丰富,少的五六十件,多的达180余件。大墓中多有玉器、象牙器、鳄鱼鳞板与镶嵌绿松石的骨雕筒等珍贵物品,玉器达二三十件之多。墓主人为男性,有儿童、少年或女性陪葬。① 莒县陵阳河大汶口文化遗址墓葬的随葬品中,有"制作精致的石钺、石璧、骨雕筒、陶质羊角形号角、石环,以及刻划图像文

---

① 山东省文管处等:《大汶口》,文物出版社1974年版。

字的陶尊等具有身份、权力象征的遗物,无一例外,全部发现在河滩墓地的墓葬中,因此可以说河滩墓地是陵阳河居民中权贵家族若干代的祖茔地。①

上述考古学材料告诉我们:(1)大汶口文化晚期已出现了政治权力与宗教权力集于一身的人物——国王,已出现"聚落等级体系,它导致城市和国家的形成"。(2)社会财富的积累与财富的集中,"是借政治的程序(即人与人之间的关系)而不是借技术和商业程序(即人与自然的关系)造成的。"②(3)随葬品如琮、璧、玉钺、牙璋等(用以沟通天地的巫师法器)已与宗教礼仪结合,既表现了当时人们的宇宙观念,也反映了巫师阶层的出现以及巫师与王者结合的国家文明初期的文化形成特点,同时也说明丧葬礼仪制度的初步形成与秩序化。

其三是盛行头骨枕部人工变形、拔除上侧门齿以及口含石、陶质小球而造成齿弓异常变形的文化习俗。这三种习俗或同时出现在一个墓葬中或分别出现在不同的墓葬中。"这些标本(按指口含石球)都出自苏北邳县和鲁南的兖州新石器时代墓葬,它们和人工拔除上侧门齿和颅枕部畸形的习俗一起出现(虽然并不是每个个体全具备这三种习俗)。因此,很可能说明口含球的现象是这一带新石器时代居民中所有过的共同习俗之一。"③这种系列性的文化习俗为我们判断大汶口的文化族属提供了重要依据。

人工枕骨变形和拔除上侧门齿属于这个地区的族团习俗文化与体质文化上的鲜明特征。而口含石球(考古发现"含球年龄最小的只有 6 岁,这好像又暗示这类习俗始于幼年")的这个石球,应属于这个族团的文化标记、文化圣物,从而成为整个族团的文化习俗。

据查:这三种习俗应属于颛顼高阳氏及其族团的文化习俗。

《山海经》中保存了有关古帝颛顼高阳氏的大量事迹,《海内经》记:

"流沙之东,黑水之西,有朝云之国、司彘之国。黄帝妻雷祖,生昌意,昌意降处若水,生韩流。韩流擢首、谨耳、人面、豕喙、麟身、渠股、豚止,取淖子

① 王树明:《陵阳河墓地刍议》,《史前研究》1987 年第 3 期;许顺湛:《黄河文明的曙光》,中州古籍出版社 1993 年版,第 428 页。转引自李学勤主编《中国古代文明与国家形成研究》,第 44 页。

② 张光直:《中国青铜时代》,三联书店 1999 年版,第 481 页。

③ 韩康信等:《大墩子和王因新石器时代人类颌骨的异常变形》,《考古》1980 年第 2 期。

曰阿女,生帝颛顼。"

这里记颛顼为黄帝后裔(按,颛顼高阳氏属神农炎帝列山氏族团),并为韩流之子。"韩流擢首、谨耳……"郭璞云:"擢首,长咽;谨耳,未闻。"郝懿行云:"《说文》(九):'颛,头颛颛谨貌;顼,头顼顼谨貌。'即谨耳之义。然则颛顼命名,岂以头似其父故与?《说文》(十二)又云:'擢,引也。'《方言》云:'擢,拔也。'拔引之则长,故郭训擢为长矣。""颛顼命名,岂以头似其父故与?"郝懿行认为颛顼之命名缘于其头颅像其父韩流,而韩流"擢首、谨耳"即长头。

按耑,战国陶文作**,《说文》:"**(耑),物初生之题也,上象生形,下象极也,凡耑之属,皆从耑。"颛顼,即头颅尖(扁)长之形象,其父韩流之"擢首、谨耳",亦为头颅扁长之形。"头倾其父"故名颛顼。那么,流行于山东半岛、朝鲜半岛、我国东北地区以及东北亚地区的古老的改变颅形之习俗,均渊源于颛顼文化,均为颛顼文化之遗绪。

"又有成山,甘水穷焉。有季禺之国,颛顼之子,食黍。有羽民之国,其民皆生毛羽。有卵民之国,其民皆生卵。"[①]

"羽民国在其东南,其为人长头,身生羽。一曰在比翼鸟东南。其为人长颊。"[②]

所谓"羽民之国",即为以鸟(灵禽)为图腾的古族古方国,诸如《山海经》中所记之东北亚地区的黑齿国、白民国、司幽国、中容国、芶国、张弘国、谨头国等等,应是颛顼高阳氏族团图腾崇拜的遗留,或是其苗裔。

卵民国,卵生族源神话原于颛顼高阳氏文化(其中有少昊——帝喾高辛氏族团融合的痕迹),在这里找到了根源。"其为人长头""其为人长颊"即为人工改变颅形,是为颛顼文化习俗的一个鲜明特征。

是知,人工枕骨变形为颛顼高阳族团为尊崇始祖颛顼高阳氏而形成族团的体质文化的标记与文化传统。

有关拔齿的考古学文化事例如下:

山东胶县三里河遗址:"在风俗习惯方面,都有头部变形和拔除侧门齿

---

① 《山海经·大荒南经》。
② 《山海经·海外南经》。

的风尚。"①

山东兖州王因新石器时代遗址:"这里成年男女敲拔侧门齿的习俗也极盛行……还有一个值得注意的现象,在一些人头骨的下臼齿外侧留有石、陶小球。"②

苏北大墩子墓葬 M136:"从这个上颌骨上,可以观察到生前拔除上侧门齿的风俗。左右两侧门齿均已拔去,左侧犬齿也被拔除。被拔牙的齿槽早已闭合萎缩,其唇侧外骨面形成特殊明显的凹陷。"③凿齿者男女均有,没有性别上的差别;而凿齿者年龄大体在 18—21 岁青年时期。

山东诸城呈子遗址:"1 号人骨的枕骨有人工变形,三具人骨皆拔掉侧门齿。"M160 的 1 号、2 号人骨都拔掉侧门齿和枕骨人工变形。M20 男性人骨拔掉两侧门齿。呈子第一期文化中人骨共 21 具,其中拔掉侧门齿者 15 例,占 71% 强。有枕骨人工变形者 8 例,占 38%。可见为当时流行的习俗。④

大汶口文化的拔牙习俗应是史籍中我国古代的凿齿族。

我国古文献记有凿齿民族。

"昆仑虚在其东,虚四方。一曰在岐舌东,为虚四方。羿与凿齿战于寿华之野,羿射杀之。在昆仑虚东。羿持弓矢,凿齿持盾。一曰戈。"⑤

"大荒之中,有山名曰融天,海水南入焉。有人曰凿齿,羿杀之。"⑥

"自西南至东南方,有结胸民,羽民,……凿齿民……"⑦

"逮至尧之时,十日并出,焦禾稼,杀草木,而民无所食。猰貐、凿齿、九婴、大风、封豨、修蛇,皆为民害。尧乃使羿诛凿齿于畴华之野,杀九婴于凶水之上,缴大风于青丘之泽,上射十日而下杀猰貐,断修蛇于洞庭,禽封豨于桑林,万民皆喜,置尧以为天子,于是天下广狭险易远近始有道理。"⑧

---

① 昌潍地区艺术馆等:《山东胶县三里河遗址发掘简报》,《考古》1977 年第 4 期。

② 中国社会科学院考古所等:《山东兖州王因新石器时代遗址发掘简报》,《考古》1979 年第 1 期。

③ 韩康信、潘其风:《大墩子和王因新石器时代人类颌骨的异常变形》,《考古》1980 年第 2 期。

④ 昌潍地区文物管理组等:《山东诸城呈子遗址发掘报告》,《考古学报》1980 年第 3 期。

⑤ 《山海经·海外南经》。

⑥ 《山海经·大荒南经》。

⑦ 《淮南子·坠形训》。

⑧ 《淮南子·本经训》。

按：凿，甲骨文作🐭（一期前五·七、七），乃凿字古体，作山中凿玉之形。简书作🐭（一五六、一九），像手持一凿凿（拔）牙之形。这应是凿（齿）的本义。

《山海经》与《淮南子》均记"羿与凿齿战于寿华之野"，"羿诛凿齿于畴华之野"。寿、畴、铸（祝、钼）音义皆同，寿、畴应读如铸。

郭沫若主编《中国史稿》："如果我们把锋獟貐、封豨等解释成各个部落中的图腾崇拜，也许更合乎事实，例如大风可能是居于山东境内青丘地区的风夷，封豨可能是住在山东境内的有仍氏的别名，因为有仍也曾经称为封豕，修蛇也就是三苗，驩兜是他们的著名首领。"①

何光岳指出："寿华，又作畴华，山东泰安一带多有以祝为地名（见第一部分释祝），实与寿、畴、铸音义皆同，应读铸字。这寿华之野，即在泰安一带。这些以祝、寿为名的古地名，恰好与泰安大汶口、曲阜西夏侯、胶县三里河、诸城呈子、邳县大墩子、兖州王因和青莲岗文化等拔牙墓葬相一致，可证凿齿人就分布在这一带地区，与娄人分布相一致。"②按何先生所指为寿（畴、祝、铸）地区，而不包括华地区。昆仑虚即指今泰山地区。

华，即铧，金文作𦥑、𦥑，为农耕之铧犁。华为禹之姓氏之称，华夏即从此来。

河南密县、新郑南邻禹县（阳翟），即为华君之土，有夏之居，地在密县、新郑、禹县之间，则这一区域可谓华之野。

这样说来，寿华之野包括山东与河南的广大区域，为颛顼族团与后代的夏禹族团活动的区域，凿齿民即在此区域内，属颛顼族团后裔。则凿齿民一直延续至夏代。

在考古学文化上，人工凿齿与改变颅形、口含石（陶）珠三种习俗并出，则大汶口人工凿齿当属颛顼文化，为颛顼族团的一种古老的习俗文化。

拔牙凿齿为成年礼仪的一种文化模式，中外学者多有论述。

改变颅形正是颛顼高阳族团所特有的习俗文化，出于对颛顼高阳这位

---

① 《中国史稿》第 1 册，人民出版社 1976 年版，第 71 页。
② 何光岳：《南蛮源流史》，江西教育出版社 1988 年版，第 281 页。

族团始祖的尊崇,模仿颛顼头型作人工变形,即可保持本族团的文化特征,又表达了后世子孙对族团始祖的尊敬崇仰,成为这个族团习俗上的体质上的鲜明特征。而凿齿习俗(还可以包括古越人的文身习俗)是颛顼族团成年礼仪式之一种。其主要功用在于加强本族团正式成员的神圣责任感,使族团传统打上超自然的印记,使本族团的文化传统永远传延,这是每一个族团正式成员生存价值的标志,对族团及其文明发展有着巨大的影响力量。

关于口含石球文化习俗因与后来青铜文化相关,故此习俗留待下一个问题中解析。

几种习俗文化集中出现在一个文化区域之中,正表明这种文化的主人已具有强宗性质,并应已具有了中国古史初期的宗族制度。这又正是中国文明起源的一大特点。

文字的出现是文明的标志,据考古发现已有二十几处陶文符号。大汶口文化陶器符号文字共发现 18 例 10 种,已被专家释读,此不赘。

产生在燕山、七老图山、努鲁尔虎山诸山脉的冀北、辽西、内蒙古昭盟一带的红山文化是颛顼高阳氏及其族团考古学文化第二阶段的中心分布区。西拉木伦河流域是这个族团的主要活动地带。

《山海经》记有颛顼高阳氏在这一地区的文化遗迹。"东北海之外,大荒之中,河水之间,附禺之山,帝颛顼与九嫔葬焉。爰有鸱久、文贝、离俞、鸾鸟、皇鸟、大鹜、小鹜。有青鸟、琅鸟、玄鸟、黄鸟、虎豹、熊罴、黄蛇、视肉、璿、瑰、瑶、碧,皆出卫于山。丘方圆三百里,丘南帝俊竹林在焉,大可为舟。竹南有赤泽水,名曰封渊。有三桑无枝。丘西有沈渊,颛顼所浴。"①"务隅之山,帝颛顼葬于阳,九嫔葬于阴。一曰爰有熊罴、文虎、离朱、鸱久、视肉。"②"汉水出鲋鱼之山,帝颛顼葬于阳,九嫔葬于阴,四蛇卫之。"③附隅山即卫于山、务隅山、鲋鱼山,为颛顼高阳氏族团文化中心所在地区。

关于汉水,又见于《山海经・海内西经》:"东胡在大泽东,夷人在东胡东,貊国在汉水东北。地近于燕,灭之。"

---

① 《山海经・大荒北经》。
② 《山海经・海外北经》。
③ 《山海经・海内东经》。

据《水经注》卷14:"大辽水出塞外卫白平山,东南入塞,过辽东襄平县西。""辽水亦言出砥石山,自塞外东流……"

卫白平山,白平乃皋之误字,即卫皋山、卫于山,或称卫丘。

有人认为汉水为西辽河或辉发河,一为辉河。前者近是,后者失之过北,与"地近于燕"不合。

辽河有东西二源:东辽河源出吉林省东辽县萨哈岭;西辽河上游北源西拉木伦河出内蒙古什克腾西南白岔山,南源老哈河出河北省平泉县光头山。汉水当是西辽河(潢水)或其支流土河。

"土河自马盂山发源",按马古读如母,马盂山、务隅山、鲋鱼山、附禺山、卫于山,为一声之转,不同音译,契丹人则称之为木叶山。马盂山还是"东北海之外,大荒之中,河水之间"的唯一大山脉。"前言"已指出马盂山即今七老图山。《读史方舆纪要》还进一步详述了马盂山的大小:马盂山脉"在(大宁)卫北,志云山东北千百里,南西五百里,北接临潢境,高、松等州皆在其南,土河之源出焉。"

综上可知,马盂山、附禺山、务隅山、鲋鱼山、卫于山为同一山脉的不同音译,为颛顼高阳氏的神山、圣土,契丹人则称之为木叶山。北方族多有自己民族的圣山。匈奴族"大会蹛林",据岑仲勉考证,蹛林为北方民族之圣地塔米尔河之台鲁尔倭赫池,为北方民族秋社"祭其先、天地、鬼神之圣地"。乌桓族"使护死者神灵归乎赤山,赤山在辽东西北数千里",赤山是为乌桓民族之圣地。

以高山为民族的发祥地、民族之圣山,除了自然崇拜观念之外,还因为它是"地柱"(axis mundi)——"这种柱子从地下通到天上,通天地的萨满可以通过爬这个柱子,从一个世界到另一个世界去。"又因为它是"灵山"——"十巫从此升降","山是中国古代一个通天地的工具",[1]马盂山、附禺山、木叶山是颛顼高阳氏族团、也是北方民族沟通天地的神仙、灵山、圣山。

则附禺山(七老图山脉)与西拉木伦河流域为颛顼之墟所在地,也是帝喾(高辛氏)族团的活动地区。

---

① 张光直:《考古学专题六讲》,文物出版社1986年版,第7页。

可知,蕃(亳)、砥石即在今西辽河源地区,亦即红山文化分布地区,而这一地区正是我们所考查过的颛顼高阳氏之故地、旧墟,亦为帝喾(俊)高辛氏族团的活动地区。

"(慕容)廆以大棘城即帝颛顼之墟也,元康四年(294)乃移居之。"①大棘城今辽宁锦州市附近,一说为北票三营子战国遗址。

"昔高辛氏游于海滨,留少子厌越以君北夷,邑于紫蒙之野,世居辽左,呈曰东胡。"②

上述史料说明辽西西拉木伦河流域是颛顼之墟,也是红山文化广泛分布地区,这为我们探索中国文明史初期阶段诸问题提供了考古文化学的深厚基础。

苏秉琦先生指出:"红山统名,理由是:一、红山文化分布面最广,影响最远;二、喀左东山咀相当红山文化后期的祭坛遗址、牛河梁的女神庙遗址和附近积石冢群,是我国早到五千年前的、反映原始公社氏族部落制的发展已达到产生基于公社又凌驾于公社之上的更高一级的组织形式,在我国其他地区还没有发现过类似遗迹……"③正基于此,苏先生提出"辽西古文化古城古国"的重大命题——这实质意味着认为红山文化已进入中国文明史初期阶段。

2. 青铜文化的考察

中国的青铜文化时代始于何时? 如何界定? 这都是学界争论不休的问题。比较一致的看法是中国青铜时代始于夏代。二里头遗址出现工艺精湛、形象美观的青铜饰牌。"遗址发现了不少铸铜的坩埚、陶范、铜渣等,……爵则运用复合范铸成,铸造工艺比较复杂,说明这些青铜器还不是中国最早的青铜制品。""中国的铜器冶炼最早出现于仰韶早期,它的进一步发展是在龙山时代。"辽宁凌源牛河梁遗址 4 号积石冢墓出土铜环为红铜;并发现铸铜陶范。

① 《晋书·慕容廆载记》。
② 《十六国春秋·前燕录一》。
③ 苏秉琦:《辽西古文化古城古国——试论当前考古工作重点和大课题》,《辽海文物学刊》1986 年创刊号。

关于保定(一说易县)三戈铭的争论。

三戈铭文:"大且日已,且日●,且日乙,且日庚,且日●,且日已,且日已。且日乙,大父日癸,大父日癸,中父日癸,父日癸,父日辛,父日已。大兄日乙,兄日戊,兄日壬(工),兄日癸,兄日癸,兄日丙(钼)。"对三戈的时代,多定为商代或商代末年,近人李学勤、马承源亦主商代说。其主要根据是"古人不以甲子名岁""商家生子以日为名"两条,并成为我国学界一个共识、一个判断时代的准则。

骆宾基先生对此三戈的时代重新认定,考定《庚申角》(旧名《宰椃角》,见《窓》集二十一)为中国"以甲子纪年之始"。又举《帝王世纪》载尧以"甲辰即帝位,辛已崩",《皋陶谟》记"禹曰:予娶涂山,辛、壬、癸、甲,启呱呱而泣……"为例证明三代之前有甲子纪年的记载。

有认为三戈铭文"可视为一种家谱"①,有认为是祭文,"主要祭祀的是祖、父、兄三辈人"②。

据查有商一代十七世三十王中,有六王以甲名(大甲、小甲、河亶甲、沃甲、阳甲、祖甲),没有一王称"日甲";有五王称乙(大乙、祖乙、小乙、武乙、帝乙),没有一王称"日乙";有六丁(沃丁、中丁、祖丁、武丁、康丁、文丁),也没有一王称"日丁";有甲辛、四庚、二壬、一丙、一戊、一己,均不以"日"为名。但金文中确有"祖日辛、父日辛、兄日辛"(《金文丛考》),三戈铭也有"日乙""日癸""日辛"的名称,这应做何解释呢?

骆宾基先生认为:"三兵铭所记祖父兄三代二十一人当中,有六人称癸却没有一人称甲,而有商一代三十王中有六人称甲,却没有一王称癸。可见这三兵器的铸制者和商王室的帝系家族,是完全没有直接牵连的。""三戈兵的金文所记祖、父、兄三代,虽然是诸祖、诸父、诸兄并列,但与殷制不同,祖有大祖,父有大父,兄有大兄,……有商一代十七世三十王或传弟或传子……是传弟和传子之间的斗争……三戈兵是早于殷商时期的青铜武器。""日字为族称","三戈兵铭的祖、父、兄三代人的氏称之上,所冠的'日'是族称,因而是对祖、父、兄三代尊称的标志,而绝不是日月的'日',更不是甲子

① 李学勤:《鸟纹三戈的再研究》,《辽海文物学刊》1989 年第 1 期。
② 马承源:《商代句兵中的瑰宝》,《辽海文物学刊》1987 年第 2 期。

记生日的‘日’了。”“‘日’在这是作为族称，古本音读‘阳’，是以神农炎帝历山氏为首的羊族的尊称。”其结论是：“这三戈兵为帝颛顼系后世子孙的兵器。”[①]又查：《读史方舆纪要》卷12：“直隶保定府清苑县清凉城下有高阳城。”“又高阳城在府东南六十里，址周九里。相传古颛顼所建。”可知此三戈兵，“为帝尧时期古高阳城封疆的诸侯的铸制物”。

如此说来，颛顼高阳氏亦应有青铜器。

颛顼高阳氏是我国上古时期的王者，有青铜器及其铭文可证。

古有“高阳鼎”，《西清石鉴》有“高羊鼎”（旧名“周丁甲鼎”），有三字金文：“●亼♈”。“●”是族标（徽），“亼”即高的古金文，“♈”释为羊。高羊即高阳，古羊、阳通用。“高羊”，是帝颛顼的氏族名称，这个标有三字金文的鼎就是他专用的食鼎，有鼎必有爵，有“高羊爵”（旧名“立羊爵”），又有“高羊彝”（见《敬吾心室款识》），金铭作“亼♈”。据此可知，颛顼高阳氏不是黄帝族系，而为神农炎帝历山氏羊族系。“●”作为颛顼高阳氏之族标，读为珠，又作“Ψ”，读如柱，原为“Ψ”（柱），又作“𠔁”读如铸。“八”两把矩尺之象，下作两手捧柱之形。骆宾基先生考证“舟卣”“铸爵”“铸彝”“铸卣”，以及“高阳鼎”“高阳爵”“高阳彝”及“珠高阳鼎”“取（郰）爵”“钼卣”，以及“高阳鼎”“高阳爵”“高阳彝”及“珠高阳鼎”“取郰”“钼卣”十器当是颛顼及其子孙“受命与志氏”的青铜器。八，矩尺，“可以用来画方，也可以用来画圆，用这工具的人便是知天知地之人。巫便是知天知地又是能通天通地的专家，所以用矩的专家正是巫师。”[②]柱即通天的地柱，巫师通过爬地柱可以升天。这样说来颛顼高阳氏是一位王者兼大巫师，一位宗教主。

可知，颛顼高阳所代表的羊族所称之珠，乃珍珠之象形，为氏族之图腾物，为氏族族团命氏志称的标记，而后又为其族团子孙作为族称而承继延续下来。[③]

我们前面接触的三戈铭文中有“且日●”，这个●即颛顼高阳氏之族标，

---

① 骆宾基：《金文新考》（上），《兵铭集》第三辑，山西人民出版社1987年版，第57—120页。

② 张光直：《中国青铜时代》，三联书店1999年版，第256页。

③ 骆宾基：《金文新考》（上）《上古时期七种货币考》，山西人民出版社1987年版，第25—29页。

而"日"——阳则为颛顼高阳氏之族称。

大汶口考古文化中的"口含石珠、陶球",球应正名为珠,应是口含石珠、陶珠。直径在15—20毫米之间,从幼年开始,直到死后仍含于口中——造成口腔内的球面磨损和颌骨变形。这应该是属一种信仰,出于一种传统的民(氏)族习惯。我们认为这小石(陶)珠就是颛顼高阳氏族团的氏族标记●(珠),用以标明族团属于颛顼族团的成员,而区别于其他氏族族团,并成为本族团成员、坚持本族团传统的标记,成为本族团的圣物,从而成为整个族团的文化习俗。表现出这个族团强烈的宗族意识与巩固的宗族制度。

从上述的考察中,我们可以得到这样一个初步认识:在距今7000—6000年前后,在山东与辽西地区确实存在一个颛顼高阳王国,确实存在一位颛顼高阳国王。

《左传·昭公九年》:"列山氏之子曰柱,为稷,自夏以上祀之。"可知,柱、住、足是神农炎帝之子,在夏代以上,受公祭的稷神。高羊是以柱(足、住、铸、祝)氏族为尊,以神农系的柱(珠)氏为贵。据骆宾基先生考证,山东河南地区出土的舟卣、铸爵、铸彝、铸卣、高阳鼎、高阳爵、高阳彝、珠高阳鼎、取(郢)爵、钼卣十器均为颛顼高阳氏之子孙受命志氏的青铜文化。这些出土的青铜文化正标明颛顼及其族团(王国)活动的区域。

可知,颛顼高阳所代表的羊族所称之●(珠),乃珍珠之象形,为氏族之图腾物,当系海岱民族文化的产物,颛顼其名,高阳其号。为氏族族团命氏志称的标记,而后又为其族团子孙作为族称而承继延续下来。

大汶口文化区域包括海岱文化区正是颛顼高阳氏族团生活繁衍的地区,属于颛顼文化圈。大汶口考古文化中的"口含石珠、陶球",球应正名为珠,应是口念石珠、陶珠。直径在15—20毫米之间,从幼年开始,直到死后仍含于口中——造成口腔内的球面磨损和颌骨变形。这应该是属一种信仰,出于一种传统的民(氏)族习惯。我们认为这小石(陶)珠就是颛顼高阳氏族团的氏族标记●(珠),石珠、陶珠用以标明他们属于颛顼族团的成员,而区别于其他氏族族团,并成为本族团成员、坚持本族团传统的标记,成为本族团的圣物,从而成为整个族团的文化习俗。而其多在女性中保持此种习俗,姓属母族,根据有关史料,颛顼高阳氏当为一女性,为一女王,这当与这个族团尚保留母系氏族社会某些习俗有关吧,与中华文明的早熟性有关。

改变颅形、凿齿、口含陶珠三种习俗共同出于一个墓葬,正表明大汶口文化中已产生浓烈而巩固的宗族制度。"宗族制度在中国古代文明社会里面是阶级文化和财富集中的一个重要基础。""在周代就成为所谓的宗法制度","中国的宗法制是阶级分化,以系谱为基础集中政治权力的一种很重要的基本制度。"①这种习俗在龙山文化时仍在延续。

大汶口文化为中国早期文明的起源与形成创造了一个文化模式:王权源于神权,并以其不可逆转的文明动力影响历史的发展。

应该说,考古文化学是与特定的民族(氏族)共同体相对应的。"以古代文献记载为线索,通过对有关考古遗存的特征的异同变化的分析,探求其代表的不同族体的特点、相互关系及其发展历史,即是可行的,也正是我们的任务。""这种传统文化既有地域性,也有某一族共同发挥主导作用的缘故,是二者的结合与统一。"②王震中先生引用并同意李伯谦先生的观点,这应是学界努力争取做到的事。我们在这里结合文献学有关资料,试图对大汶口文化的族属作一探讨,以其对史前考古文化学以及中华早期文明的研究有所补益。

大汶口考古文化的三种习俗——人工改变颅形、口含石(陶)珠、人工凿齿等均是颛顼高阳王国(族团)的习俗文化,形成一套比较完整的民族特性、民族规范,包容着深厚的文化内涵与丰富的社会文化心理与风俗习惯,表现出中华文化建构初期的特点:重视文化传统的积累与传承,以族团(王国)的文化习俗自尊自荣,注意保持族团的文化特性,并以之成为族团的凝聚力量与向心力量,从生到死,从幼年到老年,都来遵守、信仰、传承——这就是文化传统、民族传统,影响着中华文化的建构与发展,成为中华民族与中华文化的一份宝贵遗产。

距今7000年左右的辽东小珠山文化,已有从动物考古学视角研究辽东小珠山遗址中动物变迁问题——《南方文物》2017年第一期一篇文章指出大汶口文化不断渗透促成了小珠山文化间的交流与同化问题,该文虽未涉及

---

① 张光直:《中国青铜时代》,三联书店1999年版,第474—475页。
② 王震中:《先商的文化与年代》,《中原文物》2005年第1期。

文化但可以推及,大汶口文化在 7000 年前后的文化裂变——1986 年 10 月,苏秉琦先生在辽宁兴城座谈会上谈《文化与文明》时提出"中华文明起源的九种形式"中"统一与裂变,裂变迸出文明的火花",可知,7000 多年前,在大汶口文化已开始北上影响辽宁地区古代文化区域。

《尚书·周书·吕刑》:"…乃命重、黎绝地天通,罔有降格。"

《国语·楚语下》:"昭王问于观射父曰:'周书'所谓重、黎寔使天地不通者,何也? 若无然,民将能登天乎?'对曰:'非此之谓也。古者民神不杂,……如是,则明神降之,在男曰觋,在女曰巫。……及少昊之衰也,九黎乱德,民神杂糅,不可方物。夫人作享,家为巫史,无有要质。……烝享无度,民神同位。……颛顼受之,乃命南正重司天以属神,命火正黎司地以属民,使复旧常,无相侵渎,是谓绝地天通。"

《山海经·大荒西经》:"颛顼生老童,老童生重及黎,帝令重献上天,令黎卬下地。"

少昊族团的时代处在大汶口文化中晚期,其地望主要分布在泰山南北两侧的汶、泗流域以及鲁北的汶、淄流域。少昊族团衰落,颛顼高阳族团相继兴起并活动在这一地区。《山海经·大荒东经》:"东海之外有大壑,少昊之国。少昊孺帝颛顼于此,弃其琴瑟。"是知颛顼高阳族团与古东夷集团关系密切,并接续少昊族团的文化传统。

所谓"民神杂糅,不可方物",是指民神混杂,人人均可通神,世界没有规矩,分不清层次。而"绝地天通",是指断绝地民与天神相通之道路,使氏族各守其职,恢复世界正常秩序。

从半人半兽、半人半神、亦人亦神的野蛮混沌世界,进入到人与兽、人与神分开——分成天、地、人、神的不同层次,使社会进入文明的层次(阶段),这是惊天动地的大变革。"国王们断绝了天人交通,垄断了交通上帝的大权。"这一次重大的宗教改革反映了中国历史文化的时代特征,这标志在古代中国由蒙昧野蛮时代进入文明时代的历程中,颛顼氏构筑了中华古代文化的基本框架——即把世界分成不同的层次,天与地是主要层次,天与地的沟通为少数人(巫者、王者)所独占,而沟通天地的手段是与政治权力直接相关。这就制造了巫者特殊阶层,创造了萨满宗教文化。这是中华古文化的重大特征,也是中华古文化中最基本的观念。而这种所谓萨满式(shamanistic)的,由颛顼高阳族团开创,并普遍延续在阿尔泰语系诸族中,也是古代东北诸族(诸如东胡族系、濊貊族系、肃慎族系)最重要的历史、宗教文化观念。

这在中华宇宙史观上首次把天地人神放在同一个平台上,并由两大巫觋重、黎来管理;天地人神四大层次,天地是主要层次;"不同层次之间的关系不是严密隔绝","中国古代许多仪式,宗教思想和行为的很重要任务,就是在这种世界的不同层次之间进行沟通。进行沟通的人物就是中国古代的巫觋,这是中国古代文明的最主要的一个特征。

完成这个理论观念的是南正重、火正黎,正是两大巫觋集团帮助颛顼高阳女王创建了红山文明王国,创建了天人合一的宇宙观,从此南正重、火正黎掌管"绝地天通"这通天通地的大权,他们是知天知地的智者圣者。则颛顼高阳为大宗教主、人王。

司马迁《史记·天官书》中论有"昔之传天数者高辛之前重黎"。这是对宇宙结构的感应的观念,当不只是颛顼族团一时之间产生的,应是中华古人长期对宇宙人生观察思考形成的思维活力、思考考察的结果。

天地人神的四大层次,并管理这些层次,这非一日之功,非一个族团,后来认识到的,应有几代人、几十代人的人与自然关系发生重大变化的认识能力的提高的结果。

这种宇宙观念应与文明同时发生,构成文化与文明的人类共同体。把宇宙分成天地人神等不同层次,和层次之间的沟通,乃是宗教人物的重要任务。

通天地的手段与政治权力有直接关系,在中国古代,财富的积累主要是通过政治手段,而不是通过技术手段或贸易手段。所以中国文明中的许多成分是人与人之间关系变化的结果。这种关系的变化并不造成人与自然环境之间的隔绝。①

这就是中国人的天人合一的宇宙观念。美籍华裔学者杜维明说:"瓦石草木,鸟兽生物,鬼神这一系列的存有形态的关系如何,这是本体化上的重

---

① 张光直:《考古学专题六讲》,文物出版社 1986 年版,第 4—11 页。

大课题。中国哲学的基调之一是把植物、动物、人类和灵魂统统视为在宇宙巨流中息息相关乃至相融的实体,这种以用奔流不息的长江大河来譬喻的存有连续的本体观。"(同上,13 页)这是中国式的宇宙、人生本原的哲学观,天人合一的宇宙观。

老子所说:"道法自然"。首位汉学家莱布尼茨认为中国是"自然神学",西方是"天启神学"。① 那么"自然神学"与老子的"道法自然"应是相同的自然法则,而天人合一的宇宙观,应是同一内涵吧!

3.坛庙冢的祭祀礼仪体系文化

①三环祭坛

创造了三环祭坛模式,圆坛祭天,方坛祭地,则红山人祭天、祭地;后代有天坛、地坛,是文化传统延续;筒形陶器中空,是巫者之地柱,通天地的地柱。

发现独立祭坛有三处,即辽宁省喀左县东山嘴遗址南部的圆形祭坛、辽宁省朝阳市牛河梁遗址第五地点双冢冢间的方形祭坛、牛河梁遗址第二地点的圆形祭坛。

牛河梁第二地点祭坛位于 2 号冢以东 2 米处,坛体为由石块筑成三重圆的正圆形石桩界,直径分别 22 米、15.6 米和 11 米,形成三层台基。每层台基由外向内,以 0.3—0.5 米的高差,层层高起。坛的顶面铺石,较为平缓,从而形成一个完整的圆形坛体。石桩并排立置如"石栅"形,与积石冢所用白色硅质石灰岩以及叠摞平砌式形成鲜明对照。石桩的规格也以外圈最大,高在 30—40 厘米之间,长宽各约 15 厘米,中圈次之,一般高为 30 厘米。长宽各约 12 厘米;内圈石柱最小,高为 25 厘米,长宽各约 10 厘米。紧贴石柱界立置成排筒形陶器。由于淡红色的石台基与筒形式陶器色调相近,使整个祭坛呈现出一种红色效果,充分反映出当时的祭祀活动多么重要而庄重。

东山嘴遗址祭坛位于该遗址南部。是用一层石头砌出的圆圈形祭坛。其中一处是三个相连的圆形石圈。两个轮廓清楚,略呈椭圆形,直径在 3 米左右,边缘以大块河卵石砌出两圈,石圈内铺较大石块,形成坛面。此处坛

---

① 转引自《莱茵河畔传汉笛·德意志上地上的中华文明使者》,《外国文艺》2018 第 2 期)。

址北约 4 米处又有一座独立的祭坛，直径 2.5 米，石圆圈内铺一层大小相近的小河卵石，边缘砌一层薄石片。遗址出土了一些与祭祀有关的陶器、玉器和人物塑像残件。

东山嘴遗址位于辽宁喀左县兴隆庄乡东山嘴村南大凌河西岸的一个山梁台地上，南北长约 60 米，东西宽约 40 米。遗址内有一大型方形基址，东西长 11.8 米，南北宽 9.5 米，四边砌石墙。基址南部有用一层石头砌出的圆圈式坛址，共两组，靠南一组为三个相连的圆形基址，略呈椭圆形，直径在 3 米左右。其北约 4 米处又有一独立的圆形坛，直径 2.5 米，圈内铺一层大小相近的小河卵石，边缘砌薄石片，是座非常明确的祭坛。遗址内遍布泥质红陶钵、盆、饰压印"之"字纹夹砂灰褐陶罐等红山文化陶器。还发现了一件双龙首玉璜和一件绿松石鸟形饰。更意外的发现是陶塑人像残件二十余件，

图 1　东山嘴遗址出土

都为泥质红陶，多为人体的肢体部位。其中有两件小型孕妇塑像，都为裸体，形象逼真。一残高 9 厘米，一残高 5.8 厘米，都为头部缺失的残躯。经研究确认，该遗址为一处大型祭祀遗址，女王是红心人的考祖。[①]

对天地诞生诸问题发问："圜则九重，孰营度之，惟兹何功，孰初作之？"

天有九重，何人为之度量？这九重天，谁所创造？

一、三、五、七、九，阳之数；二、四、六、八、十，阴之数。（《京房易传》卷下）九重，最高层次。

天有九重，此言天之极高，九为天数，故曰九重天。九层为三的倍数。奇为阳，偶为阴，这是与古代自然宇宙观念有关。

九是极数，三是基数。"三"在古人眼中是一个神秘数字。英国文化人类学家爱德华·泰勒在《原始文化》中说："斯洛克斯和马蒂厄斯在谈到巴西

---

① 引自《走进千河梁》，世界知识出版 2007 年版。

蒙昧部落时说:他们一般用手指关节计算,所以只能计算到三,更大的数字他们就用'很多'来表达。在布里人的词汇中,数字是这样的:1. omi;2. cuir-ri;3. Prica;'很多'。在博托库多人的词汇里 1. mokenam;2. urrhu,'很多'。按乔根森的说法,塔斯马尼亚人的数字为:1. pfarmery;2. calabawa;2 以上的数 cardia;正如巴克蒙斯所指出的,他们的数字是'1、1、很多'。"[①]法国文化人类学家列维·布留尔指出:"在非常多的原始民族中间(例如在澳大利亚、南美等地),用于数的单独的名称只有一和二,间或也有三。超过这几个数时,土人们就说:'许多、很多、太多'。要不然他们就是三是二、一;四是二、二;五是二、二、一。""事实上,假如什么确定的和相当有限的一群人或物引起了原始人的注意,他必定连同这个群的一切特征一起来记住这个群。在他的表象中,包含了这些人或物的准确的总数;这好像是这个群用以区别于其他在数量上多一个或少一个、多几个或少几个的群的一些特征。"[②]

中国古代认为"三"是个神秘的数字:

"夫兽三为群,人三为众。"(《国语·周语》)

"季文子三思而后行……"(《论语·公冶长》)

"曾子曰:吾日三省吾身。"(《论语·学而》)

"南容三复白圭……"(《论语·先进》)

至于"三顾茅庐""三打祝家庄""三打白骨精"等"事事不过三",均言三为多数。清汪中在《释三九》文中说:"凡一二所不能尽者,则约之以三,以见其多。三之所不能尽者,则约之以九,以见其极多。""三"表多数代表"群"之外,三与宇宙人生有关联。老子说:"道生一,一生二,二生三,三生万物。"(《老子·四十二章》)《易·系辞》:"天一,地二,天三,地四,天五,地六,天七,地八,天九,地十,天数五,地数五。"这是天地生万物的原初观念,而天数——五个奇数、地数——五个偶数——为天地之数、宇宙之数。《史记·律书》:"数始乎一,终于十,成于三。"《周易》八卦是由阴(━ ━)阳(━)两个符号三三排列的,六十四卦就是在此基础上的六六排列系统的三进位的计数方式与天地相参的数理文化观念。

[①] 《原始文化》中译本,上海文艺出版社 1992 年版,第 247 页。
[②] 《原始思维》中译本,商务印书馆 1986 年版,第 175—176 页。

杨希枚先生指出:"数学'三'在许多民族中均为一重要神秘数字,象征生育、生命和死亡,象征'三位一体'(Trinity)和完美,因此,与许多事物关联在一起……""天三地四是真正的天地数,而这两数的倍数,即天九地八,则认为是天地数中的极数,即最大的天地数……不但是一个神秘数字,关乎着天地(大宇宙)和人数生命(小宇宙),是表示制衡宇宙之道的一项数学程式。"①

红山文化三环祭坛,西王母"三成昆仑"(《尔雅·释丘》),北京天坛基座三环基座,坛内三环结构。三环祭坛是红山王国另一重要文化遗址。坛体为正圆形,由淡红色石块砌出三重环圆的石桩界,直径分别为22、15、6、11米,形成三层台基,每层以0.3—0.5米的高差,层层高起。紧贴石桩界立有成排的筒形陶器,祭坛紧靠主冢,同置于山冈最顶部构成冢群的中心,构成冢坛结合的文化结构,东山嘴的圆形祭坛,牛河梁的双冢间方坛和牛河梁的圆形祭坛,表明红山人已将祭礼天神地祇制度化、规范化了,成为红山王国领袖举行"郊""燎""禘"等国家祭祀大典的宗教场所。它较大汶口王国文明又提高了一个层面。

从考古文学视角研究红山文化三环祭坛是又一大课题。

红山三环祭坛表现出中华古老的天圆地方的宇宙观念。遗迹整体由规整的淡红色圭状石桩组成三个层层高起的同心圆坛,这三环意识是古老盖天论的核心。"它是古人对分至的认识结果"。"石坛的拱式外形可视作天穹的象征,而三个同心圆正可以理解为分别表示分至日的太阳周日视运行轨迹"。"牛河梁三环石坛的三环乃由精心选制的淡红色圭状石桩组成,……显然这体现了中国天文学的固有传统。很明显,黄道用淡红色圭状石桩表现的想法应该来于古人对太阳颜色的直观认识。"牛河梁三环祭坛的考定,说明古老的盖天论宇宙观念早在距今6000年已经发展到一定水平,"它不仅描述了一整套宇宙理论,同时准确地表现了分至日的昼夜关系"。② 而以三环祭坛像天,方形祭坛像地,表示天圆地方的宇宙观念,并成为红山人

---

① 《论神秘数字七十二》,见《先秦文化史论集》,中国社会科学出版社1995年版,第698、710页。

② 冯时:《考古天文学》,社会科学文献出版社2001年版。

祭礼天地的神圣祭坛。圜丘祭天,方丘祭地;圜丘为天坛、为日坛,方丘为地坛、为月坛,红山人所创造的三环祭坛及其结构,作为一种文化模式(天人交通的模式),成为古代中国文明的一大传统,为历代王朝所继承。

这是宇宙生成中的数理观念,它决定着宇宙天地的数理结构与体系。这种对天与地的崇拜观念是中国人作为农业民族从人类诞生时起的最古老最初生态的观念,旧石器时代、新石器时代及整个文明时代,均延续这个最严肃的精神文化,红山人对天地的崇敬是这一民族的精神文物,继续并创造了新的文化模式。

中国人把天和地看作神,今天,我们还尊重天坛、地坛两大建筑。

红山人在6000—7000年前尊崇天神、地神,表明其文明早已成熟的特征。并以圜坛形式创造了天圆地方文明模式。

女神庙内最重大的发现是出土了一尊较完整的女性头像,这尊头像出土时平卧于圆形主室西侧,头向东北,面略向西。头像除发顶部分、左耳、下唇有残缺外,面部整体得以完整保存。头像现存高22.5厘米,通耳宽23.5厘米,眼眶长6.2厘米,两眼间距3厘米,鼻长4.5厘米,鼻宽4厘米,耳长7.5厘米,耳宽3.5厘米,嘴长8.5厘米,唇高起2—2.5厘米。塑泥为黄土质,掺草禾一类物,未经烧制。内胎泥质较粗,捏塑的各部位则用细泥,外皮打磨光滑,颜面呈鲜红色,唇部涂朱。头的后半部分断缺,但较平齐,似为贴附于墙壁所致。在头后断裂面的中部可见一竖立的木柱痕,直径4厘米,由颈部直通到头顶部,柱上有包扎禾草的痕迹,此应为塑像时所用"骨架"。头像为方圆扁脸,颧骨突起,眼斜立,上眼皮特别是眼内角有较发达的赘皮的细腻表现,眉弓不显,鼻梁低而短,圆鼻头,鼻底平,无鼻沟,上唇长而薄,这些都有蒙古人种特征。头像额部隆起,额面陡直,耳较小而纤细。面部表面圆润,面颊丰满,下颏尖而圆,这些又都具有女性特征。头像除写实外,更有相当丰富而细微的表情流露。上唇外呲富于动感,嘴角圆而上翘,唇缘肌肉掀动欲语,流露出一种神秘感。尤其是在眼眶内深深嵌入圆形玉片为睛,使炯炯有光的眼神一下子迸发出来,更是神来之笔,整个头像在写实的基础上适当夸大,使传神、表情、动态为一体,以追求人的精神状态和内在情感,从而塑造出一个极富生命力并予以高度神化的女神头像。

4. 女神庙,女王宫殿,女王模式

女神庙海拔高度为 671.3 米。这是一个大范围的建筑群体。可分为主体和附属两部分。主体部分包括女神庙和一座大型山台,附属部分指主体周围分布的多处窑穴。

附属部分主要为两处,一处位于女神庙南侧 12 米,坑内堆满纯白色的灰烬层,内含文物丰富,有研磨器、刮削器和石片等石器,饰"之"字纹的筒形罐、小品罐、钵等陶器。

人物塑像。人物塑像是庙内的主要部分。经试掘,已在主室、东西侧室和南室发现了人物塑像残件。可辨认出形状的有上臂部、腿部、肩部、乳房、手部、眼球,大约分属于 7 个个体。都为粗泥胎,外表细泥质,打磨光滑。有的表面涂朱或有彩绘,它们都不同程度地表现出女性特征。以规模大小可分为三类。第一类主室中央发现的一残鼻头和一大耳,从质地、大小看它们同属于一个个体,大小相当于真人的 3 倍。第二类为在西侧室清理出的手臂和腿部,均相当于真人的 2 倍。第三类为在主室发现的相当于真人大小的人塑残件,有右肩部、肩臂部、乳房和左手。

5. 颛顼高阳氏为女性考索

闻一多先生有《高唐神女传说之分析》(见《闻一多全集》)提出高阳即楚的先祖姓(高)唐(巫山神女):"高媒郊社与祖庙为一","楚人所祀为高禖的那位高唐神定是他们那厥初为民的始祖高阳,而高阳则不是女性"。[1]

古文献《世本》颛顼产"伯鲧"。《山海经·大荒西经》:"有鱼偏枯,名曰鱼妇,颛顼死即复苏,风道北来,天乃大水泉,蛇乃化为鱼,是为鱼妇,颛顼死即复苏。"偏枯含义有淫亵义中,乃与高媒无夫生子有关,鱼妇,美人鱼。仍指颛顼为女性。

祭天、祭地,"不王之禘",国王方有这种大祭的权利,国之大事,在祀与戎,红山文化的女神是女王,女神庙是女王的享殿,女王是中华早熟性文明模式——母氏氏族社会的酋长转型为女王。

"女性本位原始社会的法则","在野蛮时代中的人类某些部落在氏族制

---

① 龚维英:《颛顼为女性考》,《华南师范学院学报》1981 年第 3 期。

度下赢得了开化的境界,在开化的时代中这些同一部落的子孙在它之下赢得了文明。氏族制度将人类中的一部分从野蛮带入了文明。"[①]

在大汶口文化中的颛顼高阳氏族团实行人工改变颅形、拔牙、口含陶珠三种体质人类学的部落文化,构成以血缘为纽带的部落,共同体在红山文化中构建了王国,颛顼高阳成为王国的女王——人王,女神像就成为红山文明王国的祭祀先王的享堂、神殿,其中的神鸟神兽为享殿的女王陪衬,为引导逝者升天成神的法器使者。

这些女神群像,均呈现出女性特征,为护卫、女官,仍保持着女性氏族社会的等级层级;颛顼高阳氏由部落联盟酋长转型为国王,呈现为中华文明的早熟性和文明王国的早期性诸特质,呈现出成熟的王国文明礼制。

有研究者称之为"祖先崇拜",如果在大汶口文化时期出有女神的话,似乎或可称之为祖先崇拜;而在红山文化时期,已建成文明王国这个女神,为红山王国的创始人,为女王,仍称之为祖先、祖先神,似降低了这个女王的地位。这个女神庙是女王享殿,是对女王的享祭、纪念、追忆尊崇,是对红山文明王国的开国先王的祭悼、祭奠,是"不王不禘"的国家大祭典。

郊祭之禘,祭天之礼;天子诸侯宗庙的大祭;时祭之禘,宗庙四时之祭。女神庙先祭天祭天子之神,为享堂。这是红山文明王国留给的后世称之为禘祭的实例!

6. 红山文化积石冢

积石冢,顾名思义就是在墓上积石,过去曾在距今 4000 年至 2500 年前后的夏商春秋战国的遗址中发现,且规模较小。而红山文化积石冢集中发现于牛河梁遗址群。除了女神庙,主要遗址都是围绕女神庙各个山岗上的积石冢。积石冢是红山文化的重要内容。其特点综述如下:

积石冢都置山岗顶部。红山文化积石冢的位置专门选择在高度适中的岗丘顶部,先平整山头,然后确定并砌筑四周边界。圹内设墓,大墓下挖墓圹,圹底砌筑石棺。小墓则直接砌筑石棺,在主墓安葬后,在墓群顶部封土积石,积石有由外向内层层起台阶的趋势,有如"金字塔",并在冢上顺石台

---

① 摩尔根:《古代社会》,第 100—101 页。

阶成排立置陶筒形器,形成冢的规模。

红山文化积石冢多集中在牛河梁遗址群。目前牛河梁遗址群有编号的16个地点中,有13个地点都是积石冢,已经过发掘的有:第二地点、第三地点、第五地点和第十六地点。

第二地点位于牛河梁第三道山梁的中梁梁顶,为一北高南低的山坡经修整而形成的一块较为平坦的岗地,海拔高度约630米。东西长约150米,南北宽约80米的范围内,共布置了6个建筑单元,已确定性质的为四冢一坛。第三单位为祭坛,其他为冢石冢。文化改造了的岩石,是神石、天石、灵石,石棺中的人借石升天。

一号冢,位于二号地点墓地的最西端。该冢第一层石台阶只保存了东、北两边,北边存长26.8米,东边存长19.5米。北与东两边相交处的东北角保存最好,冢为正南北方向,形制呈规则的长方形。从北边砌石可知,该冢界为由外向内层层高起,起三层台阶,第二、三层台阶内侧各排列彩陶筒形器群。冢内共发掘27座墓。在冢的东西中轴线上有两座并列的大形墓,均为墓壁南侧起台阶式。此东西轴线以南为中小石棺墓群25座,东西排列,头尾相接,共4排。第4排以南还见零散墓葬分布,似有继续向南延伸的趋势。

二号冢位于祭坛正西,相距2米,近正方形,方向正南北。与一号冢并行排列,东距一号冢仅3.3米。该冢第一层石砌台阶的东西边保存较好,分别长18.7米和15.8米。北界只保存东段,长17.5米,砌石台阶高度依山坡由北向南的斜度为一层到四层不等,南侧最高处为0.89米。冢的正中部位建置一座石椁石棺中心大墓。此大墓以南还有规模较小的墓。

岩石是古人的好友,生于岩石,死于岩石。在新石器时代,从大石、中石、小石到细石,生于斯死于斯。石可以铺天,是神石、天石;石生入,石是老祖母;死于石,墓葬采用石棺、石冢。古人类有灵石崇拜文化,这是世界性的文化。

①欧洲巨石阵文化

巨石阵为欧洲大地上的史前文化。研究者多有论述。

巨石阵又称索尔兹伯里石环、环状列石、太阳神庙、史前石桌、斯通亨治石栏、斯托肯立石圈等名,是欧洲著名的史前时代文化神庙遗址,位于英格兰威尔特郡索尔兹伯里平原,约建于公元前4000—2000年,属新石器时代末期至青铜时代。

巨石阵的主体由几十块巨大的石块组成,这些石柱排成几个完整的同心圆,巨石阵的外围是直径约90米的环形土沟与土岗,内侧紧挨着的是56个圆形坑,由于这些坑是由英国考古学家约翰·奥布里发现的,因此又叫"奥布里"坑。在当地出现的第一块石头是位于圆圈"洞口"位置上的一块重约5吨的沙岩(又被称为"种石")。在此石出现200年之后,若干石柱才从英格兰西部的威尔士运来,矗立在中央,并形成两个一大一小的圆圈。考古学家称之为"巨石阵"的二期建筑。再后者,"种石"被挪走,"巨石阵"进入了建筑的第三阶段——人们运来了180块大沙岩,与原来的青石柱重新排列成圆形和马蹄结构。事实上从现有的遗迹上,人们也可窥见"巨石阵"第三阶段的基本风貌。

巨石阵的文化内涵:

最新研究成果是:英国专家指出,巨石阵可能是古代王室的墓地(英国《泰晤士报》网站5月30日报道)。英国考古学家表示,英国巨石阵有可能是某古代王室家族的墓地。建筑巨石阵的最初目的是困扰考古界时间最长的谜题之一。先前的理论认为巨石阵是一处天文观象台或宗教中心。

但是,科学家在对从遗址发掘出的人类遗骸进行放射性碳测定后发现,那里从公元前3000年巨石阵建造之初就是一处墓地,并一直使用到公元前2500年左右巨石阵中最宏伟的一圈巨石被竖立起来之后。考古学家原本以为人们把巨石阵当成长眠之地的时期是公元前2700年至公元前2600年。

负责遗址发掘工作的英国谢菲尔德大学考古学家迈克·帕克·皮尔逊说:"我们现在的假设是,巨石阵是属于死者的场所。我们的另一个新想法是,埋葬在巨石阵的也许是他们那个社会的精英,也许是一个古老的英国王族。"

(《洛杉矶时报》网站10月6日报道)考古学家今年夏天在离"巨石阵"不到2公里的地方发现了它的"小兄弟",一个被命名为"蓝石阵"的史前遗迹。

据英国媒体报道,"蓝石阵"由27块蓝色巨石围圈而成,建于4000多年前,与"世石阵"的建成年代相仿,仿佛"巨石阵"的缩小版。如今这些"蓝色巨人"早已踪影观觅,只在原址上留下一些碎石。

英国谢菲尔德大学研究人员说,两座石阵曾并存数百年,后来"蓝石阵"遭拆除,这样做可能是为扩建"巨石阵"提供石材。

研究人员表示,"蓝石阵"的发现十分重要,它可能改变人们长久以来对于"巨石阵"的建造方式与用途的看法。

"巨石阵"位于距英国首都伦敦 137 公里的索尔兹伯里平原上,是联合国教科文组织认定的世界文化遗产。

具有数千年历史文化的巨石阵称为石室坟墓(Corridor tomb)、高冢(tumulus)、多尔门(dolmen)、恺尔恩(Cairn)、门希尔(Menhir)、苦轮利西(cromlech)等,多表现它们恒久建筑性质,在古代英语的意思是高悬在天上的石头。则欧洲史前先民也信仰灵石崇拜,这些巨石乃灵石、神石、天石,是借这些灵石以沟通天地。巨石阵乃墓地,是作为地下王国的遗存,以保佑亡者借巨石以升天国。在这一点上,显然具有世界共性。

7.灵石崇拜文化

积石冢、石棚、石棺墓、巨石阵可以统称之为石棺墓文化:地下的、地上的,又可以统称为巨石文化。

用石头(石板、积石、石圹、石室等)构筑坟墓是一种世界性的文化现象,虽然各地域各时期其文化形态并不相同,但崇拜高山,崇拜山石,把高山、山石神化,表现为灵石崇拜观念应是一致的。

"女娲炼五色石以补苍天","五色石",天光五色,是对天宇形态的朴素认识;而五色石又是玉石,奉玉石以祭天,是古之王者而兼巫者的行为,则五色石为玉礼器。这是以神话形式指出女娲为人王,为大巫者,是对祀天大礼的神话化(用以补天之"不兼覆",使周天覆盖大地),同时反映出古人对天宇形态的朴素认识。这是古代先民对宇宙起源的概括。

女娲炼五色石以补天,故有女娲石之传说:"归美山山石红丹,赫若彩绘,峨峨秀上,切宵邻景,名曰女娲石,大风雨后,天澄气静,闻弦管声。"①

---

① 转引自袁珂《中国神话传说词典》,上海辞书出版社 1985 年版,第 45 页。

这块女娲石是神石,是灵石,是天石,构成宇宙框架的天柱、地维,重新建构宇宙;则女娲石为通天神石,女娲乃通天神巫。

在古代创生神话中,有石头生人、石卵生人之事:

"禹生于石,契生于卵。"注谓:"禹母修已,感石而生禹,折胸而出。契母有女戎氏之女简狄也,吞燕卵而生契,折背而出。"拆,剖割,拆副,破壳。

"伯禹夏后氏,女妣也,父鲧妻修已,流星贯昴,梦接意感,又吞神珠薏苡,胸折而生禹于石坳。"①

吞神珠薏苡,神珠即汲水得石子如珠,石子谓神珠,谓神石。薏苡乃植物卵。

石纽,纽,结也;石纽,石疙瘩;石坳,山石之间。则禹生于石,为神石之子。此石则为高禖石,后人把石纽作为地名,《括地志》标其地在茂州汶川县石纽山。

其子启亦生于石。蒙古族的祭火词:"天神腾格里汗,创造的卵石",以卵石为天石,为宇宙万物之母。

满族的孕育光和热的宇宙大神多阔霍住在石头里,和天母阿布卡赫赫,共同创造了宇宙。九头妈妈奥雅尊用九色神石,创生宇宙,创生世界,化生万物。②

妇孺皆知,享誉海内外的孙悟空为天产石猴;贾宝玉乃女娲炼石补天所遗一顽石所化。是皆灵石创生生人的艺术化。

石头创造世界,创建宇宙;石头为人类之母,人文始祖,是为神石、为天石、为造物主、为巫者用以沟通天地的灵石,其本身充满灵气,故为中华先民所崇拜。

天石、神石,创造了天上的王国,也创造了人间社会,落在地下,则创造了地下王国,这就是石棺、石室、石棚和欧洲的巨石阵文化。

灵石是古代先民一种信仰观念,石可通神,石可通天,创世,创生,是神石,是天石,是悬在天上的神石;古人也认为,灵石可以帮助亡者借石升入天国,这才有石棚、石棺、石室、巨石阵等陵寝建筑,反映着先民的地下王国观

---

① 《帝王世纪》。
② 转引自孟慧英《尘封的偶像——萨满教观念研究》,北京出版社 2000 年版,第338—339 页。

念。天上王国与地下王国,构成古代先民的完整宇宙观与生命观,这应是石墓文化的文化内涵。

又有些墓葬不用石板作棺,却在墓中放有所谓"瘞石"。如黑龙江流域松嫩平原平洋墓葬(距今 2385±70 年),"M126 的两块天然石块,紫红色的一块放在北侧二层台的西北角,青绿色的一块放在墓主的下腹部。M169(1)号头骨是成年男子,菱形砾石板放在其南面。"①

渤海六顶山墓葬"M206 在棺木与人骨上普遍铺有石块二层,厚 1.5—25 厘米。墓室中部则铺三层,并在其中心置一块竖立的石块。然后用小石块和土将墓室全部填满,再封土。从形制上看 206 号墓是六顶山墓群大型石室墓中最早期的墓葬之一"。故有称其为渤海国早期王陵——大武艺的珍陵。②

在墓室中放有所谓"瘞石","室中心放置一块竖立的石块",这应是权力的象征,又表现出一种观念:此"瘞石""竖立的石块",应是神石,通天石,借神石以沟通天地,向天神祈福,祈求死后借通天石以升入天国或死后复生。这与石墓表现为相同的文化观念。

高句丽继吉林地濊貊—夫余王国的石棺墓文化,构成方坛阶梯石椁石墓文化。

其外部结构为方坛阶梯式,用修琢工整的大石条垒砌,四面有巨石掩护,护卫石直指天穹。"高句丽墓上的'寝'都建在墓室盖顶之上,寝殿之门应与墓道方向一致,给墓主人灵魂升降以方便。"③高句丽是一信仰巫史——萨满文化的民族,崇拜灵石,积石为封,相信巨石通天,相信、信仰借灵石升入天堂,是其一文化特点。

文化改造过了的岩石是灵石,其中孕育了石匠的心灵情感,与天地相通、相接,构成天上王国和地下王国的重要文化资源,成为接触天神、地祇的法器、贡物,表达着生者和亡者的心灵愿景,成为中华古人天人合一的宇宙观念的具象化。来于宇宙自然,回归宇宙自然,是古人的宇宙自然哲学观念

---

① 《平洋墓葬》,文物出版社 1970 年版,第 99 页。
② 《六顶山与渤海镇》,中国大百科全书出版社 1999 年版。
③ 耿铁华:《高句丽考古研究》,吉林文史出版社 2004 年版,第 133 页。

的突出表现。

8.红山文化的文明表象

出现了神庙(殿)、祭坛、积石冢三位一体的整体性严格布局的巨型遗址,表现出红山人(颛顼高阳氏、帝喾高辛氏及其族团)的庞大的宇宙世界、神鬼世界与人间社会的统一完整的政治与宗教体系。而中心大墓"体现的是一人为主,众人从属的关系。"[①]冢的封土、积石、砌石、框界、筒形器群,墓中随葬高规格的玉器群,也是为突出中心大墓而设计安排的,"它们置于山岗之巅,充分体现了一人的至高无上地位"。[②] 这种墓制在红山文化已是普遍现象,说明与氏族平等关系根本对立的等级关系已经制度化。

在红山文化遗址群南部又发现"金字塔"式(亦有称其为巨石式)建筑。"它的结构不同于一般积石冢的是,先在高高的山冈上用夯土堆筑成高7米余,直径40米的土丘,四周包石块并砌筑圆形石墙,形成层次,直径达60米,这样大规模的单体建筑在中国史前遗迹中尚未见过。"[③]据《中国文物报》2003年9月5日报道辽宁省考古所《牛河梁遗址第十六点发掘获重大成果》一文中说:"4号中心大墓是牛河梁遗址已发现的墓葬中规模最大的墓葬之一,也是营造最费工时的一座墓葬。其规模与围绕四周的其他墓葬对比悬殊。充分表现出墓主人'一人独尊'的地位。随葬的玉人等特殊器物,可能说明墓主人是一个通神独占的巫者。"我们认为墓主人应具有王者身份,是一巫者兼王者的人物。

庙(殿)、坛、冢的统一体,中心大墓、"金字塔"式(或称巨石式)建筑,这些红山遗迹,充分而明确地告诉我们,红山文化时代是一个出现了至高无上的王权和王权与神权紧密结合的国家结构形态。这种国家结构具有政治、军事、文化和宗教等中心地位和作用。国王集政治权力和宗教权力于一身,他是王者也是巫者,他掌管享祭天神地祇人鬼的祭祀大权,具有交通天地的神力。王权与神权的高度统一,构成完整而成熟的(较大汶口文化有更高的发展)祭祀礼仪制度与政治的社会的结构性秩序。

---

① 郭大顺:《辽宁史前考古与辽河文明探源》,《辽海文物学刊》1995年第1期。
② 郭大顺:《辽宁史前考古与辽河文明探源》,《辽海文物学刊》1995年第1期。
③ 郭大顺:《辽宁史前考古与辽河文明探源》,《辽海文物学刊》1995年第1期。

这些遗迹已"不是一个氏族、一个部落或部落联盟所能拥有",而应属于一个文化共同体——一个国家文明的初期形态,是中国社稷宗庙文化模式的先河。

9. 三环祭坛是红山王国的重要文化遗址

坛体为正圆形,由淡红色石块砌出三重圆环的石桩界,直径分别为22米、15米、11米,形成三层台基,每层以0.3—0.5米的高差,层层高起。紧贴石桩界立有成排的筒形陶器,祭坛紧靠主冢,同置于山冈最顶部,构成冢群的中心,构成冢坛结合的文化结构。东山嘴的圆形祭坛、牛河梁的双冢间方坛和牛河梁的圆形祭坛,表明红山人已将祭礼天神地祇制度化、规范化了。成为红山王国领袖举行"郊""燎""禘"等国家祭祀大典的宗教场所。它较大汶口王国文明又提高了一个层面。

从考古天文学视角研究红山文化三环祭坛是又一大课题。

红山三环祭坛表现出中华古老的天圆地方的宇宙观念。遗迹整体由规整的淡红色圭状石桩组成三个层层高起的同心圆坛,这三环意识是古老盖天论的核心。"它是古人对分至的认识结果"。"石坛的拱式外形可视作天穹的象征,而三个同心圆正可以理解为分别表示分至日的太阳周日视运行轨迹"。"牛河梁三环石坛的三环乃由精心选制的淡红色圭状石桩组成……显然这体现了中国天文学的固有传统。很明显,黄道用淡红色圭状石桩表现的想法应该来于古人对太阳颜色的直观认识。"牛河梁三环祭坛的考定,说明古老的盖天论与宇宙观念在距今6000年已经发展到一定水平,"它不仅描述了一整套宇宙理论,同时准确地表现了分至日的昼夜关系"。[①] 而以三环祭坛象天,方形祭坛象地,表示天圆地方的宇宙观念,并成为红山人祭礼天地的神圣祭坛。圜丘祭天,方丘祭地;圜丘为天坛、为日坛,方丘为地坛、为月坛,红山人所创造的三环祭坛及其结构,作为一种文化模式(天人交通的模式),成为古代中国文明史的一大传统,为历代王朝所继承。

10. 聚落与方国是红山文化提出的另一大问题

红山文化以辽宁省西部、内蒙古东南部为主要分布区域,东越医巫闾

---

① 冯时:《中国天文考古学》,社会科学文献出版社2001年版,第343—355页。

山,内蒙古哲里木盟和辽宁康平发现红山文化遗存,是最东发现地点;南界到渤海沿岸;南界西段越燕山山脉到华北部,内蒙古乌兰察布盟发现红山文化,张家口桑干河上游发现红山文化;向北越过西拉木伦河、沿乌尔吉木伦河、新开河向北分布,以老哈河中上游到大凌河中上游之间为红山文化分布的中心区。在这广大的红山文化区域中出现众多遗址与聚落群,这些遗址与聚落群的范围大小、等级高低是不同的,是有差别的,表现出区域文化发展的不平衡性,在红山王国处于不同的地位。

红山文化区域的聚落可分一般聚落和中心聚落,而中心聚落又有高层次与最高层次之分。红山文化聚落的分化以敖汉旗调查为最详。该调查的502处文化遗址,以该旗的六条河为界分为六组。每组又据遗址大小及其关系分为若干聚落群。其中的西水泉遗址有两条保存较好的壕沟,将聚落分别围成紧邻的两个部分,围沟内有房址和灰坑。东山嘴遗址是又一代表,出现了坛、庙、冢的组合,祭坛由中心、两翼和前后两端三部分组成,祭坛内出土有人骨架、陶器、玉器和陶塑人像。遗址中出土大量多类型的玉器。"它们不仅在内容上体现了当时人们的某种信仰和思想意识,在造型上更是独具一格的艺术佳作。"[①]阜新胡头沟墓地位于大凌河支流牤牛河东岸的山冈之颠,冢为方圆结合结构,冢上有成群彩陶筒形器排列。是为一中心大墓,出土有玉龟、玉鸟等成对的精美玉器。"在红山文化分布区最北部的西拉木伦河流域,发现的红山文化墓葬也有积石冢和具有中心大墓的迹象,尤其是西拉木伦河以北出土的几批红山文化玉器,如造型各异的方圆形玉璧,变化多端的勾云形玉佩,特别是高度抽象化的以玉雕龙为代表的各种动物形玉器,墓葬制度和玉礼器高度一致性。是中心邑落对周围地区政治控制力在考古学上的表现。""把牛河梁遗址选择在具有这种特殊优势的地理位置,显然与充分发挥和延伸最高层次中心邑落对周围地区次中心一般聚落的汇聚力和控制力有很大关系。这可以从牛河梁遗址群四周的赤峰、敖汉、阜新、承德等地区已发现的积石冢所处地势、冢的结构及随葬玉器的种类、造型等与牛河梁遗址的高度一致性体现出来。"[②]

---

① 赵宾福:《东北石器时代考古》,吉林大学出版社 2003 年版,第 231 页。
② 郭大顺:《红山文化》,文物出版社 2005 年版,第 200 页。

从红山文化聚落形态结构中,可以看到红山王国的文明体制及其政治结构。在红山文化广大区域中,牛河梁遗址为最高层次的中心区域,它已具有初期国家形态,已是红山王国的王都;王都之外的各次中心聚落应为王国之下方国,由中央王国与地方方国构成国家政治结构与体系,各方国与王国中心保持着政治上与经济上的高度一致,表现为王国王都对次中心各方国的文化凝聚力与政治控制力,表现为文化的多元性与一元性的辩证统一,在中华大地上出现了多元一体的政治结构与统治体系。较之大汶口王国,其红山文明王国进入了较高的历史层次,进入较高的历史阶段。

红山文明区域的坛庙冢所构成的祭祀礼仪制度,它的完整性、整体性、早期性,高度完美完善的早期文明体系结构应当是长期的石器时代思想文化积累积淀的结晶,应当不是短时间所构成的。

红山人创造了一个玉帛文化时代,美石为玉,人类在大自然生活中,发现了一种晶莹细腻、润泽的特别的岩石,并有多种色彩,白、青、墨、黄、绿等,淡雅明洁。它具有神性,是神物。这种超自然的石头,构成人类新的思维认知,人文的、文化的玉。

玉的甲骨文是"I""〤""丰"等字形,即一竖,或竖横交叉,或一竖贯三横、一竖贯四横。其中一竖贯三横,与简体字"丰"字很相像,经长期沿用便衍化为今天的"玉"字。

"豆",从"钰"表示双玉,"豆"表示盛玉的器皿。"古者行礼以玉,……盛玉以奉人之器谓之曲,若曲。推之而奉神人之酒醴亦谓之礼,又推之而奉神人之事,通谓之礼。"

"礼,履也。所以事神致福也。从示,从豊。"但是许慎没有说明"礼"的初义。

"礼"的繁体字是禮,在卜辞中是"豊",国学大师王国维经过对甲骨文中"礼"字所从"豊"字的各种形式研究认为,当时祭祀至上神或者宗祖神,都要用两串玉盛在一个器皿(豆形器)里去作供奉,表示对上帝或先祖的敬意,这个就是"豊"。所以"禮"字就从"钰",玉器不是物质文化,而是精神文化,精神文化载体。

《越绝书·风胡子》记载春秋时代风胡子与楚王谈论治国之道时说道:

"轩辕神农赫胥之时,以石为兵,断树木为宫室,死而龙藏。夫神圣主使然。至黄帝之时,以玉为兵,以伐树木为宫室,靡地,夫玉亦神物也,又遇圣主使用权然,死而龙藏。禹穴之时,以铜为兵,以靡伊阙,通龙门决江导河,东注于海,天下通平,治为宫室,岂非圣主动哉。当此之时,作铁兵,威服三军,天下问之,莫敢不服,此亦铁兵之神,大王有圣德。"这是文献上首次提出"以玉为兵"的时代:"以石为兵""以玉为兵""以铁为兵"的中华历史四个时代的论断,是完全符合中华历史的发展进程的。

玉器是神物,则黄帝部落手持玉器这个神物、神器,以震摄敌人,"三战然后得其志"。黄帝的兵成为道神兵,在神权时代,表现着时代的主流意识!

在200万年前已出现中国古人,经长期的天地人神之间的认识历程、百万年的积累,中华大地产生若干相互影响、相互作用的文化圈,人们认识自然、改造自然,人们的生产创新能力得到惊人的提升,自然的世界获取新的生产资源,改造生产资源的认识,利用的能力得到提高,其中最令人关注、惊叹的是对蚕、蚕丝的认知与利用。

11. 在我们集中精力关注玉器文化时代时对蚕的接受性与关注产生了新认识

玉和帛是中华民族自然形成的自然哲学观、社会观、人生观,见诸文献史料,玉帛联称,集中而突显着中国人民的心理因素与人生追求,而这在考古学史上是从红山文化开始的。

玉蚕出土9个,玉蚕蛹表现刚成蛹状态,自然界的蚕蛹,头部纯圆,尾部钝圆而略尖,腹部皱缩而凹陷,未完全分化的薄翅紧贴上腹两侧,红山文化玉蚕多为柱状体,头端平齐,尾端似舌形,身体光素,施凸棱纹或施阴粗线纹。

表5-2-14　红山文化玉蚕出土状况统计表

序号	出土地点	类型	长(厘米)	宽(厘米)	厚(厘米)	出土位置	备注
1	牛河梁遗址 N2Z1M11	C	12.7	1.9	—	—	红山文化晚期晚段

续表

序号	出土地点	类型	长（厘米）	宽（厘米）	厚（厘米）	出土位置	备注
2	牛河梁遗址 N5SCZ1：3	C	6.1		—	地层	同上
3	田家沟西梁头 遗址 M2：1	C	4.9	2.5	2.05	右臂肱骨下	红山文化 晚期
4	巴林右旗那期台 遗址	A	7.3	3.1	2.6	—	同上
5	巴林右旗那斯台 遗址	B	9.3	3.8		—	同上
6	巴林右旗那斯台 遗址	A	7.3	3.3		—	同上
7	巴林右旗那斯台 遗址	B	4.6	1		—	同上
8	巴林右旗他拉 宝力格遗址	B	4.6	1.8	1.5	—	期别不明
9	赤峰地区采集	B	3.8	1.3	0.7	—	同上

A 型：2 件。写实特征明显，面部和身体雕琢精细，上腹部有代表双翅的凸棱纹，均为那斯台遗址出土。两件玉蚕造型一致，大小相当，选料精良，工艺精湛。黄绿色，首、尾局部有红褐色石皮。扁圆柱体，头部呈方圆形，双目突出，呈圆形，微外鼓，圆形眼圈明显，双目之间起一道竖脊，与靠近顶端的一道横脊相连，靠近下端两侧各有 1 个小凸。身体略凹，尾端翘起，呈尖弧状。腹背施规整的凸棱纹，靠近头部的为一组，两横道凸棱纹中间分开，各自相连，近似长方形，应表示蚕蛹的双翅，其后为两横道凸棱纹，分布在器身中部，近尾端素面。器体中部略偏前自两侧横穿 1 个孔。其中一件玉蚕长7.8、直径 3.3 厘米；另一件长 7.3、宽 3.1、厚 2.6 厘米（图 2-3）。

B 型：4 件。注重面部和身体部位特征的雕琢，具有一定的写实性，但与A 型高度写实的雕琢风格相比，B 型则代表向抽象化雕琢风格的转变阶段，面部特征雕琢简化，上腹部所施凸棱纹均为横向，代表双翅的凸棱纹发生变化。那斯台遗址出土 2 件，一大一小；他拉宝力格遗址出土 1 件，还有 1 件为赤峰地区采集品。

以那斯台遗址出土形体最大的 1 件玉蚕为例,黄绿色,选料精良,雕琢工艺精湛。器体呈圆柱状,头部端面近似圆形,双目圆睁,眼圈突出,上侧施"八"字形阴刻线纹,下侧两端略凸。身体微凹,尾端略翘,呈圆弧状,端面倾斜。腹背施 4 道规整的横向凸棱形,呈平行状分布,近尾端素面。器体有横、纵钻孔各 1 道。纵向钻孔位于器体中部,贯通首尾,自两端对钻而成;横向钻孔自器体两侧中部偏前对钻而成,与纵向钻孔相交叉。长 9.9、直径 3.8 厘米(图 2－2)。

C 型:3 件。头部一端素面,未雕琢出面部特征,器体为抽象化造型。分别出自牛河梁、田家沟遗址。

牛河梁遗址出土 2 件。N5SCZ1:3,白色。器体呈扁圆柱状,短身,形似吞蛹。头部圆鼓,凹腰,腰间施 4 道凹弦纹,尾端较平。长 6.1 厘米(图 2－5)。N2Z1M11:3,白色,器表剥蚀,两侧有内凹的坑点。器体较长,上体较直,下腹略显内弯,头端略圆,下腹略粗,尾端呈尖弧状。颈部施 1 周阴线显示首身分隔,以下有 2 道凸棱纹。长 12.7、最大直径 1.9 厘米(图 2－4)。

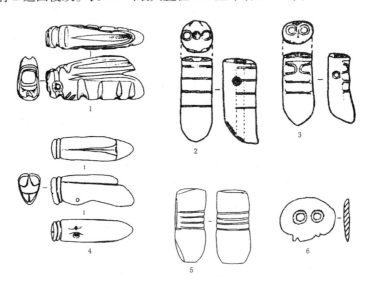

图 2　红山文化玉蚕、玉蝈蝈

(1.B 型玉蝈蝈;2.B 型玉蚕;3.A 型玉蚕;4.A 型玉蝈蝈;5.C 型玉蚕;6.玉蚕面)

1、4、5.牛河梁遗址　　2、3、6.那斯台遗址

田家沟遗址出土 1 件(M2:1)。器体呈扁圆横柱状,中间较厚,两端略收,上部及两侧均呈弧面,底面正中有 1 道纵向长沟槽,似象征蚕翼的分界线,沟槽剖面呈圆缓"V"字形。长 4.9、宽 2.5、厚 2.05 厘米;沟槽长 3.9、宽 0.9、深 0.3 厘米。

玉蚕面

1 件,那斯台遗址出土。用薄片状玉料加工呈椭圆形,中间有 2 个并列的圆透孔,应为双目,眼圈明显,下端有 2 个尖凸。直径 2.2 厘米(图 2-6)。

玉蚕首

1 件,那斯台遗址出土。前端较窄,后端略宽,呈圆弧状,两侧施凹弦纹,自两侧对钻 1 孔代表双目。长约 3.2 厘米(图 2-3)。①

《礼记·祭义》:

> 古者天子诸侯,必有公桑蚕室,近而为之。及大昕之朝,君皮弁素积,蚕于蚕室,奉种浴于川,桑于公桑,风戾以食之。
>
> 岁既单矣,世妇卒蚕,奉茧以示于君,遂献茧于夫人,人曰,此所以为君服……因少牢以礼之。古之献茧者,其率用此与。……遂朱丝之玄黄之,以为前铺黼黻文章,服既成,君服之以祀先王先王,敬之至也。

可知,蚕为神物,蚕茧蚕丝为供神之物,用以纺织织布,供先王祭祀之神器、神物。

蚕帛和玉器均为非物质文化遗产,均出现在红山王国这关键地区,并称玉帛文化。成为天人合一的,包含着和平、祥和、和谐共生的一种新的思想文化的象征物,新型的文明模式。

《左传·哀公七年》:"禹合诸侯于涂山,执玉帛者万国。"《国语·楚语下》:"是使制神之处位次主,而为之牲器时服,而敬恭明神者,以为之祝,使名姓之后,能知四时之生、牺牲之物、玉帛之类、采服之仪、彝器之量、上下之神、氏姓之出,而心率旧典者为之宗。于是乎有天地神民类物之官,民以物享,祸灾不至,求用不匮。""无有苛慝于神者,谓之一纯。玉、帛为二精。""王曰:谓之一纯、二精、七事者,何也!心思端为纯,明絜为精,天、地、民及四时之务为七事。"

① 引自刘国祥《红山文化研究》,科学出版社 2015 版,第 548—549 页。

《国语》首提玉帛,玉与帛联文,并谓之二精,精物之精华,先成万物之灵气。则帛为文化改造过了的蚕丝、蚕茧,茧成丝,物之精,蚕丝之有灵气,灵物用以供神。

玉帛联文,玉器为岩石改造过了的美石,为文化之载体。帛为灵物,其蚕茧茧丝,丝为灵物,充满灵气、贡神、供王为文化改造过了的蚕蛹、蚕茧、蚕丝,为神物,有蚕神、蚕娘娘。

玉帛联文,构成新时代的新质文化——和谐、祥和。

化干戈为玉帛,是中华民族的社会观、宇宙观、价值观的核心内容,是道法自然的核心精华,把和谐观念具体化、物化了!

经百万年的改造与观察,创造了新型的文化共同体,成为中华民族创造新的化干戈为玉帛的新文化、新文明的时代。

"日月星辰龙华虫作会,宗彝藻火粉米黼黻絺绣,以五采彰施于五色服,君王贵族用蚕丝染成五色服,用之宗庙,用之朝会。"《诗经·豳风七月》:"七月流火,九日授衣,春曰载阳,有鸣仓庚。女执懿筐,遵彼微行,爰求柔桑,七月流火,八月萑苇。蚕月条桑,取彼斧斨,以伐远扬,猗彼女桑。七月鸣鵙,八月载绩。载玄载黄,我朱孔阳,为公子裳。"这是西周早期"国风七月"所记奴隶种桑、养蚕、缫丝、织绸的劳动过程。

文献考古证明,距今上万年甚至玉可能更早,中国古人已在种桑养蚕,绣织印染生产制作精美的刺绣,已创造性地开始了丝绸时代,并开始了影响着周围世界。

今天,中国进入新时代,在世界面临前所未有的大变局的新形势下,总书记提出"一带一路"的战略下,一带一路战略将会逐渐改变国际大格局,实现中国复兴的伟大梦想。

红山文明王国提高了礼仪祭祀制度,并创建玉帛文化时代,这当是新石器时代早期至旧石器时代晚期,在对宇宙、自然世界长期接触、考察改造调整中逐渐提高思维认识,在长期的改造自然实践中增长了知识,在不断提高文化改造天宇自然的过程中,认识改造的综合能力的不断提高,不断积累、沉淀,跨越了文明门槛,增强了思维能力,提高了文化认知水平,创建了体系性的文明理论,为中华文明发生发展学史奠定了深厚的思维文化基础。这种早期的文明史正标明精神文明史早于物质文明史,而成为中华文明学史上的最为突出的独特特征。

12. 300 万年前的红山人

【美国趣味科学网站 1 月 5 日报道】题:中国第一个王国可能是被快速沙漠化毁灭的

一项新的研究结果发现,中国第一个已知王国的灭亡原因有可能是土地快速变为沙漠,促使人们迁往中国其他地方。

研究人员称,这项新发现表明,这个王国对中华文明的重要性可能要超过专家所认为的。

先前的研究结果表明,中国最早的王国可能是距今约 6500 年的红山王国。它比所推测的夏朝崛起的时间早 2400 年左右。夏朝是中国古代历史年表中的第一个朝代。红山意为"红色的山峦",取自发现红山遗迹的中国内蒙古地区的一处地名。

为弄清红山文化,科学家勘查了内蒙古的浑善达克沙地,这里位于中国北方沙漠带的东部。在一处位于最早确认的红山文化遗址——在辽宁省境内——以西约 300 公里的区域,研究人员说,在该地区发现的物品种类之多和数量之大表明,这里曾经人口相对稠密,以渔猎为主。

研究人员分析了过去一万年浑善达克的环境和景观变化。沙丘的格局和沙丘之间的洼地表明,浑善达克的地形曾经由河流和湖泊控制。

湖泊沉积物显示,在 5000 至 9000 年前,浑善达克有较深的水存在。那些沉积物中的花粉揭示,有桦树、云杉、冷杉、松树和橡树。

不过科学家发现,从大约 4200 年前开始,该地区迅速变干。科学家推算,浑善达克有两万多平方公里的区域——大致相当于新泽西州的面积——变成沙漠。

研究人员指出,曾经流入该地区的水流被一条河流所截走,永久改变了流向,向东流去,从而导致该地区迅速沙漠化。研究人员说,浑善达克仍然处于干旱状态,而且不大可能恢复较为潮湿的状态。

研究人员说,这种沙漠化很可能毁灭了红山文化。这可能促使中国北方的早期文化大规模向中国其他地方迁移,并可能在其他中华文明的崛起中发挥了塑造作用。

《参考消息》2015 年 1 月 7 日刊发的这条关于古代 9000 年前的浑善达克—红山文化遗址,曾由河流、湖泊、沙丘、洼地所控制,9000 年前有较深的水存在,有桦树、云杉、冷杉、松树和橡树。大约 4200 年前开始迅速变成干旱地区,认为沙漠化"毁灭了红山文化"。这个报道过于简约。其中说到"发现大量陶器残片和石器,发现物品种类之多和数量之大表明,这里人口相对稠密,以渔猎为生"。

据西方史学家,400万年前的全球降温,导致古人族获得更大的移动性和行为的灵活性,至300万年前,氏族世系分化为不同类型,250万年前全球范围内的激烈的冰河作用之后,大陆块上升,北纬地区温度下降,地球磁场从颠倒转回状态,在这一段温暖期和寒冷期的转变过程中"一些小型觅食者游团出现于欧洲和亚洲的河谷和森林中,开始对当地丰富的动植物资源加以开发利用"①。

从300万年前的红山古人——能人(应与陕西蓝田人相近或相当)学会了制造工具——石器——文化改造了的岩石。"石斧和石片使得能够捕猎到食肉动物,从而获得能量更丰富的高脂肪的食物,导致这种进化上的重大成果。"②

他们是最早会制造工具的人类,最早对基本断裂力学有所了解——最早具有人类心智——认识能力——对环境的知识——寻找动植物的能力——显示了相对复杂高级的与环境的互动关系的心智能力。

大脑的扩展使人类具有更高的社会智能,在集体部族中解决了生活中多种复杂问题。

部落内部、部落联盟之间、族团之间的不断文化交流,更加提高了人们的认识能力,并从自身扩展到周围,扩展到从主体到客体、从自然到天体宇宙、从生到死、从人间到社会,认知能力的不断扩大,提高了人们接触自然、改造自然的能力,在这百万年或几百万年的历程中,长期认识能力的提高,不断积累和积淀,这就是红山人所创造的红山文化的深厚内涵的根本原因所在。

---

① (美)布顿恩·费根:《世界史前史》,世界图书出版公司第2011年版,68页。
② 张光直:《考古学专题六讲》,文物出版社1986年版,第7页。

"历象日月星辰,敬授无时"——中国式的天人合一宇宙观模式

唐尧王国最大的历史功绩是创新崭新的天人合一宇宙观念学。它集中在《尚书·尧典》这一历史文献中,陶寺文化遗址出土圭表即为明证。

《尧典》是自有文字以来,我国第一部以经典形式传世的古文献,它记录了新石器时代晚期中华文明产生与发展进入一个新阶段。

中国是世界上最早创立宇宙自然、社会认知体系的国度。关注天数学、历数学及天官学是中华文明的一大特征。"察日、月之行,以揆岁星顺逆";"雌雄代兴而顺至正之统";"然其与政事俯仰,最近(大)(天)人之符"。司马迁早已指出历数之学、天官之学与政事、与国家关系密切,是直接表现天人关系的最高准则。

1. 最初最早可能不是"日月星辰",而是观察日出日落——在东海岸看到的是太阳升起和西落。

太阳是神、永生不灭的神,它长年住在宇宙树上,称之为蟠木。

颛顼高阳族团创造了十日神话,太阳的"一日方出,一日方入",生长于海中,没于海中,有一株宇宙树——蟠木、扶桑是日出、日入的居住地,高可通天,深入海底。

2. 经颛顼高阳文化至晋西南陶寺陶唐氏文化,相距 2000 多年的两个文明王国,颛顼高阳族团确认东方之极——蟠木;蟠木为其文化地理历史标志,蟠木即扶木,古无轻唇音,扶木、榑木即扶桑。

3. "分命羲仲,宅嵎夷,曰旸谷。"

嵎夷《尚书·尧典》:"羲仲,居治东方之官,旸谷嵎夷之地名。"

据《尚书·尧典》,旸(汤)谷乃"嵎夷"之"宅"——集居地。关于嵎夷及

其所居住之旸谷（汤谷）地在何处，解者颇多。笔者认为这是专指朝鲜半岛而言。前文引《尚书·尧典》所记，为古老的羲和生日神话的最初的最原始的记录，嵎夷乃古东北夷。《旧唐书》高宗显庆四年（659年）十一月"癸亥，以邢国公苏定方为神丘道总管，刘伯英为嵎夷道总管"，以讨百济。《新唐书》高宗显庆五年（660年）三月，"辛亥，……以新罗王金春秋为嵎夷道行军总管，率三将军及新罗兵以伐百济。"《资治通鉴》卷200《唐纪》16记高宗显庆五年三月"辛亥……以（金）春秋为嵎夷道行军总管，将新罗之众，与之合势。"胡三省注："因《尧典》：'宅嵎夷、曰旸谷'而命之。"高丽史籍《三国史记》《三国遗事》均记此事，文字相同。可知，唐人仍知新罗、百济之地为古嵎夷之集居地。直至宋代，王氏高丽王朝知（称）朝鲜半岛为"旸谷、嵎宅"。高丽国王"治上表谢曰：学生王彬崔罕……幼从匏系，嗟混迹于嵎夷……""……仁铨蜗宅细民，海门贱吏……"高丽使者致福建转运使罗拯牒云"……当国僻居旸谷，邈恋天朝……"可知高丽国人仍将其地（朝鲜半岛）称为古旸谷——嵎宅。

可知，嵎夷为朝鲜半岛的古族，是唐尧时期观测天象、观察海上日出日入和日月星辰的古族。揭示这时期已将政治权力与宗教权力集于一身，揭示出古代东方社会文明发生的特点。

它又说明，距今4500年左右，唐尧虞舜已确立了"历象日月星辰，敬授民时"的天文历法制度，迈入浓重而强烈的历史文明范畴之中。

4. 汤谷、扶桑——十日神话的文化结构

经较长时间（从颛顼高阳经唐尧虞舜到夏商时期）的文化整合（中华民族最擅于后代对前代的文化继承与整合——中华文化连续性的特征）：蟠木与旸谷经整合构成汤谷扶桑完整的十日神话的文化结构，这在整合上古文化的巫史性文献《山海经》中记录了下来。

汤谷扶桑十日神话首见于《山海经》："大荒之中，有山名曰孽摇頵羝，上有扶木，柱三百里，其叶如芥。有谷曰温源谷。汤谷上有扶木。一日方至，一日方出，皆载于乌。"[①]

————————

① 《山海经·大荒东经》。

— 88 —

"下有汤谷,汤谷上有扶桑,十日所浴,在黑齿北。居水中,有大木,九日居下枝,一日居上枝。"①

"东海之外,甘水之间,有羲和之国。有女子名曰羲和,方浴日于甘渊。羲和者帝俊之妻,生十日。"袁珂案:"甘渊盖即汤谷也"。②

英国科学史学家李约瑟博士在《中国科学技术史》中引用19世纪著名天文学家德莎素(desaussuye)的话:"隐藏着中国的神秘古代的黑暗中,《尧典》在我们面前揭开了这样一个场景:皇宫的一个庭院清晰地出现了,这里便是司天之台,闪烁不定的火炬的亮光显示出正在进行的事情,从那投身在漏壶刻度上的光线,我们可以看到天文学家们正在选择的四颗恒星:当时,这四颗星正位于天球赤道的四个等角距的点上,但是,他们注定要用他们的移动来为后世说明,这幕场景发生在四千多年以前。而'日中星鸟,以殷仲春''日短星昴,以正仲冬'正褐橥从冬至到春分的季节变迁:冬至日午后六时上中天的宿(即《尧典》所称'日短星昴'),就是下一个春分日正午太阳所在的宿(昴),年年如此,循环不已。"据此可知,《尚书·尧典》:"乃命羲和……分命羲仲,宅嵎夷,曰旸谷。"注疏:"旸谷,嵎夷一也,羲仲,居治东方之官。""东表之地称嵎夷。旸,明也,日出于谷而天下明。"《尚书·尧典》所记正是远古观测天象("二至""二分")的实践记录,其所记的天象是历史的实录。

实地亲身观察,再加上圭表的漏壶刻度的观察,才有了《尧典》的精准的历象日月星辰的新天学的记录。

5. 天人同构的宇宙认知体系

中国是世界上最早创建宇宙认知体系的国度。中国古代天数不分,天人同构。《周易》最早提出天文、人文概念:"刚柔交错,天文也;文明以止,人文也。观乎天文,以察时变,观乎人文,以化成天下。"③阴阳并陈,阴阳迭运,刚柔交错,阴阳合历,天人同构,是为中华古代的宇宙观、人文观,并因之形成有中国文化特色的天文历法体系。

---

① 《山海经·大荒东经》。
② 《山海经·海外东经》。
③ 《周易·贲》,《周易正义》,《十三经注疏》,中华书局1980年版,第37页。

黄帝"考定星历,建立五行,起消息,正闰余";颛顼"命南正重司天以属神,命火正黎司地以属民"——"绝地天通";到了唐尧之时,"复遂重黎之后,不忘旧者,使复典之"①——继承黄帝、颛顼的天文历法传统与文化遗产,又有新的发现与创造,这就是《尧典》中关于天文历数的记述。

《尧典》是自有文字以来我国第一部以经典形式传世的,虽然它写定的时间较晚,但其内容的基本精神保存了上古早期文明内涵。

下面就《尧典》中涉及天文历数问题做一文化人类学解说。

"乃命羲和,钦若昊天,历象日月星辰,敬授民时。"这是帝尧授时的总纲,是天人同构宇宙认知体系的总原则。羲氏、和氏为继重、黎之后掌管天地历数之官,为大巫者。"钦若昊天,历象日月星辰"——"敬授民时"这个人文点上。观察天文,认知宇宙,是用以掌握物候时序,是用以指导与管理社会生活与生产。《尚书》注谓:"敬记天时以授人(民)也。"《释名·释天》:"时,期也,物之生死各应节期而止也。"《史记正义》引:"《尚书考灵耀》云:'主春者,张昏中,可以种稷。主夏者,火昏中,可以种黍菽。主秋者,虚昏中,可以种麦。主冬者,昴昏中,可以收敛也。'天子视四星之中,知民缓急,故云敬授民时也。"《左传·桓公六年》:"谓其三时不害而民和年丰也。"杜注:"三时,春、夏、秋。"此皆务农之时,"三时不害",犹孟子之"不违农时"。掌握天象,认识物候时序,是与"敬授民时"同构,从而创建了天人同构的宇宙认知体系。在掌握与认知空间宇宙秩序(运动规律)时,使之与人间社会秩序化对应起来,使国人从神秘思维迷圈中走向理性认知的道路。在天人关系上这是一个伟大的开拓,而以"敬授民时"为核心的天人同构认知体系就成为中华文化传统,为历代统治阶级奉为圭臬。

"分命羲仲,宅嵎夷,曰旸谷。寅宾出日,平秩东作。日中星鸟,以殷仲春。厥民析,鸟兽孳尾。"羲仲为春官、为春天之神。嵎夷、旸谷记东方日出之地,为中华十日神话产生地——朝鲜半岛。下四句记仲春的物候。"仲春"即"春分","日中"为白天与黑夜等长;春分时令,白天与黑夜等长,夜观天象,南方天区的鸟星在上中天,而东方天区的龙星(大火星)——农业生产

---

① 《史记·历书》。

指示星,开始春播,已昏见出地平;鸟星领先,龙星相随,这便是春分节令。鸟宿巡天,苍龙出地,在这个节令中,"厥民析",老少析(分)居。"蔡传云,先时冬寒,民聚于隩,至是则以民之散处而验其气之温也。"①"孔安国曰,春事既起,丁壮就功,言其民老壮分析也。"②"鸟兽孳尾",春天到来,鸟兽发情交尾,大地充满生机,充满生命的律动。对此,《吕氏春秋》有更细致的记述:"孟春之月,……其虫鳞,其音角。……东风解冻,蛰虫始振。鱼不冰,獭祭鱼,候雁北。……是月也,天气下降,地气上腾,天地和同,草木繁动。王布农事,命田舍东郊。……仲春之月,……始雨水,桃李华,仓庚鸣。……是月也,日夜分,雷乃发声,始电……"③对天象、气象、物候作生动的充满生命气息的描述,表现为天文与人文同构、自然宇宙与人间社会同一律动的理性认知。

"申命羲叔,宅南交,曰明都。平秩南讹,敬致。日永星火,以正仲夏。厥民因,鸟兽希革。"羲叔为夏官、为夏天之神。"仲夏"即"夏至",这时白天最长。"日永",大火心宿二在上中天。"飞龙在天",龙星在天上。永,长也,谓夏至日长。盛夏炎热,鸟兽脱毛,"夏时鸟兽毛疏皮见",露出皮肤。"是月也,天子以雏尝麦……"夏麦熟,先荐寝庙,言天子重农事。"是月也,日长至。阴阳争,生死分",夏至起昼渐短,阴气起而与阳气争,"阳生至极,阴杀始起,死生以此为界"。④ 天象物候的变化,影响国事人事。

"分命和仲,宅西,曰昧谷。寅饯纳日,平秩西成。宵中星虚,以殷仲秋。厥民夷,鸟兽毛毨。"和仲为秋官、为秋神。"昧,冥也,日入于谷而天下冥,故曰昧谷。"⑤是太阳西下之象。郑玄注:"寅饯纳日,谓秋分夕日也。"西向祭日落。日落月升,故下言"宵中星虚",谓夜也。"平秩西成"与"平秩东作"对应,一为春之始,一为秋之终。"是月也,农乃升谷","凉风至,白露降,寒蝉鸣"。⑥ 秋天是收成季节,也是节气收敛的季节,"宵中星虚,以殷仲秋",

---

① 曾运乾:《尚书正读》,中华书局1964年版,第8—9页。
② 《史记·五帝本纪·集解》
③ 《吕氏春秋·孟春》《仲春》。
④ 陈奇猷:《吕氏春秋校释》,学林出版社1990年版,第251—250页。
⑤ 《尚书正义》,《十三经注疏》影印本,中华书局1980年版,第119页。
⑥ 《吕氏春秋·孟秋纪》。

"虚"为北方玄武七宿之一,"宵中,秋分",秋分之时,日入正西,"七星皆以秋分日见,以正三秋"①,七宿巡天,虚星在上中天,昼夜平分,斗杓西指,正秋分天象。伪孔《传》:"宵,夜也。春言日,秋言夜,互相备。"《吕氏春秋·仲秋纪》:"是月也,日月分。"俱言秋分时节昼夜齐等。天象与物候相应:"厥民夷,鸟兽毛毨。""厥民夷",《史记》作"其民夷易"。夷易,"言其民至秋乐易也"②。毨,理也,"毛更生整理也"。夏至暑热,"鸟兽希革",秋分渐寒,"杀气浸盛,阳气日衰",毛羽重生,以御严冬之到来。对此《吕氏春秋》叮嘱人们:"凡举事无逆天数,必顺其时,乃因其类。"③强调了天道、天时与人道的同一性与互动性观念。

"申命和叔,宅朔方,曰幽都。平在朔易。日短星昴,以正仲冬。厥民隩,鸟兽氄毛。"和叔为冬官、为冬之神。朔方,北方。"平在朔易",曾运乾解为"日道自极南敛而北也"。④冬至之时,白昼极短,日于极南且将北归。"日短星昴,以正仲冬",昴星团在上中天,这是冬至天象。"白虎之中星亦以七星并见,以正冬之三节。"⑤"厥民隩,鸟兽氄毛",隩,室也,改岁以入此室处,避寒入室过冬,这是"天地闭藏"的季节,鸟兽皆氄细毛用以保护自己。寒气至,民则"曰为改岁,入此室处",鸟兽则毛羽丰厚自温。此时白虎巡天,除旧布新,为迎来新岁做好准备。即所谓"数将几终,岁将更始","论时令,以待来岁之宜",旧的回归年即将结束,新的回归年即将开始,天道与人道又将开始新的轮回。

在记述二分二至的自然宇宙与人间社会的认知体系之后,《尧典》为我们确定最早的岁实数字:"期三百有六旬有六日,以闰月定四时,成岁。"这是自有文字以来最早的,也是世界文明史上最早的关于岁实以及当时已经存在的为平衡太阴年和太阳年而创设的闰月记录。⑥

从上述的解析中,可以告诉人们:

————————————

① 《尚书正义》,《十三经注疏》影印本,中华书局1980年版,第119页。
② 曾运乾:《尚书正读》,中华书局1964年版,第11页。
③ 《吕氏春秋·仲秋纪》。
④ 曾运乾:《尚书正读》,第12页。
⑤ 《尚书正义》,《十三经注疏》影印本,中华书局1980年版,第119页。
⑥ 冯时:《中国天文考古学》,社会科学文献出版社2001年版,第161页。

(1)《尧典》所记观测天象——二至、二分(星鸟、星火、星虚、星昴四星在二分点和二至点 0°、90°、180°、27°)是公元前 2357 年的实测记录。这一记录楬橥从冬至春分的天象季节的变迁:从冬至日午后六时上中天的宿("日短星昴"),就是下一个春分日正午太阳所在的昴,年年如此,循环不已。① 公元前 2357 年所记的天象记录,正是帝尧嗣位(岁位甲辰)年代中命令天地之官羲和记录了四宵星同年出现的天象。②

这种二至二分(还包括四方、四时)的天象认知成果显然是在前代太阳历、太阴历、火历与鸟历等远古先民用以观测天象、总结历法的基础上构成新时代的天象历法体系(其中包含与涵盖着远古历法的成就),它是在抽象理性认知与实践感性认知的整合基础上,使之进入抽象理性的早期阶段;除敬授民时之外,尚应有预示人生祸福的超前认识未来的文化意义。这种宇宙认知体系反映了唐尧时代宇宙秩序化以及天与人的关联化的文化特点,是中华早期文明具有鲜明的人文性的一个突出成果。

(2)《尧典》是中国自有文字以来首次将"钦若昊天,历象日月星辰"与"敬授民时"放在同一个视角上观察与认知,构造了天人同构的宇宙认知体系,这在中华文明史上是一个伟大的创造。它将神圣、神秘而不可知的、只由少数人(巫觋)掌握的天象历法人间化,以之与人间社会的生产、生活,与人们的衣食住行密切相关,使它们之间具有同一性、互动性,创造了天文与人文同构的文化观念与思想意识形态,成为中华文化传统,为历代继承、发展。

"日中星鸟,以殷仲春",观日月星辰的天象,可以掌握(影响与认识)物候时序——由天象而及人间物宜。"厥民析,鸟兽孳尾",前者关乎民众,后者关乎鸟兽。天象—物候—民众—鸟兽,天象星历,人间物候,社会民众,鸟兽自然,天文、地文、人文构成一个内在的关系链,一个宇宙社会的共同体,其中既含有古代天文历法理性认知的早熟性,又带有巫术特征的不确定或未然性、与敬授民时的感性认知的可操作性的诸特征,使天人同构的宇宙认知体系带有鲜明的人文特点,开创了极富中华民族特点的文化传统。

---

① [英]李约瑟:《中国科学技术史》第 4 卷第 2 分册,科学出版社 1975 年版,第 701 页。
② 骆宾基:《金文新考》(上),山西人民出版社 1987 年版,第 47 页。

6. 圭表

唐尧的天文学是南正重、火正黎在朝鲜半岛嵎夷所在地观察太阳"一日方出""一日方入"的观察记录,但只有白昼的观察还不够,还要"日入"后对(日)月星辰的观察。陶寺文化遗址出土"圭表","圭表"是用于观测太阳影像的,确定太阳时序、太阳方位的木柱——太阳上中天时的晷影的南北(方向)——古人称之为"反景——立杆测影"所谓图腾柱。北京天安门前两侧一对华表,白玉精雕,柱体浮雕盘龙,柱头镶云板、柱顶雕蹲龙,身躯望天吼,可谓通天神柱——立杆测影的圭表、擎天柱。《淮南子·天文说》记用圭表记历法之事:"树表高一丈,正南北相去千里,同日度甚阴,北表一尺,南表尺九寸,是南千里阴短寸,南二万里则无景,是直日下也。阴二尺而得高一丈者,南一而高五也。则置从此南至日下里数,因而五之,为十万里,则天高也。若使景与表等,则高与远等也。"《淮南子》所记用日圭测日影是对唐尧天文学的细化:

> 从中处欲知南北极远近,从西南表参望日,日夏至始出与北表参,则是东与东北表等也。正东万八千里,则从中北亦万八千里也。倍之,南北之里数也。其不从中之数也,以出入前表之数益损之。表入一寸,寸减日近一里,表出一寸,寸益远一里。欲知天,视日方入,入前表半寸,则半寸得一里。半寸而除一里积寸,得三万六千里,除则从此西里数也。并之东西里数也,补曰:凡三万六千里,则极径也。未春分而直,已秋分而不直,此处南也。未秋分而直,已春分而不直,此处北也。分至而直,此处南北中也。从中处,欲知中南也。未秋分而不直,此处南北中也。补曰:秋分直,故未秋分不直。言秋分,则春分可知。《隋志》曰:《周礼》大司徒职:以土圭之法,测土深,正日景,以求地中。此则浑天之正说,立仪象之大本。故云:日南则景短多暑,日北则景长多寒,日东则景夕多风,日西则景朝多阴。日至之景,尺有五寸,谓之地中。天地之所合也,四时之所交也,风雨之所会也,阴阳之所和也。然则百物阜安,乃建王国焉。又巧工记匠人:望日始出及旦,以候相应,相应则此与日直也。辄以南表参望之,以入前表数为法,除举广,除立表广,以知

从此东西之数也。假使视日出,入前表中一寸,是寸得一里也。一里积万八千寸,得从此东万八千里。日冬至,日出东南维,入西南维。至春、秋分,日出东中,入西中。夏至,出东北维,入西北维。至则正南。补曰:周髀云:冬至昼极短,日出长而入申,阳在子,日出共而入坤,见日光少,故曰寒;夏至在离,阴在午,日出长而入乾,见日光多,故曰暑。所说即淮南法也。长为共初,申为坤末,戌为乾初,寅为艮末。艮、共、刊、乾,郎四维也。在六十所,则冬至日出入当桑野之初,悲谷之末;夏至日出入尝咸池之末,悲泉之初,即四维之分也。欲知东西、南北广袤之数者,立四表以万方一里距,先春分若秋分十余日。

《淮南子·天文训》记用圭表:

正朝夕:先树一表东方,操一表却去前表十步,以参望日始出北廉。日直入,又树一表于东方,因西方之表以参望日,方入北广,则定东方。所以日出入用表北廉者,日行十六所,登于扶桑为 明,寅甲间也,顿于连石为下春,辛戌间也,此夏至之出入皆近北方。即以二分论之,至于曲阿为旦明,旦明,卯也,经于洲虞高春,高春,酉也。而出则自北而南,入则自南而北,半出以前,半入以后,仍在北方。张胄元用后魏浑天钱仪测知,春、秋二分,日出入卯酉之北,不正当中,与何承天所测颇同,皆日出卯三刻五十五分,入酉四刻二十五分昼。具载隋志。雨表之中与西方之表,则东西之正也。周髀云:以日始出立表而识其处,日入复识其处,处之两端相直者,正东西也。中折之指表者,正南北也。巧工记:匠人建国,水地以系。置乐以系,视以景,为规识日出之景与日入之景。昼参诸日中之景,夜巧之极星,以正朝。

7.《五藏山经》为什么以《南山经》为首,是神话学界多年探讨的一个问题,在此以"招摇之山"发微,可备一说。

再阅读《尚书》第一篇《尧典》,开头说:"日若稽古帝尧,曰放勋,钦明文思安安,允恭克让,光被四表,格于上下。"这几句话是什么意思?《说文》:

"尧、高也，从垚在兀上，高远也"，又"垚，土高也，从三土"。"三土"即垒土为柱，尧字本义是土柱子；土柱子放在"兀"上，成为高台土柱，可用于观测太阳晷影，即《周礼·地官》的"土圭之法"，是立杆测影的圭表。"放勋"是放射光芒之意，形容太阳。有着太阳的照射，进行立杆测影，故称"钦明文思安安"，注："照临四方谓之明，经纬天地谓之文。"此"经纬"者实指立杆测影确定方位，故下文接着说："光被四表，格于上下。""四表"者立杆测影的地平日晷上东、西、南、北四根立柱，在此观测晷影，故称"格于上下"。由此下接"乃命羲和，钦若昊天，历象日月星辰"，正式做立杆测影工作了。读完《尧典》读《舜典》、读《禹贡》，尧、舜、禹禅让的神话内容全部冰释，讲的是一年四季立杆测影的神话（参阅本书第五章二）。但立杆测影的方位已改在从东方开始，《尧典》说："分命羲仲，宅嵎夷，曰旸谷，寅宾出日，平秩东作，日中星鸟，以殷仲春。"注："宅，居也，东表之地称嵎夷。""东表"即地平日晷东侧的圭表，象征着东方太阳升起的地方；曰"旸谷"，实际是地平日晷东侧的水槽，是用于控制晷影盘水平地面的；在此有"扶桑"，实为东表立杆，晷影在立杆上开始出现，曰"日出扶桑"；这时白天黑夜等长，称"平秩东作"，也即仲春或春分的节令。

引用陆思贤先生的《神话考古》中的话以解读圭表中的晷影，以期解读《尧典》对明星辰的观察记录。

8.唐尧王国文明

巫觋的另一重要职务是"历象日月星辰，敬授民时"，掌握天地之历数，即掌握天宇、掌握宇宙、掌握天人关系，这是巫者的也是王者的职能。正揭示中华文明起源阶段王者与巫者的一种内在的特殊联系。《左传》曾保存古文明史料，其中著名的如昭公十七年（前525年）郯子来朝，向昭公谈上古历数："昔者黄帝氏以云纪，在为云师而云名；炎帝以火纪，故为火师而火名；共工氏以水纪，故为水师而水名；大昊氏以龙纪，故为龙师而龙名。我高祖少昊挚之立也，凤鸟适至，故纪于鸟，为鸟师而鸟名：凤鸟氏，历正也；玄鸟氏，司分者也；伯赵氏，司至者也；青鸟氏，司启者也；丹鸟氏，司闭者也。……自颛顼以来,不能纪远,乃纪于近。为民师而命以民事,则不能故也。"①

这是记述从黄帝伊始,古代王者创造、掌控与垄断天文历数,天数与权力结合为一。正揭示出王者兼巫者,王巫合一的中华早期文明的一大特点。

正是这种双层观察,双层记录,构成世界天文学史上最精准的天文历法学,首次确定一年"期三百有六旬有六日,以闰月定四时、成岁"——古历周无三百六十五度又四分度之一。一年有二分(春分、秋分、二到夏至冬至),由天象而人事,由人事而物候,中国式的天人合一的宇宙观,中国的"天数"——"天道性命"宇宙自然人的发生发展变化规律。"昔之使天数者,高辛之前,重黎,于唐、虞,羲、和。"(《史记·天宫书》)正是巫觋集团把握认识天数,创建了颛顼高阳王国、唐尧虞舜王国,开启了中国的文明王国时代。

① 《左传·昭公十七年》。

禅让与禅让带来王国的分裂

——中国文明史的新模式

禅让是中国历史上一大文案,也是一大疑案,据中国文明发生学史,按马克思"亚细生产方式""早熟的儿童"理论,这个禅让就发生在陶寺——尧舜文化历史中。

一、陶寺文化与唐尧王国

分布在晋南、晋西南的龙山陶寺文化是已具备中华早期文明诸特征,是华夏族团于公元前 2000 年之前进入文明时代,亦是玉器时代向青铜时代的过渡的重要标志。

陶寺中期城址发现面积达 1400 平方米的祭祀和观象授时台基建筑和宫殿城市建筑基址,"找到了陶寺城址的宗教中心,从聚落形态角度看,高规格的宫殿建筑、宗教建筑和与天文历法有关的建筑设施,应当是'王都'级聚落所应当具备的标志性建筑单元。它们与陶寺早、中期'王级'遗族大墓以及陶寺早、中期的城垣相匹配,丰富了陶寺城址作为'王都'的聚落形态、社会形态和文明化程度。"[①]

从陶寺遗址墓地的规格等级中,可以发现存在严格的等级制度、礼仪祭祀制度和宗教与政治权力的集中与独占。

1. 大型墓葬随葬品有陶鼓、成套的彩绘陶器、象征权力的大型石钺与玉钺、龙盘、鼍鼓和巨型石磬。说明大型墓葬主人当是王者与巫者集于一身的

---

① 何驽等:《山西襄汾陶寺城址发现大型史前观象祭祀与宫殿遗迹》,《中国文物报》2004 年 2 月 20 日第 1 版。

人物。

墓葬有严密的布局,反映出以氏族血缘为纽带,遵循严格宗族制度(等级的礼仪的)并"已实行世袭制"的政治结构与社会结构。"中国的宗法专制是阶级分化,以系谱为基础集中政治权力的一种较重要的基本制度","宗族的分化就成为政治权力的基础。""文明和国家起源转变的阶段,血缘关系不但未被地缘关系所取代,反而是加强了,即亲缘与政治的关系更加紧密地结合起来。"①这正是中国古代社会的早熟性一个重要特征。

分布在晋南、晋西南的龙山文化陶寺类型文化是帝尧陶唐氏时代的文化。

《竹书记年》"帝尧陶唐氏""元年丙子即位居冀";"八十九年作游宫于陶";"九十年帝游居于陶"。这里记陶唐氏的统治基地在冀,又称陶。《左传》哀公六年(前489年),"孔子曰:……《夏书》曰:'惟彼陶唐,帅彼天常,有此冀方'。……"杜注:"唐、虞及夏同都冀州"。"昔唐人都河"。《汉书·地理志(下)》:"河东土地平易,有盐铁之饶,本唐尧所居。"是知这一带就是帝尧陶唐氏所都、所居之地。这个地区又称陶,当来于陶寺这个古地名,或陶寺即来于"帝游居陶的陶唐氏"。《风俗通义》"姓氏":"陶氏,凡事于事,巫、卜、陶、匠是也。"如是,则陶唐氏当世代为陶工(居于唐地)而为部落长欤!

陶寺遗址中出土带"文"字扁壶,当为帝尧之遗物:《尚书·舜典》:"正月上日,受终于文祖。"文祖为尧之庙号,"文祖者,尧文德之祖庙"(《尚书正义》)。晋南,古有大夏、夏墟之称,"唐、虞及夏同都冀州",则晋南——冀州为华夏族团之诞生地区。

证之文献史料:《尚书·尧典》是自有文字以来我国第一部以经典形式保存了中华早期文明——唐尧王国文明的典籍。

唐尧立国后的第一件大事是"乃命羲和,钦若昊天,历象日月星辰,敬授民时"(羲和为巫觋集团首领),掌握天地运动的规律和日月星辰的历数变化——了解天文,掌控宇宙;最终落在"敬授民时"这个人文点上。观察天

---

① 张光直:《从商周青铜器谈文明与国家的起源》,《中国青铜时代》,三联书店1999年版,第475、471页。

文,认识物候时序,是与"敬授民时"同构,从而创建了天人同构的宇宙认知体系。在掌握与认知空间宇宙秩序(运动规律)时,使之与人间社会秩序化对应起来,使国人从神秘思维迷圈中走向理性认知的道路。在天人关系上这是一个伟大的开拓,而以"敬授民时"的天人同构认知体系就成为中华文化传统、并为历代统治阶级奉为圭臬。

2.《尧典》揭示了唐尧王国"王者、智者、巫者"三位一体的社会政治结构

唐尧是王者,"同时仍为群巫之长",是知天知地的智者与圣者,故而身披神圣光环——"光披四表",而且具有"格于上下"的群巫之长的神人、王者、巫者三位一体的身份。这样,帝尧以王者兼群巫之长的身份,命令知天的羲氏与知地的和氏两个巫者集团观察天象星历,以敬授民时,使天地宇宙与人间社会秩序化,在以天地宇宙同构为中心的认识体系形成中,突出以王权(神权的代表者)为中心的社会意识、政治意识,在此基础上构成国家的政治结构与社会结构,并借此加强了王权的神圣性与合理性。

陶寺文化遗址的大型王城,以鼍鼓、特磬、龙纹盘、玉器为葬器,不仅显示了王室的神圣与尊显,而且表明王者与巫者结合,政治权力与宗教权力相结合的早期国家文明特点。考古文化学与文献学契合无间。

"克明俊德,以亲九族";"百姓昭明,协和万邦",以血缘宗族为基础,组成部落共同体,多层次政治结构构成国家的政治实体。

"慎综五典","纳于百揆"——建立五典五教的伦理型的政教与官僚制度。

"肆类于上帝,于六宗,望祭于山川,偏于群神。"——建立祭祀礼仪制度,使祭祀(天地宇宙)秩序化。

建立君王巡守制度,建立刑法制度,用以加强国王的权威,强化国家职能。"流共工于幽州,放驩兜于崇山,窜三苗于三危,殛鲧于羽山,四罪而天下咸服。"这是施于"典刑"的具体事例,实是对周边的民族集团的压迫与征伐。"国之大事,在祀与戎","礼乐征伐自天子出",证明唐尧王国的国家权威与实力,也表明唐尧文明从多元走向一元的历史过程。

古代中华文明与西方文明相较,陶寺文化与《尚书·尧典》所揭示的唐尧王国的中华早期文明内涵,更具古代东方社会特点。

考古学家苏秉琦先生曾指出红山文化的龙与华山的玫瑰花汇合,七千年前华山脚下的仰韶文化,沿太行山向北发展与辽西大凌河流域的红山文化碰撞,又同河套文化结合,三个原始文化结合在一起,又折回晋南,就是陶寺。……华山一个根,泰山一个根,北方一个根,三个根在陶寺结合,这就是五帝时代的中国,这是第一个中国,在晋南。①

这里明确勾画了从大汶口文化到红山文化再到陶寺文化的中华早期文明史的发展历史轨迹。

大汶口文化、红山文化、良渚文化和陶寺文化作为中华早期文明相继诞生区域,表现出一个共同性的文明产生模式——王权源于神权,这是古代中华社会早熟性的鲜明特征。

这一文明发展轨迹说明,在中华大地某一区域文化率先进入文明阶段,就会对其他区域文化产生影响,产生推动作用,发生不可逆转的历史大趋势,推进中华早期文明的迅速发展。

二、上古三代的巫者为中华第一代文化人

这一时期的巫史文化分裂为两条道路:一条是王者皆出于巫,构成王巫结合的统治阶层;一条是巫者作为时代的智者、圣者,为"王者之师",走上文化人的道路。(按:下引多出于《史记》)

黄帝"举风后,力牧,常先,大鸿以治民",黄帝因梦占而"得风后于海隅,登以为相。得力牧于大泽,进以为将"。"黄帝仰天地置列侯众官。"得以"顺天地之纪,幽明之占,列生之说,存亡之难"。遵循宇宙自然之道与阴阳、生死、死亡的法则,则天下大治。此风后四人均为大巫者,为自有文字以来的文化人。

颛顼"乃命南正重司天以属神,命火正黎司地以属民",南正重、火正黎为颛顼时期通天通地、司理宇宙、管理社会的智者、圣者。

"尧复育重,黎之后,不忘旧者,使复典之。以致于夏、商,故重、黎氏世叙天地,而别其分主者也。"(《国语·楚语下》)则重、黎世袭为巫者世家,在

① 苏秉琦:《现阶段烟台考古》,转引自朱乃成《苏秉琦20世纪80年代后期的中国文明起源研究》,《中原文物》2004年第3期。

唐尧时乃"羲氏,和氏是也"(《国语》注)。

尧"乃命羲和,敬顺昊天,数法日月星辰,敬授民时",掌管天象天数,物候时序,管理社会,这是王权的核心所在,社会秩序所在,亦谓"天道"所在。此羲和世家至夏帝中康时代见其名;"帝中康时,羲和湎淫,废时乱日。胤往征之,作《胤征》"。[1]

孔安国曰:"羲氏,和氏,掌天地四时之官。太康之后,沈湎于酒,废天时,乱甲乙也。"[2]据此史事可知,自颛顼时期设重、黎等专职管理"天地,四时之官",经尧舜至夏代,重、黎——羲氏、和氏及其子孙世袭此职,是为沟通天地神鬼阴阳的神权独占的巫者家族集团,至夏代,因其"湎淫,废时乱日",商王派胤侯亲征,可见事体重大。对此,《尚书·夏书·胤征》有详细记载:"惟时羲和颠覆厥德,沈乱于酒,畔官离次,俶扰天纪",对于发生的"辰弗集于房"——日月相会不在房宿即日蚀,"羲和尸厥官罔闻知,错迷于天象;以干先王之诛"。搞乱天时历法,引起社会惊扰动荡,使国家脱离常规秩序,这触犯了先生诛杀的律令,当然要进行征讨。对掌管天地四时的官需要派兵征讨,可见羲和集团的地位之高,权力之大与影响之巨。

尧舜时有一个文化人集团辅佐建设国家:"于是以垂为共工","以益为朕虞","以朱虎、熊、罴为佐",以伯夷"为秩宗","以夔为典乐,敦樨子",龙"命汝为纳言"。

垂,《史记集解》马融曰:"为司空,共理百工之事。"《世本·作篇》:"垂作钟,垂作规矩准绳。垂作铫,垂作耒耜。垂作耨。"

《山海经·海内经》:"义均是始为巧倕。"或以垂为"黄帝工人""神农之臣。"则垂为上古能工巧匠之总称,他制钟以计时,制规矩以划方圆准绳,制作农具以提高农业生产。

虞,《史记集解》马融曰:"虞,掌山泽之官。"

益亦名伯益、伯翳。"舜使益掌火,益烈山泽而焚之,禽兽逃匿。"(《孟子·滕文公下》)"佐舜调驯鸟兽,鸟兽多驯服,是为伯翳。"(《史记·秦本纪》)

"后益作占岁。""伯益作井。"(《吕氏春秋·勿躬》)

---

[1] 《史记·夏本纪》。
[2] 《史记·夏本纪·集解》。

则益与禹共治洪水,调驯鸟兽,并为百兽(禽)之长,故可以豹、虎、熊、罴为佐。一说朱虎、仲熊为高辛氏之子,为益之佐。

伯夷,《史记集解》郑玄曰:"主次秩尊卑。"《正义》:"若太常也。"孔安国曰:"秩,序;宗,尊也。主郊庙之官也。"《书·吕刑》:"伯夷降典,折民惟刑。"《世本·作篇》:"伯夷作五刑。"《国语·郑语》:"伯夷能礼于神,以佐尧者也。"

则伯夷乃尧舜时制定国家法典和祭祀礼仪制度的人。

夔,《韩非子·外储说左下》:"尧使夔为乐正。"《吕氏春秋·古乐》:"帝尧立,乃命夔为乐","帝舜乃令夔修《九招》《六列》《六英》,以明帝德。"《吕氏春秋·察传》:"舜以夔为典乐。"则夔为文教(以乐教形式)之官。

龙,"纳言"之官,纳言为出纳王命之官,"纳方,喉舌之官,听下言纳于上,受上言宣于下,必以信。"(《书传》)是舜时已设言官。

尧舜所设五官,均为国家文物典章制度之建设,所选五人又均为具有巫史身份的文化人。

旧石器晚期"有关非实用性石器(按指遗址中出土装饰物)的使用得到了越来越多的关注,这是因为后过程考古学探究器物背后的思想意识"。①这些"非实用性石器"为考古学界称之为"原始宗教信仰",实为巫史文化生成阶段原生形态(包括放在"下室"的墓葬、尸体上的赭石粉等)。这种原生形态的巫史文化进一步发展为新石器时代的玉器文化和青铜器文化。对上古三代文献史料与考古史料整合研究的基础上,经过比较深入地分析综合这一时期的四个文化遗址,我们得出了玉器时代和彩陶时代是中华文明诞生的时代,在中华大地上首先产生了大汶口——红山文化的颛顼高阳王国,良渚文化的祝融王国和陶寺文化的唐尧王国,他们相继率先进入文明时代,呈现出古代东方社会早熟性特点。王权源于神权,"君及官吏皆出自巫",构成以国王(原为部落联盟长,因掌控神权而转化为王者)为核心的金字塔式的政治结构,建成严格等级的祭祀礼仪制度和天人合一的宇宙认知体系,形成王权服务的贞人卜史集团(后转化为官吏集团)。

---

① 陈淳:《中国旧石器研究的进展和差距》,《中国文物报》2005 年 4 月 15 日第 7 版。

在从氏族社会转型为文明王国时,由于过早地转型——氏族社会中某些制度和意识形态被保留下来,带进文明社会中来,如以血缘为纽带的宗族制度,血缘与政治更加紧密地结合使血缘亲族关系得到加强;由祖灵崇拜发展为"尊尊亲亲"的观念更为牢固,强调对王权、权威和制度的绝对服从,长幼、尊卑、资历、辈分、行当等,强调以维护王权为核心的严格等级制度,氏族社会的自然经济结构并未因社会转型而受到破坏,反而被保存下来,这种自给自足的自然经济结构所具有的内向的、保守的思想形态与政治形态,形成"周虽归邦,其命维新"的维新思潮,在社会发展中,在新旧冲突中,往往是"损益观"占主导地位,"法先王""家天下""祖宗家法"、因循守旧、反对变革、拒绝革命制约着人们的头脑和眼界。朝代不断更迭,而"亚洲的社会却没有变化",凡此种种。从氏族社会所延续的人与人关系、天与人关系的原则在文明社会中被总结概括为法统、道统,构成中华文明传统,并因而形成稳定、和谐之美的民族心态,影响了竞争、进取、冒险精神的培养。

巫者为智者、圣者,为思想家,为政治家,为文化人,使文化(各种形态的)与政治、与政治斗争紧密结合,构成了我国古代文化(各种哲学社会科学和文学艺术)特征,创造了古典现实主义特别发达的文化历史传统。

这说明古代东方社会的早熟性促进了中华早期文明的诞生,使古老的中国远在距今 6000 年前就已进入文明社会,这种早熟性诸特征,贯穿于整个中华文明史,影响着文明史的进程。同时强调民族宗法观念、宗法制度,即禅让继承制,打破了早熟性文明所产生的家天下政治制度。

由部落联盟转型为文明王国,在中华文明早期史上具有普遍性,这里只以唐尧王国为例,论说转型模式问题。

这里从唐尧王国的政治结构入手进行考察。

1. "克明俊德,以亲九族"

九族是以自己为本位的直系亲和旁系亲。[1] 查:"九"本音读仇(优俦),手、仇(俦)古当同音,九、仇古为一字,当为氏族制"普奴鲁亚"的家庭血缘关系的文化遗留,又有认为九、仇(俦)为女方氏称,男方婚于女方,"从母系制

———————————

[1] 《辞源》第一卷,商务印书馆 1979 年版,第 106 页。

氏族原始公社时期承袭下来的氏族社会的生活风习,必然比春秋时期还浓厚,尧舜两世的交替,说明帝位是依母系制(世袭酋长传婿制)的惯例由婿方承嗣"。① 这说明,唐尧王国以血缘为纽带,以宗族为其政权核心力量,发挥才智美德,使宗族亲密和睦,"九族既睦;平章百姓",只有九族和睦、团结一致,百官族姓就各得其所,辨明各个氏族集团的关系。这种从氏族制中产生延续到文明时代的宗族制度,是中华文化连续性发展的一个标志。"中国的宗法制度在中国古代文明社会里面,是阶级分化和财富集中的一个重要基础。"②唐尧王国文明甫一产生,血缘关系、宗族制度"不但未被地缘关系所取代,反而是加强了,即亲缘与政治关系更加紧密地结合起来"。③ 这在这尧王国文明产生与建设过程中发挥"九族"力量中得到明证。

2. "百姓昭明,协和万邦"

万邦言其王国诸侯林立,是由众多族团作为各诸侯国以维护唐尧中央王国。

"协和万邦"是建立在"百姓昭明"基础之上,是建立在"九族既睦,平章百姓"基础之上的。"协和万邦",既有政治上的一致,更有文化上的认同与一致,方可达到"协和"境地。而有了协和万邦,中央王国中心观念就出现了,以王国为中心的统治秩序就建立起来了,就可使"黎民于变时雍"——天下百姓从此就友好和睦了。家、国整合统一,构成宗族、邦、国的复杂政治体制,构成多层次的政治结构,这就是唐尧王国。从九族到百姓,从百姓到万邦,从万邦到黎民,从部落联盟转型到王国,这里强调了中央王国中心观念,突出了多元一体的文明观念。

唐尧能够"以亲九族""平章百姓""协和万邦"以及于"黎民"大众,当然是依靠正确的政策路线,其中不容忽略的一个重要方面是他的"光被四表,格于上下"的独占通神权力,是他的"历象日月星辰,敬授民时"的知天知地的权力。

唐尧是王者,"同时仍为群巫之长",是知天知地的智者与圣者,故而身

---

① 骆宾基:《金文新考》,山西人民出版社1987年版,第12、16页。
② 张光直:《中国青铜时代》,三联书店1999年版,第474—475页。
③ 张光直:《中国青铜时代》,三联书店1999年版,第474—475页。

披神圣的光环——"光披四表",而且具有"格于上下"的群巫之长的神人、王者、巫者三位一体的身份。

陶寺文化遗址的大型王城,以鼍鼓、特磬、龙纹盘、玉器为葬器,不仅显示了王室的神圣与尊显,而且表明王者与巫者结合,政治权力与宗教权力相结合的早期国家文明特点。考古文化学与文献学契合无间。

3.四岳与四岳议事制

唐尧王国有四岳和四岳议事制。舜禹之禅让均通过四岳议事:(1)"岳者,四方之大山";(2)"分掌四岳之诸侯"。则四岳当是参加尧舜之部落联盟中的主要有权势的部落酋长,进入王国,代表其族团利益,参与大政的决策,在王位继承上主张实行部落继承法。

是知,在唐尧王国的政治结构中,在"协和万邦"中有"万邦"中的主要部落酋长、诸侯长作为代表,进入王国中央,成为王国统治集团的核心,参与大政决策。这是唐尧王国政治结构的一大特点,也是中华文明起源史上一大特点,即文明的早熟性与王国的早期性。这说明,唐尧王国是在部落联盟的基础上进入文明大门,转化为王国并产生王国文明的。由部落联盟转型为王国,为王国文明,唐尧王国应是中华文明起源史上一个实例。

唐尧之挑选帝位接班人显然有一个原则,就是坚持母系氏族社会酋长继承法。他之所以不传其子丹朱,因为丹朱虽为胤子,但按母系社会,男婚于女家,则已成为女家的氏族成员,所以选择舜,是因"妻以二女",舜已成为唐尧氏族集团成员,按母系制的氏族社会酋长继承法,应执行世袭酋长传婿制,而将帝位传给舜。这就是尧舜"禅让"的文化秘密。说明唐尧王国仍保有浓厚的母系氏族社会的文化残余。

"当以农业证明地球整个表面都成为单个人财产的对象和家长成为财富蓄和的自然中心时,人类便走上了新的为私有制所神圣化的道路,在野蛮期最晚时期结束以前,这条道路既充分地显现出来了。"[①]尧舜之禅让引起各大政治集团的不满与反抗,造成社会之大震荡,中华文明史也从早期史过渡到成熟阶段,从玉器时代转向青铜时代。

---

① 马克思:《摩尔根〈古代社会〉一书摘要》,人民出版社1978年版,第63页。

唐尧王国文明正反映出中华文明产生的早熟性,其文明王国中仍保持着部落联盟形态的政治结构,是中华文明史上由部落联盟过渡为文明王国的典型实例,成为一种模式。王巫结合,通过巫觋集团"历象日月星辰,敬授民时",通天通地,知天知地,独占神权,王权来于神权的独占,这是中华文明起源的主要途径与主流的思想文化体系、文明模式。

唐尧虞舜是以血缘宗法关系为主体,以"协和万邦"——整合各部落集团,从而形成部落联合体并进而构成国家政体。这个国家政体已不同于氏族集团,但由于在其国家政体形成过程中的"早熟性",使其在形成新的政体形式与社会结构时,还保留着母系氏族社会某些文化传统与习惯性。部落酋长权力继承法就是其中之一。

"亚细亚的历史"和"早熟的儿童"这一类型。"亚细亚的历史",又称为"亚细亚的生产方式"。所谓"早熟的儿童",按我们的理解是指中国原始公社过早地解体。母系氏族社会提前过渡到父系社会,即军事民主制—酋邦—国家提前产生;未待土地私有制成熟,由军事领袖或部落长而成为酋邦来实现的——军事政治权力与文化宗教权力高度集中的结果与象征。城市与农村不可分割的统一,城市是"宗子维城"——宗法的、政治的;血缘的、宗族的构成政治结构的基础,成为集中政治权力的基本制度,由此而成为古代中国宗法制度、姓氏系谱制度和家天下观念的来源。这种氏族血缘纽带制约着社会的发展,社会分工缓慢,商品生产与交换相对不发达,自然经济长期占据主导地位。在思想文化领域,"历象日月星辰,敬授民时",天人同构,宇宙一体,其中心、其主轴是独占通天权力的王者兼巫者,天地一体,人神同在,天人合一,王权神授,这是古代中国的宇宙观,也是中国早期文明的起源及文明模式的基本标志。

在巨大的中华地理、历史所构成的各大文化区系及其各文化区域的文化运动中,先后出现了"满天星斗"式的文明王国,其文明产生的道路及其所创造的文明模式,构成中华文明的早期史。所谓文明模式、文化模式是人类在其社会生活中所创造、所凝结的生存方式、思维方式的文化升华,中华古族创造了自己的多样的生存方式,也创造了多样的文化形态与文明形态,由此构成了中华文化与文明模式的多元传统,就是在一个大的文明模式中也表现为多元形态的特点,进入青铜器时代,方由多元走向多元一体。这就是我们对中华文明发生学史上文明起源与文明模式的基本认识(此外,当还应有其他文明起源的途径与文明模式,这里只是我们的初步看法),提出来以就教于方家。

4.民族是由家族产生的,而家族则是由本质上和氏族的成员相符合的一群人组成的。①

"继承关系:第一种主要继承方法是随着民族之建立,而产生的";这一原则保持到文明时代。② 唐尧所遵循的民族继承法是父系家长民族制时期发生的,唐尧遵守氏族继承法,传婿不传子制,才有史书所记的禅让制。

中国文明发生学史是"早熟性"的,即"绝地天通"模式,不论母系或父系,均依循"绝地天通"——巫觋沟通天地以获得神权,获得了神权,神权才掌控王权。上古三代基本属于神权时代。禅位是由部落联盟酋长——诸侯长、巫觋长不再遵循"绝地天通"的继承规律,不再强调继承法的神权制度。

6.氏族继承法与禅让

《尧典》是经晚周诸子润色过,尤其被儒家化了的。但其基本内容是可信的,反映了唐尧时代的政治与文化。

"光被四表,格于上下。"对此,《史记·五帝本纪》则作:"其仁如天,其知如神,就之如日,望之如云。"司马迁把唐尧写成一个神。"格于上下"一句透露一个信息:格于上下,即感通天地,沟通天地。则唐尧是一王者,又是一巫者。"由巫而史,而为王者的行政官吏;王者自己虽为政治领袖,同时仍为群巫之长。"在巫史文化时代,巫是知天知地又是能通天通地的专家,是智者也是圣者。唐尧是王者,"同时仍为群巫之长",是知天知地的智者与圣者,故而身披神圣光环——"光披四表",而且具有"格于上下"的群巫之长的神人、王者、巫者三位一体的身份。这样,帝尧以王者兼群巫之长的身份,命令知天的羲氏与知地的和氏两个智者与巫者集团观察天象星历,以敬授民时,使天地宇宙与人间社会秩序化,在以天地宇宙同构为中心的认知体系形成中,突出以王权(神权的代表者)为中心的社会意识、政治意识,在此基础上

① 马克思:《摩尔根〈古代社会〉一书摘要》,人民出版社1978年版,第29页。
② 马克思:《摩尔根〈古代社会〉一书摘要》,人民出版社1978年版,第51页。

构成国家的政治结构与社会结构,并借此加强了王权的神圣性与合理性。

陶寺文化遗址的大型王城,以鼍鼓、特磬、龙纹盘、玉器为葬器,不仅显示了王室的神圣与尊显,而且表明王者与巫者结合,政治权力与宗教权相结合的早期国家文明特点。考古文化学与文献学契合无间。

根据《史记·五帝本纪》所展示的尧舜文明王国,是一个部落联盟转型文明王国的模式。

关于尧舜禹之"禅让"帝位一事,先秦诸子多有议论。儒家称美之,以为天下为公之义;法家诋斥之,以为篡位弑君之恶。后又有新莽、司马氏之篡,各用以之为口实。说者纷纷,难见其本实,实为中华早期文明史之一大疑案。

我们认为上古时期,权力的更替是作为氏族部落(甚至在部落联盟阶段)的一种固定的习俗而传继下来。这是一种世界性的文化现象,不独中国存在。

"尧曰:嗟!四岳:朕在位七十载,汝能庸命,践朕位?""于是帝尧老,命舜摄行天子之政,以观天命。"①"在位七十载""帝尧老",是尧舜"禅让"的基本形势。

尧与舜是互为婚姻的两大部落集团。"帝使其子九男二女,百官牛羊仓廪备,以事舜于畎亩之中……"②据此,舜为尧之"子婿"。"尧乃以二女妻舜以观其内,使九男与处,以观其外",则尧之子女均归虞舜集团(此乃依母系氏族社会传统,男子到了婚龄离别其父母族团而到姨妹丈夫那个族团中过婚姻生活的习俗)。则尧之亲族皆归于虞舜集团。

"舜,冀州之人也。舜耕历山,渔雷泽,陶河滨(舜之善作陶与尧之世为陶工,当有其文化联系),作什器于寿丘,就时于负夏。"这多种生活经历的变化:"历山之农者侵叛""河滨之渔者争坻""东夷之陶者器苦窳",正由于此,舜方有"人情甚不美"(《荀子·性恶》)的慨叹。也正由于此,虞舜积累了多方经验和力量。

禅让事件的背后蕴藏着一种古老的文化传统与文化习俗,对此,英国文

---

① 《史记·五帝本纪》。
② 《孟子·万章上》。

化人类学家弗雷泽在名著《金枝》中有深入的研究。

弗雷泽从研究中发现，在世界各国，都存在过国王兼祭司（巫师）的文化现象，他们具有半神半人，亦人亦神的性质。他的命运，他的生死，他的健康状况，直接关系到世界的兴亡，直接影响着他的臣民，他的疆域中的一切牲畜、植物。弗雷泽指出："西卢克人过去有个惯例，国王一旦表现健康不好或精力衰减，就把他处死。""许多古代希腊国王在位的年限只有八年，至少每当八年之期终结时，要重新举行就任圣职的仪式，重新接受神所恩赐的新的活力。这样可使国王能履行他的行政和宗教的职务。"①

三、虞舜之"南巡不反"与王国分裂

舜"践帝位三十九年，南巡狩，崩于苍梧之野"。虞舜死于南巡，其中的一些问题，司马迁均回避了。是为尊者讳，还是另有隐情？

虞舜与唐尧之子丹朱以及三苗发生关系是因帝位、帝位禅让问题。

《尚书·尧典》与《史记·五帝本纪》均记述了唐尧不传帝位于其子丹朱之事。

> 帝曰：畴咨若时登庸？放齐曰：胤子朱启明。
> 帝曰：吁！嚚讼可乎？②

《史记》：

> 尧曰：谁可顺此事？
> 放齐曰：嗣子丹朱开明。
> 尧曰：吁！顽凶，不用。③

---

① 弗雷泽：《金枝》，中国民间文艺出版社 1987 年版，第 394、410 页。
② 《尚书·尧典》。
③ 《史记·五帝本纪》。

帝尧认为其子丹朱"心既顽嚣,又好争讼,不可用之。"①唐尧之不传位于其子,认为其"顽凶"而不用,这与大臣放齐"嗣子丹朱开明"的观点完全对立,其个中隐情恐怕不是丹朱性格品质上的认识问题。当然也不像钱穆先生所谓:"在尧、舜时代走入末期,传子局势已成,尧、舜不肯自私,仍然传贤,故为后人所称道。"②唐尧之不传子,当不是其子性格品质问题,更不是"传贤"问题,而是唐尧王国本是从部落联盟过渡为文明王国,其王国文明中还保留浓重的氏族文化残余,部落酋长传婿继位制就是其中一个。唐尧坚持氏族酋长传婿继位制,故而王位不传子丹朱而传位虞舜。这就是唐尧认为其子丹朱"顽凶"而不用的内在秘密所在。

丹朱虽未得传位,但太子党的势力仍在,"尧崩,三年之丧毕,舜让辟丹朱于河之南"。③ 所记"舜囚尧,复偃塞丹朱,使不得与父相见",以及《广宏明集》引今本《竹书》"帝子丹朱避舜于房陵"等史料,可以推见:虞舜在争夺帝位过程中,唐尧之子丹朱是他的主要对手与最大的障碍。《史记》对此有一段话值得细读深思:"尧知子丹朱之不肖,不足授天下,于是乃权授舜。授舜,则天下得其利而丹朱病;授丹朱,则天下病而丹朱得其利。尧曰'终不以天下之病而利一人',而卒授舜以天下。尧崩,三年之丧毕,舜让辟丹朱于河之南。诸侯朝觐者不之丹朱而之舜。狱讼者不之丹朱而之舜,讴歌者不讴歌丹朱而讴歌舜。舜曰'天也',夫而后之中国,践天子位焉,是为帝舜。"④这显系胜利者在美化自己,是作史者为胜利者获得政权的虞舜涂脂抹粉并以天命在身自居。这是历史上胜利者的惯用手法,其中显然透出丹朱的影响力。

《路史后记》引《竹书》:"放帝丹朱于丹水。"

《山海经·海内南经》:"苍梧之山帝舜葬于阳,帝丹朱葬于阴。"

今本《竹书》五十八年,"帝(尧)使后稷放帝朱子于丹水。"是当因此尧子之名丹朱。《太平御览》卷63引《尚书逸篇》:"尧子不肖,舜使居丹渊为诸

① 《史记正义》。
② 钱穆:《黄帝》,三联书店2005年版,第57页。
③ 《史记·五帝本纪》。
④ 《史记·五帝本纪》。

侯,故号丹朱。"

《山海经·海外西经》:"三苗国在赫水东,其为人相随,一曰,三毛国。"《大荒北经》:"西北海外,黑水之北,有人有翼,名曰苗民。颛顼生骢头,骢头生苗民,苗民厘姓,食肉。"此骢头即《史记·五帝本纪》向唐尧举荐共工的骢兜,后"放骢兜于崇山,以变南蛮"的骢兜,则在唐尧王国中,骢头、骢兜为三苗族团之代表之在王国中。郭璞注"三苗国"云:"昔尧以天下让舜,三苗之君非之,帝杀之。有苗之民,叛入南海为三苗国。"

这就是尧舜禅让中引起鲧、共工反对之事。才有"三苗在江淮、荆州数为乱。于是舜归而言于帝",才有流共工、放骢兜、迁三苗、殛鲧等一系列压迫措施。

《汉学堂丛书》辑《六韬》:"尧与有苗战于丹水之浦。"

《吕氏春秋·召类》:"尧战于丹水之浦,以服南蛮;舜却苗民,更易其俗。"

丹水为丹朱逃亡之地,"尧(应是舜)战于丹水之浦",显系冲着丹朱去的。可知,丹朱南逃与南迁的三苗结盟,组建新的王国,这当是虞舜一大祸根,必将除之而后快。舜之南巡,正以南巡之机并假借唐尧之名,矫尧之命而征讨之。故后有"尧杀长子"[①]之讥。袁珂先生指出:"丹朱而称帝,且与舜同葬苍梧。盖亦野老负暄之言,于失败之丹朱犹寄有同情之意也。"[②]

虞舜在其执政期间,不忘"分北三苗"。《史记集解》引郑玄曰:"所窜三苗为四裔诸侯者犹为恶,乃复分析流亡。"最后"践帝位三十九年,南巡狩,崩于苍梧之野"。在南征大战中,在丹朱三苗族团联合抵抗中,虞舜死于此次战役之中,《史记》为之讳言耳。权力斗争中,贯穿着复杂的文化冲突,其中掺杂着华夏文化与苗蛮文化的冲突内容;至今,在中华文明史上仍是一个尚待解析之谜。

虞舜之死于南巡。"当帝尧之时,洪水滔天,浩浩怀山襄际,下民其忧"。尧求能资水者,用鲧流水……行视鲧之治水无忧,乃殛鲧羽山,于是舜举鲧子禹,而使续鲧之业。

---

① 《庄子·盗跖》。
② 袁珂:《山海经校注》,上海古籍出版社1980年版,第275页。

"帝舜荐禹于天,为嗣"。① 则禹为尧之人臣,治洪水有功,"为山川神主"。舜之南巡不返,权力真空,禹借平水土功力,借获得山川神主的神威,填补权力真空,假借"帝舜荐禹于天"的禅让名义,"禹于是于遂而天子位",仍继续坚持华夏文化中心观念,"国号曰夏后"。

尧舜之"流四凶族,投诸四裔",是打击不合乎华夏中心观的各种文化生态形态,以维护华夏中心的主流地位。禅让,是使华夏中心路线得以继续,而对那些反对这个路线的势力,给以打击,但是华夏中心观保持住了,同时却造成非华夏文化生态的力量的生成,从而构成华夏文化生态中心之外,存在着多元的文化生态结构。这就是中华文化生态 史上的一大特征。

这是说,禅让制之实行是氏族部落酋长新旧更替的习惯法在尧舜禹王国的文化遗留。而"尧年老",是实行这一习惯法的有利时机。禹之代舜,是因"惟禹之功为大",新的利益集团超过了旧集团。而当禹建立夏王朝,再不见有四岳身影,夏王朝削弱了氏族部落的文化传统,家天下出现了,上古时期的禅让制从此退出了历史舞台。后代某些政治野心家虽也演出几出禅让闹剧,这已是这些野心家玩弄的政治把戏罢了。

"夫尧之贤,六王之冠也,舜一从而咸包,而尧无天下矣。"按:"一从而咸包"应是"一徙而成邑"的误写。《管子·治国》:"舜一徙成邑,二徙成都,三徙成国。"《吕氏春秋·贵因》有相同记载。《庄子·徐无鬼》(十三):"舜……古三徙成都,至邓之虚而十有万家。"邓虚在河南南阳附近,邓为古国。这是记舜避开尧的势力范围,"三徙成国","而尧无天下矣"。

"舜逼尧,禹逼舜,汤放桀,武王伐纣。此四王者,人臣弑其君者也,而天下誉之。察四王之情,贪得人之意也;度其行,暴乱之兵也……"这是法家眼中的"禅让",但也可能是历史的真实。《史记·五帝本纪》《正义》引《括地志》云:"故尧城在濮州鄄城县(按:濮州北临漯水,河在尧都之南,故曰南河。其地仍在晋南,而非山东鄄城。)东北十五里。《竹书》云:'昔尧德衰,为舜所囚也。'又有偃朱故城在县西北十五里。《竹书》云:'舜囚尧,复偃塞丹朱,使不与父相见也。'"《史通·疑古篇》引《汲冢书》云:"舜放尧于平阳。"《杂说

---

① 《史记·夏本纪》。

篇》引《汲冢·琐语》云:"舜放尧于平阳。"今本《竹书纪年》于尧"一百年帝陟于陶"下引古本《竹书》上段文字。据此可知,上古时已有"舜逼尧""舜囚尧",并"偃塞丹朱,使不与父相见"之说。则尧舜禹"禅让"之说似应结合当时的历史文化(中华早期文明诸特征)实际给予再认识。王位的继承与更迭是世界文明史中一个专门性问题,应给予足够的关注。

"亚细亚的生产方式"与"早熟的儿童"给我们解读中华早期文明诸特征诸问题提供了一把钥匙。与古希腊智者学派所揭示的西方古文明相较,《尧典》所揭示的中华早期文明内涵更具东方特点。我们在这里主要试图就《尚书·尧典》中所涉及的早期文明若干问题作出初步的审读,以期对中华早期文明史的研究有所裨益,并望引起讨论。

"禅让"加强了血缘观念——宗法观念——宗法制度,削弱了"绝地天通"的神权观念,使神权受到削弱,王权的政治文化体系得到加强,社会增强了人文观念力量。

华夏中心观

一、华夏中心的文化地理的考察

1. 陶寺考古学文化

陶寺类型主要分布于汾河下游及其支流浍河流域。在该地区内的临汾、襄汾、侯马、曲沃、翼城、绛县、新绛、稷山、河津等地,共发现陶寺类型的遗址 70 多处。其中有些遗址的规模很大,除陶寺遗址(总面积 300 多万平方米)外,曲沃和翼城两县交界处的开化遗址和方城—南石遗址(包括曲沃县方城村、翼城县南石村、古巨村),面积也都在 100 万平方米以上。

根据陶寺遗址的地层关系可将陶寺类型分为早、晚两期。

(1)早期

石器,多为磨制,打制和琢制的极少。器形有铲、斧、锛、长方形石刀、曲尺形有柄石刀等,以石铲的数量最多;其中曲尺形有柄石刀很少见于其他文化中,颇具特征性。

陶器以夹砂灰陶和泥质灰陶为主,黄褐陶次之,还有很少量的泥质磨光黑陶。

大型墓的墓主均属男性。大型墓的两侧往往分布有同时期的中型墓,其墓主皆为成年女性。这些女性死者是大墓墓主的妻、妾。这是一种一夫多妻的并穴埋葬。

根据碳 – 14 测定年代,陶寺遗址可能处在公元前 25 世纪至公元前 20世纪。陶寺类型早期大约与庙底沟二期文化时代相当或稍晚,晚期与三里桥二期文化时代相当。[①]

（2）晚期

晚期的生产工具和早期的生产工具相比有所不同。晚期出现的新器形有蚌刀和有肩石铲。1983年，在陶寺遗址的一座墓葬中出土了一件铃形铜器，长6.3厘米，最宽2.7厘米，高2.65厘米。经鉴定，含铜量近98%，是一件红铜铸造品。这一发现说明，最迟在陶寺类型的晚期，在中原地区，不仅可以熔炼出较纯的铜液，而且已初步掌握了复合范铸造工艺。

陶器仍以夹砂灰陶和泥质灰陶为主，泥质磨光黑陶比早期增多。制法有轮制、校制和手制三种。腹壁较薄，器壁厚薄匀称，器形也较规整。纹饰主要有篮纹和绳纹，有少量的方格纹。主要器形有鬲、罐、盆、簋、豆、斝、壶和杯等。其中以几种形制的鬲、双腹盆、高颈折腹罐、单把杯、扁壶等颇具特征。釜灶、鼎、缸到晚期消失。鬲的数量比早期增多。晚期出现的食器和盛储器有单耳环、簋形器和双腹盆等。其中的单耳杯和双腹盆，与三里桥二期文化的同类器很相似。

陶寺类型晚期的部分遗物虽和三里桥二期相似，但两者总的文化面貌区别较大，不应归属同一类型。

晚期的遗存还有卜骨，系用猪的肩胛骨制作，骨臼骨脊均未加工，只灼不钻。

陶寺遗址，其居住区和墓葬区分别在不同的区域。在墓葬区共发现墓葬700余座，其中大型墓9座，中型墓80座，小型墓610余座。这是新石器时代埋葬人数最多和埋葬最密集的一个遗址。700余座墓葬，有的属陶寺类型早期，有的属陶寺类型晚期。9座大型墓中有8座属陶寺类型早期，只有一座属晚期。

大型墓都有丰富的随葬品。如属于陶寺类型早期的M3015，出土各类随葬品物178件。其中包括陶器14件，木器23件。玉、石器130件（内有石镞111件），骨器11件；另有30件随葬品被扰动，是在一座打破该墓的灰坑（H3005）中发现的。故M3015的随葬品总数应在200件以上。这200余件

---

① 引自张之恒《中国新石器时代考古》，南京大学出版社2004年版，第50—53页。

随葬品,其中较重要的有陶龙盘、鼍鼓(木制,以鳄鱼皮作鼓面)、特磬、陶异形器(土鼓?)、彩绘木案、俎、匣、盘、豆、仓形器、彩绘陶器、玉(石)钺、瑗、成套石斧、石锛、石镞;该墓还随葬猪一头,猪头砍下,置于墓圹右侧的陶斝内。用木棺作葬具,棺内撒朱砂。中型墓的随葬品较少,通常一两件至五六件,最多十余件,以玉、石器为主。小型墓一般无随葬品,有随葬品的墓不足十分之一;有随葬品的小墓,其随葬品一般不超过三件,以骨笄为常见。

在已发掘的400多座墓葬中,绝大多数是单人仰身直肢葬。只发现3座屈肢葬和9座二次葬。均为二坑竖穴墓,都有墓坑。经过鉴定的280座墓中,男性约占五分之三,女性约占五分之二。除一座8—10岁的少年外,余皆成年。另外,发现幼童或少年的残骨三四例,置于墓坑填土中。

2. 陶寺遗址为尧、舜、禹之古都所在

(1)陶寺古城遗址

陶寺古城遗址在时限上隶属于龙山文化时代,在地域上则属于黄河流域文明范畴,距今有4500年的历史,是迄今为止在黄河流域发现的最早、最大和最具都邑特征的古城遗址。这在时间上和地域上都与尧、舜所处的时代相吻合。《汉书·地理志·河东郡平阳》注曰:"尧都也,在平河之阳。"平河之阳即平阳,平阳即临汾。而襄汾陶寺距离临汾仅20公里之遥。应当说,陶寺遗址为尧、舜时期的城址是毫无疑问的。事实上,尧、舜、禹都是建都于晋南地区的。尧都平阳,即今山西临汾;舜都薄坂,即今山西永济;禹都安邑,即今山西运城。这三个地方都在晋南,其相隔最远距离不到200公里,基本上是南北一条线。史称舜即位到"中国"。"中国"这一称谓的来历,最早就是用于记载尧舜所处的地方的,而这个地方就是晋南,更具体地说,就是从临汾(平阳)到永济(薄坂)这一带地方。这说明,晋南地区确乎是中华民族最早和最重要的发祥地,是中华民族的历史之源与文明之根。如今,陶寺遗址的发掘,就更加从考古学的意义上坐实了这一点。

(2)朱书"文"字扁壶

朱书"文"字扁壶出土于陶寺遗址灰坑H3403。为残器,存留口沿及部分腹片。泥质灰陶,侈口,斜颈,颈、腹间分界明显。腹一面略平,另侧明显鼓凸。耳作桥形,双錾相连在口部鼓凸一侧。器表饰竖条细篮纹,双面各有凹槽两道。口长径 20.8 厘米、短径 9.2 厘米、腹最宽 24.8 厘米、残高 27.4 厘米。朱书"文"字于扁壶鼓凸面一侧,有笔锋,似为毛笔类工具所书。另在扁平的一面尚有两个朱书符号,不识。又沿扁壶残器断茬边缘涂朱一周。当为扁壶残破后所描绘。

陶寺文化居住址水井底部,均见有扁壶碎片的堆积层。可知是一种汲水器。其造型的基本特征是口部和腹部均呈一面鼓凸,另一面扁平,或微凹,以利入水,颈或口部设泥鋬,便于系绳。扁壶皆为手制,其沿用时间与陶寺文化遗址相始终,是陶寺遗址典型器之一。扁壶形制演变系列清楚,早期扁壶口部和腹部的剖面为椭圆形,晚期近半球形;早期扁壶颈、腹分界不明显,晚期呈束颈状;早期扁壶器鋬在颈部两侧,为舌形或柱形,晚期鋬在口部鼓凸一侧,为桥形,且双鋬呈平面相连;中期扁壶则为过渡形式,突出特点是鋬升至口部鼓凸一侧。略外斜,双鋬不相连接。出土朱书"文"字扁壶的灰坑 H3403,属陶寺遗址晚期。朱书"文"字扁壶亦具陶寺文化晚期扁壶的典型特征,距今约 4000 余年。制法以手制为主,轮制极少。陶胎一般比较粗厚,器壁厚薄不均,器形也不甚规整。纹饰以绳纹为主,篮纹和方格纹很少。器形以平底和小平底器为主,有少量的圈足器和三足器,圜底器极少。常见的器形有"釜灶"、鼎、斝、甑、罐、单耳罐、扁壶、折腹盆等,其中以"釜灶"、扁壶、折腹或小口折肩罐、折腹盆最具有特征性。釜灶是一种釜和灶连成一体的炊器,其形式多样。一种器形,上部为一带鋬的圜底罐形釜。灶腹微外鼓,上部有四个烟孔,下有灶门;另一种器形是上部的釜内有一周泥条,似为承箅子或陶甑之用。

查《史记·五帝本纪》:尧晚年让位于舜:"正月上日,舜受终于文祖,文祖者,尧大祖也。"《史记集解》:"郑玄曰:文祖者,五府之大名,犹周之明堂。"《史记索隐》引《尚书帝命验》曰:"五座,五帝之庙。苍白灵府,赤曰文祖,黄曰神斗,白曰显纪,黑曰玄矩,谓之五府……皆祀五帝之所也。"《史记正义》:舜受尧终帝之事于文祖。则"文祖为唐尧之庙号","文祖者,尧大祖也"。朱书"文"字扁壶应是纪念唐尧时专门制作的。"火精光明,文章之祖,故谓之文祖。"则虞舜尊崇唐尧为光明之祖、文章之祖、文明之祖。考古与文献结合,陶寺遗址确为唐尧王国之古都。

考古学与文献学告诉我们:位于襄汾县汾河以东、塔儿山西麓,距今4500—4000 年左右的。这里的窑洞、居址、水井等级分明的墓葬及龙盘、鼍鼓、特磬等重要礼器,预示了中国古代文明的诞生,为尧部落所创造的最初"中国"之所在。

从 20 世纪 50 年代就已开始的陶寺考古发掘,其主要成果是发现了大量地下文物,诸如墓葬、礼器、陶器、铜器、文字等。但自 2000 年开始的城址发掘获得了最新的考古成果,无可辩驳地证明了早在尧、舜时期,这里就已开始了从酋邦社会向早期国家形态的过渡。在这个国家形态中,不仅有各种职能的国家机器,而且有历法、制度、军队、官员、礼典、刑罚、科学技术和禅让意识、民主思想与人才观念等。《尚书·尧典》上说,"帝尧……百姓昭明,……协和万邦"。《尧典》上还说,帝尧亲自主持历法研究,亲派羲和、羲仲观察日落日出,考稽寒暑轮转,制定了一年 360 天的农历。所有这些,都在陶寺遗址发掘中得到证实,陶寺遗址已具备了作为国家都邑的各种必备要素,如屋舍、街道、祭坛、水井、殿宇、庙堂等。

陶寺文化圈在距今 4500 年,已成为黄河流域文化的中心地带,已进入文明王国阶段。200 万年前的陕西蓝田旧石器时代文化的积累与沉积,构成仰韶体系性文化组合体,在文化积累与积淀历程中,在与其他文化区分、区域(如与东北辽西红山文化)的交流、碰撞、裂变、交融中,在文化的相互影响、作用中,不断进出文明火花,而陶寺文化与文明的发生发展的历程中,形成中国文化史、中国文明史上的中心地带和中心位置。

二、"华夏"一词的解读

1. 学界多以华指花,似已成定论。对此,似尚可研究

"逮至尧之时,十日并出,焦禾稼,杀草木,而民无所食。猰貐、凿齿、九婴、大风、封豨、修蛇,皆为民害。尧乃使羿诛凿齿于畴华之野,杀九婴于凶水之上,缴大风于青丘之泽,上射十日而下杀猰貐,断修蛇于洞庭,禽封豨于桑林,万民皆喜,置尧以为天子,于是天下广狭险易远近始有道里。"按:凿,甲骨文作,乃凿字古体,作山中凿玉之形。简书作,像手持一凿凿(拔)牙之形。这应是凿(齿)的本义。

《山海经》与《淮南子》均记"羿与凿齿战于寿华之野","羿诛凿齿于畴华之野"。寿、畴、铸(祝、钼)音义皆同,寿、畴应读如铸。

郭沫若主编《中国史稿》:"如果我们把猰貐、封豨等解释成各个部落中的图腾崇拜,也许更合乎事实,例如大风可能是居于山东境内青丘地区的风夷,封豨可能是住在山东境内的有仍氏的别名,因为有仍也曾经称为卦豕,修蛇也就是三苗,驩兜是他们的著名首领。"

何光岳指出:"寿华,又作畴华,山东泰安一带多有以祝为地名(见第一部分释祝),实与寿、畴、铸音义皆同,应读铸字。这寿华之野,即在泰安一带。这些以祝、寿为名的古地名,恰好与泰安大汶口、曲阜西夏侯、胶县三里河、诸城呈子、邳县大墩子、兖州王因和青莲岗文化等拔牙墓葬相一致,可证凿齿人就分布在这一带地区,与娄人分布相一致。"[1]按何先生所指为寿(畴、祝、铸)地区,而不包括华地区。昆仑虚即指今泰山地区。

华,即铧,金文作李、耒,为农耕之铧犁。华为禹之姓氏之称,华夏即从此来。河南密县、新郑南邻禹县(阳翟),即为华君之土,有夏之居,地在密县、新郑、禹县之间,则这一区域可谓华之野。

古文字学家康殷先生指出:华之铧为铧犁,其原生态为耒耜,为耒、耜。华之金文是耒的象形,而不是花。《周易系辞下》:"包牺氏没,神农氏作,斫木为耜、揉木为耒,耒耜之利以权天下盖取诸益。"耒耜是农业最原始的生产工具,后发展为铧犁。现举古文字学家康殷《古文字形发微》。

2. 古文字形发微

毁文·金八九六不释　　父已禅金八五·不释　　父已毁金

·八六六不释,我们由甲文　　　　　　甲二〇二·释

藉等八扶　形中可知这人手中的　就是这　　　　　　形的省

① 何光岳:《南蛮源流史》,江西教育出版社1988年版,第281页。

文,都即耒形,也即耒字,而这金文的 就是这

形的省文,都即耒形,也即耒

字。而这金文的 形也是古文耒字中的

比较真切细致、完整的耒形——程变曲度近于直角,下端分为两歧的耕
具。说文:来于耕曲木也,《韩非》:古耕者象而执耒者寡也,也都可见耒是,
耕具。《易 传》:探木为素……《考工记》:东人为来庇即耜字议文?注:庇
谓来下歧……也都大致说明了来是弯曲而下分两歧之状,与古文

……相合。这种耕具,大约是由上古人类用以掘土的削尖的

棍棒发展进化而来的,现代四川甘洛族的用的脚犁与 形的古来,仍十分

相近,只是由于已用坚固、锋利的铁耜,所以不再分为两歧,与古 来形小

与而已。请看右图。

耒犁以耕骨,古见裂的耜
的当时若无文献记载,犁字多只见人
名,牛耕只见于文献,最早的大约是
《汉书·食货记》中的用耦犁二牛,三
人……在战国末季,辕铧犁早已普遍
流行,学者仍用书字之耒,而不用新的
犁字,如《管子·海王篇》耕者必有一
耒,一耜一铫,《管子》大家较公认的是出自战国人手中;《韩非》言耕者众而
执耒者寡也,因释其耒而守株;又如《参工记》也被公认是战国时期的作品,
也称耒而不称犁……也稍可见耒犁为一字,最多只是犁是耒的改进,也即使
用牛牵引的新式耒,这大约是最多反映生产情景的古文中独无犁字的真实

原因吧。 甲二〇二·释

藉即人伸臂,执耒而耕的侧视国,  形与石刻中的东犁人基本相似,惟不

作于杨鞭之就,耒前是否有人并力宰之?甲文中这有个作: 形作一豆踏

耒状与掘地状近。四川甘洛族也用脚犁。

实际上如果说耤耕不同的话,大约古以耒耕耦耕?耒形略小,耕的浅些,称为耤: 用牛牵犁以耕,犁文铸铧坚,故以耕者深称为耕,有些差 ,其字则一淡分为二,大儒人说而把耤字画掉,天子专用。古人也常称耒耕如前举《淮南子》:耒而耕《管子》:耕者必有……二字与犁耕,二字意同声近,耒犁殆同实在太巧了,绝非偶然。愚以为它们是古今称呼——古人今音,古今字——即由古代象形字转为后来的形声字,内容上也稍稍进步,改变一耤耕或有贵贱之别?当然这应该再作细致的出土物,知文献的考记才算作完整。其字形变化如右表:

甲文家除 以耒外,还流行着以人臂手之形的

力为耒的, 为多耒社回中集体耕 之省

文 为偶耕之形……按人臂 下有三指省作 仍可用的犁铧已无二致,这大概就是耒的变化过程吧,那么古之耒大约也即后来的犁字了。旧传说,神农作耒,后稷之孙的叔均作犁,自然并不可靠,然而由此可见耒犁出现的前汉之序。

3.耒字象作 ,完全失形,大约汉人也只保存此声,而不知其状,我们如

不见  等古文也无法推测了。而耒犁

二字用指耕具:字声相同,回而疑即指同一物的

古今字——古象形字变为后来的形声字,这类字

很多,后来才分为二字。其所以变化之,大概即

由利用牛耕引起,犁字从牛自是耒字已渐失形,

人们已不知具状且已不能表现牛耕,遂另造反映

这一重大的新技术之文字,故从牛作犁字不但不见于古文,且不少见于

经——如《礼记·月令》:天子亲载耒耜……三公·九卿·诸侯,大夫躬耕帝

耤,耕时用耒而非用犁……大约春秋时期才初露头角,时人竟以为名,如:楚

有伯州犁,莒有犁化公与伯州犁同为鲁昭公时人,再耕字伯牛,司马耕字子

牛,晋又有牛子耕……皆摩登名字,《论语·雍也》也有犁牛之子,之语亦皆

前所未有之事。由此可以推测用牛耕的方法可与犁字的出现,为同时之事,

是当时的农业方面的最重大的技术革命。

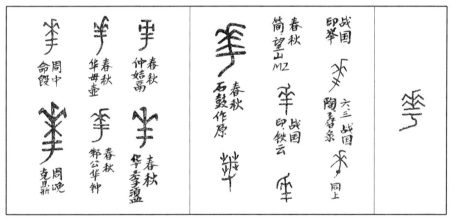

中华民族起于农业,使用(创造)的耒耜农播翻土耕种,则视之为神器、

神物。

夏解者与夏禹组合,恐非是,夏早出于夏禹,夏者大也,大人之像。

甲骨文编(下简称甲)二五四唐兰读释   四七五六不

释 孙　夏多是残文这里的头型 …… 都不过是人首形,也即

甲文的 金文之 文之 首详见拙著《文宗源流浅说》首字而头上的

等形也自然是人发形的简化示意之形,在甲文中有很多比它们更为原

始、完整、细致、鲜明姿态、活泼、栩栩如生的夏形在,例如: 萃十六,译

三一九,不释,都像手中仗戌斧而立耀武扬威的人形——夏,其意同于

下图:

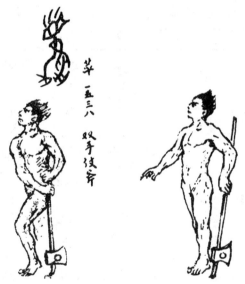

而与此同形的甲文还有各种不同的表现方法,摘要解于左:这个威武雄

健的人形——夏在殷人卜辞中是以被崇祀的神的身份出现的:如卜辞口雨

为其 年华一六。…… 宗·酉·又雨,甲七七九, 宗甲三一

九,乙卯卜·不雨· 宗·木率……南明四四二,壬辰卜·其 羌于 ·寮

九？羌·兹用,续一五一五,癸卯……贞令…… ……七□六

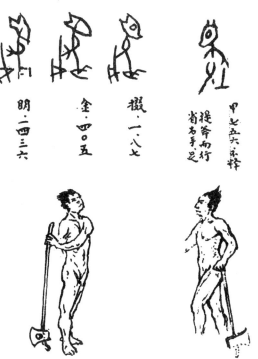

这里的夔夏都很像是一个人变成的神的专名。这一点很容易求证,因卜辞中凡举具祖先之名,名上多加有称谓之词,如:高祖夔、高祖亥、高祖乙……但这夔字却都只作一字 不冠以祖父等专称,尤为明显的是在同一片卜骨上刻有:"其告夏□□于□"。 同时又作:"戊戌负畐覓于高且夔以为对看,把夔夏。"并列下图。

其丁亥𢶇雨于 、 九宰,萃玉,贞𢶇 雨,前六一八三,又卜五三三,戊申卜,寮于 ,雨,南明四二三,……卜、米禾于𢶇寮二牛,没上,二四·九,……酉又 ·虫其甬、萃一大; 禾于𢶇、尚多,…其告米于 口

牛,萃一四,乙未卜·贞·于 ·告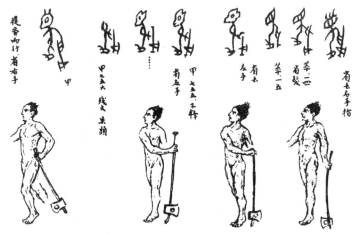存一一九六,辛酉卜· 贞·寮于

·白一牛·二月,人二,……卜 ……孕 ,天六六,甲午卜已贞

马乎 ……佚三七八·邓一二八·一。

除祀夒之外,还酚、祭名'夒宗'以乞雨的。此外夒又是"方名"其词仅一见,对这执斧之意还应略作推测。它和《周礼春官》的大夏为'武舞'《周马法》:"夏执玄钺"的形象相合,却不宜引以为证,"大夏"之舞可能是古舞,而流传到东周《左传·襄二十九》(季礼)"见舞大夏者曰…非禹谁能修之?"可由此舞稍见夏字的古义。

恫嚇人民的仪仗,而非生产工具和战争武器。由此可见,这个执戌而立的人形夒并非生产者或战王而是依靠斧钺刀锯,残酷镇压,威加内外的统治者压迫者的化身,显赫无上的权威者酋长或大奴系主的造像。

我以为这个夒字很可能就是后来所谓的夏后,蛮夏,华夏'大夏'……夏字的本字,初文,暂时可举下述线条理由为证,试作探讨:

甲本作仗斧形之 后渐省去斧形,只作徒手的人形,卜辞中已不乏简

化斧形的 等之例可视为 ,只除一般的人形,物形

已共原意随已晦,它的字形变化暂做如下表:

【说明】一史状盘分明即之稍讹文

曰:"上帝司后? 夏保受天子馆令,厚福丰年,司

后夏",似即"夏后"在此又与"上帝"并提,同为授福

于周"天子"之神,当与商王的祀之 近,由此可证

非商王祖先。

甲释变确像尖耳有尾,足部见爪,以手

捧食的侧视,坐着的猴形又省作: 释

变甲八三○,不释,头作猴头与人 足下有爪

之形有尾,金文图形又作 变金八三五,不释,猴

头形已失,但其尾、爪形宛然与人足之 形迥共,又作

 金周上都是右下图的简化。其后甲文亦多省讹作

 等形之作与人之无别,然此外猴头形

显而且一律有尾,与人形的 <!-- 甲骨文 --> 天牛形的 <!-- 甲骨文 --> 有本质的区别,一目了然,本来是不易也不该相混的。

常常是以高祖夒的面目出现,被殷王隆重的祭祀着,其卜辞甚多,甚明无烦列举。

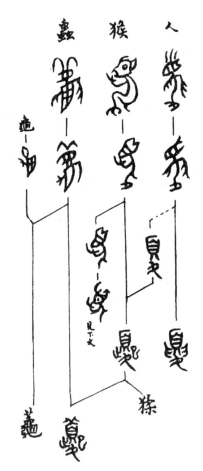

下面把此猴形字的字形变化简揭出来:

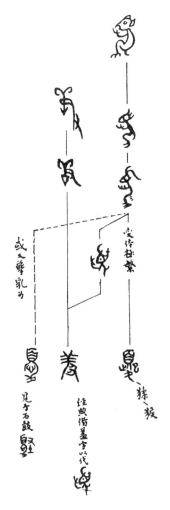

下面还要补述上举铜铭图形的变形：

  夔金八三五，不释，置单独的一个变形于神秘的▢形中，极可

能此"夔"也是崇杞对象，与卜辞习见的祭，"高祖夔变"的性质相

同，果然对此 碓为商殷的造祭祀，纪念其"高祖"之器全品也是

一件标准可信的商器的尺度。形概亦同此。对殷王尊祀夔为高祖也有

几种不成熟的揣测。

（一）夔是以猴形为族徽的一族的首领，又由这族徽而渐转为人，人名。

（二）是否殷代有人来源于人猿、猴之类的远古流传下来的传说在流行，因而以□为高祖？等自然一时还不敢确定。这个哑谜总有一天会在大家多方面努力探讨中水落石出的。①

中华古人源于类人猿，由猿而人，可知，国人早就知道从猿到人的人类进化过程，这在世界文化史上当属首见！

从夏的同义来源最终都涉及人类来源——中国人的来源——20多万年前的中华古人类，从夏字探源中得到实证。

三、华夏中心观

（1）"冀为天下之号"

《尚书·禹贡》记古九州地志，首从冀州始。

"冀州即载"，《禹贡》记古九州地志，首从冀州始。"九州之次，以治为先后。……冀州帝都，于九州近北，故首从冀起。"②"孔安国曰：尧所都也。先施贡赋役载于书也。"③《史记正义》："理水及贡赋从帝都为始也。"

《汉书·地理志》师古注："两河间曰冀州。载，始也。冀州，尧所都，故禹治水自冀州始也。"

九州，从方位概念到中心观念——四风、四方—八方—一个中心。《淮南子·坠形训》在"何谓九州"的问题之下，分列"东南神州""正南次州""西南戎州""正西弇州""西北台州""正北泲州""东北薄州""正东阳州"时，突出标明"正中冀州曰中土"。在古九州观念中冀州为天下之"正中"，为"中土"。对此，近人何宁注："冀，大也。四方之主，故曰中土。宁案：《太平御览》一百五十七引注作'为四方内主'。疑《太平御览》引是也。'内'字正释'中'字。"④"少室、太室在冀州。"高诱注："冀，尧都冀州，冀为天下之号也。"⑤汉代学者认识到《禹贡》以冀州为九州之首的文化意义：冀州是尧舜禹

---

① 康殷：《东方字学发微》，北京出版社1990年版。
② 《尚书·禹贡》《注疏》，《十三经注疏》，中华书局影印本，第146页。
③ 《史记·夏本纪·集解》，中华书局校点本。
④ 何宁：《淮南子集解》，中华书局1998年版，第312页。
⑤ 《淮南子·坠形训》高诱注，《诸子集成》本。

之帝都所在,在九州大区域文化中处于天下之"正中"——天下四海之中心。处在天下发号施令的中心地位。这就出现了天下中心观、王朝中心观。这是从唐尧王国开始的,故以尧都冀州为中心。从血缘观念发展为地缘观念,这是人文地球志学——《禹贡》在中华早期文明史上一个新创造、新发展,整合尧舜文化的新总结。华夏文化中心观、中原王朝中心观是中华民族内部关系秩序化、体系化的核心内容。是华与夷、内与外、天下与四海的政治结构的主要观念形态。这种秩序、这种体系、这种文化生态观念主宰支配着中华民族几千年的文明史。

2."内诸夏而外夷狄"

尧舜时已有"十二州"观念:"肇十有二州。封十有二山,浚川。"①

夏禹时作《禹贡》,建立五服制、九州观,建立了以中央王朝为中心的金字塔式的王朝中心观念,"五百里甸服","五百里侯服","五百里绥服","五百里要服","五百里荒服";"东渐于海,西被于流沙。朔南暨声教讫于四海"。②

天下,四海,中心,四方,在突出中心观念时把四夷边缘化,"蛮夷猾夏,寇贼奸宄",③"这五个大夏都紧紧围绕分布在汾水下游拐弯流入黄河处的晋西南区域内。……由此可知,在晋南,不知有几个地点称大夏,其中有几个地点又称夏墟,以其整个地区都是夏人之居,因而凡夏人居住的地方都可称大夏,夏亡后称为夏墟。就是说晋南这块大地,原是夏人的故墟。"④晋南为尧舜所都之地,禹又承之。故晋南为夏之故墟。

我们认为夏、夏之由族名而为人文地理名称始于唐尧而并不始于夏禹。

黄河流域汾、浍之间的古冀州地区是尧舜禹上古文化的发祥地,是中华早期文明的创始之地。汾、浍之间的晋南古有大夏、夏墟之积(庙底沟类型与陶寺类型融合而为华夏族团),"唐、虞及夏同都冀州"⑤,尧舜禹均建都于

---

① 《尚书·舜典》。
② 《尚书·禹贡》。
③ 《尚书·舜典》。
④ 刘起釪《由夏原居地纵论夏文化始于晋南》,田昌五主编:《华夏文明》,北京大学出版社1987年版,第28—30页。
⑤ 《左传·哀公六年》杜注。

此地区。尧都平阳,即今山西临汾;舜都蒲坂,即今山西永济;禹都安邑,即今山西运城。从临汾到永济的晋南地区是为中华民族与中华文明的发祥地。即所谓大夏、夏墟之地。这个地区在《尚书·舜典》中指为夏族所居之地,"蛮夷猾夏"指蛮夷族扰乱夏族。"迁实沉于大夏,主参,唐人是因",唐尧之地即为大夏。是知尧舜时已有夏、大夏之族称与地名。尧舜自称为夏人,将周边人称为蛮夷;称其地为夏地,后人则以其地为夏墟。夏者,大也,大人也,有权威有权势者也,用以与蛮夷相区别。则夏为自尊之称,自贵之称,王者之称。夏禹继尧舜之后亦王于晋南之大夏之地,继尧舜大夏之美名而命其国为夏,既有继承尧舜正统、中心之义,又有继续发扬大人、权威、王者之义,故尧舜之大夏已与夏禹之夏混淆而不分,人们多以夏禹之夏为大夏之原生形态,而不知尧舜时已有大夏之名了。

华夏作为复合词首见于《尚书·周书·武成》:"华夏蛮貊,罔不率俾。"则华地区与夏地区直至把蛮夷对立化、仇敌化。这种观念与制度成为定式由尧舜创立而为三代所继承。

将九州之外的边疆民族定名为东夷、北狄、西戎、南蛮,并不自《礼记》始。《尚书·尧典》有"嵎夷",《舜典》有"蛮夷""蛮夷猾夏,寇贼奸宄"。是知,尧舜时已有华夏、蛮夷之分别,进而发展为内诸夏与外夷狄两个文化层次。《公羊传》成公十五年(公元前574年):"《春秋》内其国而外诸夏,内诸夏而外夷狄"。国(王)与诸夏、诸夏与夷狄。在双层层次中,夷狄为另一层次。在尧舜文明史时期,形成了中央王国的中心观念,尊重王国,轻视周边,重诸夏,而轻夷狄。前引《淮南子·本经训》中的凿齿、九婴、大风、猰貐、修蛇、封稀均是尧时各有图腾各具文化特征的诸族群,通过战争征服、压迫与驱逐,正反映了唐尧虞舜王国的华夏中心观念。

华夏意识、华夏中心观念构成一种传统观念。尤其从先秦以来,多由华夏——汉族建立中央王朝。这种华夏意识、华夏中心观念在尧舜与夏商周起了整合与凝聚作用,后发展成为中华文化传统的核心内容,深深地影响着中华历史文化的发展。

华夏中心观的确立,改变了前一历史阶段的文化生态,建立了中华文化生态新格局,由华夏文化中心观进而形成中央王国中心观,华夏文化——中央王国在中华历史文化生态学上成为历史文化的主导力量,而将其他文化排斥于中心之外,并藐视之为四夷,构成内诸夏而外夷狄的政治生态结构与文化生态结构,由此形成中华文化传统与结构体系。

新时代的民众观念

1. "天聪明,自我民聪明,天明畏,自我民明畏"

这是夏禹执政后,首次关于天(君主)与民(民众)的关系的论述。

夏禹因治洪水,"唯禹之功为大。"(《史记·五帝本纪》)"禹命诸侯百姓兴人徒以付土,行山表木定高山大川,乃劳身焦思,居外十三年,过家门不敢入,薄衣食,致考于鬼神,卑宫室,致费于沟域;陆行乘车,水行乘船,泥行乘橇,山行乘樏,左准绳,右规矩,载四时,以开九州,通九道,陂九泽,度九山,令益予众庶稻,可种卑湿,命后稷,予众庶难得之食。食少,调有余相给,以均诸侯,禹行相地宜所有以贡,及山川便利。"

13 年在全国治理洪水,克服了各种艰难险阻,开辟了全国道路交通,南方多水可种稻,调剂各地粮食,调有余补不足,并根据各地区的物产及山川情况向国家贡赋。划分王朝及各地区域,建立五服贡纳制度,完成了夏王国的首部人地关系的《禹贡》——人文地理与文明中心观。

夏禹依靠民众实现治理洪水的大业,在这一伟大工程中亲身认识到民众的力量——不是依靠虞舜的"禅让"。当时正是虞舜南征唐尧之子——丹而遭到太子丹及三苗王国的反击而"不返"。夏禹是在治理大洪水的伟大功绩中竖立威信而成王,建立夏禹王朝。

当夏禹征询其大谋士(当为巫者)皋陶如何建国治国时,皋陶曰:"在知人,在安民":在"安民"上皋陶提出"天聪明,自我民聪明;天明畏,自我民明畏"的治国安民的大道;民众看到的既是上天看到的,上天认知的,就是来自民众的认识;上天要赏罚的,就是民众要赏罚的。

在《尚书·大诰》中则用明确的新认知新观念:"天视自我民视,天听自我民听。"上天看到的,就来自民众看到的,上天听到的就来自民众听到的。

天意天命从不违民心,民心向背正是天意,这是天命的直接表达。在中华文化史、文明史上,首次把天命、天意人间化、民众化,突出反映着时代的新变化——这已不是上古时期上天决定一切的时代了!

"南正重司天以属神,火正黎司地以属民",这是颛顼高阳王国的天地人神的时代,到夏禹王国的时已发生了巨大变化,上天——天神已从决定性地位转换为民众是决定性的了! 时代的巨变,在思想文化上有了鲜明、新鲜的变化。天神观念削弱了,人文观念加强了!

2. "民维邦本,本固邦宁"

《五子之歌》中"太康王国"中引用夏禹的话:"太康失邦,昆第五人,须于洛汭,作五子之歌。""太康尸位以逸豫、灭厥德、黎民咸贰、乃盘游无度,畋于有洛之表,十旬弗反,有穷后羿,因民弗忍,距于河,厥弟五人,御其母以从,徯于洛之汭,五子咸怨,述大禹之戒以作歌。"这里论述了夏禹对后代君主的要求与规定——君主文化学。

"一曰皇祖有训:民可近,不可下,民惟邦本,邦固邦宁。予视天下,愚夫愚妇,一能胜予;一人三失,怨岂在明,不见是图,予临兆民,懔乎若朽索之驭六马,为人上者,奈何不敬!"对民众要亲近,不可对其卑下,民众是国家的根本,根本牢固国家才会安宁。我看天下人,一般夫妻,有一技能可以胜过我,一人有三次过失,民众怨恨,则事上不见了,作为万民之上的君主,惊惧着像驾驭六匹马用朽坏的缰绳,作为君主为什么不谨慎呢!

"其二曰:训有之,内作色荒,外作禽荒,甘酒嗜音,峻宇雕墙。有一于此,未或不亡!"——生活不要腐败!"其三曰:惟彼陶唐,有此冀方,今失厥道,乱其纪纲,乃底灭亡!"要以前朝唐尧为榜样。"其四曰:明明我祖,万邦之君。有典有则,贻厥子孙;关石和钧,王府则有,荒坠厥序,覆宗绝祀。"大禹王是万邦的大国,建有法典法则,留祀给子孙们,千千关石不可动摇,如果丢弃这些典则,国家就灭亡,甚至灭绝宗祀不已!"其五曰:呜呼! 曷归,予怀之悲,万姓仇余,予将畴依! 郁陶乎予心,颜厚有忸呢! 弗慎厥德,虽悔可追!"太康失国令人心悲,百姓以我为仇敌,我将往何处去! 我心郁陶,厚着脸皮,很难过;恭敬谨慎对待大禹王的法政,虽然后悔,但可以挽回!

因太康失国,没按大禹王的治国要求而悲伤悔恨,还要挽救故国。

五子之歌,文辞恳切,心情沉重,未按禹王的训诫,以致太康失国,特别强调重视对待民众:民众是国家的根本,根本牢固了国家才稳定安宁。这是前无古人的历史真理、历史规律,中外历史概莫能外。

这个民众是王朝的基本群众,显然是夏禹在 13 年的治理洪水的巨大工程经历中,得到的真理认知。这个认知超越了奴隶社会,而具有普世性价值观念。夏商周的朝代更替,均因其晚期政治与末代君主违背了这么普遍性价值观念,而终致王朝覆灭!

从夏朝开始,建立君主文化观念,表明从奴隶社会到封建社会,均从王朝的兴衰中总结历史经验教训,但在家天下,专制主义的思想文化范畴中,君主文化观念不可能得到彻底贯彻!

中国和谐观产生学史

——伊尹的"和羹"至味观

1. 和谐观的创造

伊尹是佑汤灭夏兴商的大巫者,《史记》记他"负鼎俎以滋味说汤,致于王道。"(《史记·殷本纪》)"鼎为和味,俎者割截"(皇甫谧:《帝王世纪》),则伊尹为庖厨之人,在夏朝当为奴隶。"是以圣人不高山,不广河,蒙耻辱以于世,非以贪禄篡位,欲事起天下利而除万民之害。"(《淮南子·修务篇》指出伊尹为奴隶出具"负鼎俎而干汤",有改变天下之大志向)这是淮南王刘安对伊尹的评语。其中提到伊尹、吕望、百里溪,此三人均为大巫者,淮南王刘安称其为"圣人"。巫觋在新石器时代才在历史文化上发挥作用,他们是通天通地的神职专家,是知天知地的智者、圣者,是中国文化史上的第一代文化人、科学家、思想家。

他将庖厨事务积累的烹饪经验和体会,构成他的烹饪之道,并上升到烹饪哲学,提升为王道——治国之道。

借烹饪变政治,烹饪的材料、方法、资源调配等诸烹饪学是用以影射、影响:阐述治国之道。把复杂的治国之道,化用烹饪之道以说明之。

调和就是调味,"调味就是调和滋味。它是根据原料的性质和成品的要求,通过各种调味品的合理配合来影响原料,形成菜肴滋味的一种操作技术。调味是烹调过程中最为重要的环节,从某种角度讲,人们吃菜的主要目的是品其滋味或味道,而菜肴的滋味或味道的好坏往往取决于调味技术。因此,必须掌握调味技术和有关调味品的各种知识,才能使调制出来的菜肴滋味更加符合人们的口味要求。"

调味的意义:调味在烹调技术中处于关键地位,是决定菜肴风味、滋味和质量的关键因素之一。调味通常与加热相配合,在烹制的不同时机进行(加热前、中、后),从而制成美味佳肴就是"至味"。[①]

伊尹的"和羹""至味"论,只就烹饪学中的调和诸方面做了原则性、规范性的阐释,并未涉及先民食物结构及其演变、农业起源及其发展、农畜饲养的起源及饲喂模式、环境变化、居民迁移、文化交流诸方面在烹饪诸方面的变化(特别中国北方粟作农业及以粟类食物为食的动物家畜饲养等在食物烹饪方面)所构成的食物结构文化因子等均未涉及!

2. "至味"论是伊尹创立的饮食美学

"伊尹负鼎,以滋味说汤","说汤以至味"——至味,至,极也。至味,味之极品,味之最美者。以滋味说汤,说汤至味,是借饮食烹饪之道,以论述其治国之道,这就将饮食烹饪之道提到了一个天下之大道、宇宙之大道的高度来论述。

伊尹的"至味"论的要义。

(1)"凡味之本,水最为始","五味三者,九沸九变,火为之纪"。凡是调味,以水为主,以火为节。水为阴,火为阳,水软火硬,水柔火刚。伊尹以用水用火为"味之本",即,调和阴阳,刚柔相济,为饮食烹饪生态学之本。

(2)"调和之事,以必甘酸苦辛咸"——达到"至味",必须做好五味调和,而和是多种材料的融合,调和成至味,调和各味是"其齐甚微"——十分精妙的事,这是极为精妙而深入细致的工作。

(3)"鼎中之变,精妙微纤"——注意鼎中的千变万化,掌握火候,注意变化,这种变化是"口弗能言,志不能喻"的,其中含有"阴阳之化,四时之数"——"鼎中之变",使其符合天地、阴阳、四时的变化规律,只有应时而变方可做到"久而不弊,熟而不烂,甘而不浓,酸而不酷,咸而不减,辛而不烈,淡而不薄,肥而不腻"。这才是为"至味"。

(4)做到"至味",必须备好各种名贵物资材料——有"肉之美者""鱼之美者""菜之美者""和之美者""水之美者""果之美者"——备料是烹饪的先

[①] 引自戴桂宝等《烹饪学》,浙江大学出版社 2011 年版,第 145 页。

决条件。有了好料、精美的料、上等的料,是达到"至味"的基础。

至味是饮食文化生态学的最高要求和标准,而达到这个要求和标准须通过"至味"的工艺流程。蕴藏着自然辩证法、孕育着自然哲学在其中。

3. 和味美食文化生态观

伊尹的至味论中涉及这个问题("调和之事"),晏婴则明确提出和味生态观,晏婴在论述和与同两种观念的异同关系时,以饮食烹饪为例:他认为和与同是不相同的两种观念,就像"和如美羹焉"——调制一碗羹汤,用"水、火、醋、碱、盐、梅,烹以鱼肉",必要烹饪时使多种材料调和其味(达到"和"——新质和谐),使酸咸适中,酷咸不足,添加梅盐;古人调剂五味,调和五声(音),声音和滋味(烹制)是一个道理,五声六律调和相成,清浊、刚柔相济,方可构成美声德音。

"食物如镜:中国家庭生活的过去,现在和未来。"[1]在夏商易代之际,在成汤灭夏桀建立新王朝的关键时候,伊尹在成汤面前大讲一通"和羹""至味"烹饪大道理,并且把这个大道理和"王道"结在一起,至味与和味是中国古老的饮食美学观,实为政治哲学观,殷商伊尹首倡至味论,并用以辅佐成汤灭夏建商。至味极味,饮食美味之极品,调和、用料,汲取多元文化;晏婴强调和味,周代史官史伯将味提至和与同的对立统一的哲学层面,提至道——宇宙自然的规律上来,并上升为治国之道、为君之道。

殷商伊尹、春秋时的晏婴在中国饮食文化史上首提至味观与和味观。伊尹是帮助成汤推翻夏朝建立殷商王朝的政治思想家。他出身微贱,是有莘氏的奴仆、厨师,负鼎,成汤听说伊尹是个有才有道德的人,任命他为国师,伊尹的辅佐成就了成汤灭夏建商的大业。

伊尹、晏婴、老子、庄子均以庖宰烹饪为喻,阐发各自的人生观念与社会哲学,虽然归之于道,但他们的旨趣是不同的。而从饮食烹饪文化生态的"至味"的最高境界的追求中,体悟出:治国之道,为人之道,则是共同的。

多元文化融合观念,多元文化整合观念——构成为和谐的主要形态,时至今日,仍发挥着它的文化影响力。

---

[1] 景军主编:《一本来自人类学、社会学、政治经济学、营养学等领域的儿童饮食调查报告》,华东师范大学出版社 2017 年版,第 95 页。

4. 伊尹在中国文化史上首次提出"和羹""至味"观念

和的概念,在历史文献上首见于《史记·殷本纪》之伊尹"以滋味说汤,致于王道"。即和羹至味之说——用水用火为"味之本",调和阴阳,刚柔相济,恩威并施为治国之本;而"调和之事",必以甘酸苦辛咸协调各方力量;特别要注意"鼎中之变,精妙微纤";国家之变使之符合天地阴阳四时的变化,掌握变化规律;而做到"至味",需备好各种名贵物资材料:治国应充分发挥调动各种物质的精神的力量,这是"道"——至味之道——"道存于己身而用之于天下之物","己成而天子成,天子成则至味具"——这把和羹至味提高到道的高度,提高到自然规律、治国准则上来,作为治国论、国家文化论、文化生态论,创造了国家文化学的最高境界,创造了"以味为美"的古典哲学观念。和羹至味就在多元文化的整合中达到或创造一个文化生态发展新的平衡境地。这是"食以体政""寓道于食""寓礼于食"的古老观念的具象化。故先秦诸子庖宰饮食与治国之道联系成为一个时代的思潮。如老子之"治大国如烹小鲜"、庄子的庖丁解牛等以庖宰烹饪为喻,阐发各自的文化生态观念和社会哲学。西周末年,周太史史伯与刚刚加封的郑桓公(公元前774年)讨论西周王朝没落形势时,曾就周王朝之"去和取同",造成王朝没落作出分析和概括:"夫和实生物,同则不继";"声一无听,物一无文,味一无果,物一不讲。"这是事物发展规律、社会成败的准则。因此,"于是乎先王聘后于异性,求财于有方,择臣取谏工而讲以多物,务和同也。"多元文化的综合、整合,达到一致,方可谓"和之至也",而周王"将弃是类也而与专同",摒弃多元文化的整合后的一致,专求一律,"天夺之明,欲无弊,得乎?"(《国语·郑语》)失去多元文化的整合,就是上天夺去了国王的聪明而变得愚蠢,国家想要避免没落,是不可能的了!这以西周王朝没落的历史总结,论证了和与同的治国方针的不同结果。从历史事实出发,在分析论证中得出结论,并上升到哲学层面,揭示出各个文化类型、文化门类均须遵循"和实生物"的规律,在多元文化的综合与整合中获得发展,方可获得文化的发展动力,多元文化之间的碰撞、交流、融合后的整合,使得新质文化(文化生态的新形态)极具魅力,极具活力。"和实生物,同则不继",是对王朝兴衰历史实际的总结,是对国家、社会、文化的历史经验的总结,是从历史上升到哲学的文化发展规律的理论概括。

5. 和与同是中华古老的对立统一的哲学观念

孔老夫子有"君子和而不同,小人同而不和"的和与同对立统一的论断,则和与同是古代先秦时期人们流行的一个哲学思想,一个哲学用语,一个哲学概念。

和、同对立统一观是中华古老的哲学观念,也是建设文化强国的强力需要。

"和"的观念,和与同的对立统一观念,理论化、体系化、规律化,是为中国人民的宇宙观念、价值观念;"以和为贵","家和万事兴",是中国人的生活理念,心灵专注。

多元一体的历史文化结构体系,是和、同对立统一哲学在国家历史文化问题上的有效的总结与实施。中国的和平发展,和谐世界的治国理念,正是古老的"和实生物"哲理的新运用新创造。和谐世界应是政治上持久和平、共同繁荣的理念,弘扬民主、和睦、协作、共赢的精神;相互尊重、平等协商、共同推进国际关系民主化的原则;经济相互合作、优势互补、全球共赢的方向;文化上求同存异、尊重多样性、共同繁荣的原则;安全上坚持以和平方式而不是以战争手段解决国际争端,坚持战略互信与合作、互利共赢、共同维护世界和平;在对待地球危机上,重视人口问题、粮食问题、环保节能、再生能源、生态循环等,建立世界性的生态利益观与国际性的生态合作模式,共同维护地球家园。这样,我国的和平发展、和谐社会、和谐世界观点,就构成了我国关于国际政治体系中的政治生态学模式。

优秀传统文化可以说是中华民族永远不能分别的精神家园。"和羹""至味"是文化建造过了的自然与人的和谐统一,是天人合一的宇宙观的具象化,升华为"致于王道",呈现出中华传统文化精华的强大生命力!

这种"和"观念、和谐观念,不仅是时代的观念,也是新时代的观念,它来于生活实践并指导着生活前进,成为时代前进的力量,在历史转换中,在时代转型中,这种观念仍具有强大的生命力,这种历史力量不会断裂,只会前进,只会更加丰富,更具有世界性、全人类性,因为它符合自然、社会发展规律,符合全人类的要求和希望!

殷商的天命观

——夏商政权更迭新模式

《汤 誓》

【题释】

这是汤出师伐桀前的一篇誓词。

汤名履,又称天乙,由于他仁德及于禽兽而深得民心。当时,夏的君王桀荒淫暴虐,再加上诸侯昆吾氏叛乱,汤就率领诸侯,在伊尹的辅助下,消灭了昆吾氏,于是又乘胜讨伐夏桀。

伐桀之前,汤的军民不愿征战,汤就在都城亳誓师,告喻士众吊民伐罪的道理。文中"时日曷丧? 予以汝皆亡",其实反映夏国人民怨恨暴君暴政的心情,十分可贵。

伊尹相汤伐桀,升自陑,遂与桀战于鸣条之野,作《汤誓》。

【译文】

伊尹辅佐汤讨伐桀,从陑地北上,于是同桀在鸣条的郊外开战。战前,誓师告诫士众,史官记述这件事,写成《汤誓》。

(以上是序)

王曰:"格尔众庶,悉听朕言。非台小子,敢行称乱! 有夏多罪,天命殛之。今尔有众,汝曰:'我后不恤我众,舍我穑事,而割正夏?'予惟闻汝众言,夏氏有罪,予畏上帝,不敢不正。今汝其曰:'夏罪其如台?'夏王率遏众力,率割夏邑。有众率怠弗协,曰:'时日曷丧? 予及汝皆亡。'夏德若兹,今朕必往。"

【译文】

王说："来吧！你们众位，都听我说。不是我小子敢犯上作乱！因为夏国犯了许多罪行，天帝命令我去讨伐它。现在你们众人会问：'我们的君王不怜悯我们众人，荒废我们耕种收获的事情，为什么要去征伐夏国呢？'我虽然听到了你们这些人的话，但是夏氏有罪，我畏惧上帝，不敢不去征伐啊。现在你们大概会问：'夏的罪行究竟怎么样呢？'夏王耗尽了民力，剥削夏国的人民。民众怠慢不恭，对他不友好，说：'这个太阳什么时候消失呢？我们愿意同你一起灭亡。'夏的品德坏到这样，现在我一定要去讨伐他。"

（以上是第一段，说明要发动士众讨伐夏桀的原因。）

尔尚辅予一人，致天之罚，予其大赉汝！尔无不信，朕不食言。尔不从誓言，予则孥戮汝，罔有攸赦。

【译文】

希望你们辅佐我这个人，实行天帝对夏的惩罚，我将重重地赏赐你们！你们不要不相信，我不会不守信用。如果你们不遵守誓言，我就会把你们变成奴隶，或者杀死你们，不会有任何赦免。

（以上是第二段，严肃赏罚。）

天，在中国人的心目中，是最复杂的，高高在上，天老爷、天宇、天神、天命、天运、天心、天意，知善恶、知祸福，与人民大众心意相通，水泊梁山的被迫造反的108将举起替天行道的大旗，表达着这些被逼造反的人们，维护天道，成为中国人的心愿良知。天是自然的，又是社会的，是人民大众的愿望，天是道德的，惩恶扬善，封赏良臣善君，惩办暴君暴政，天命殛之。

天命观："天视自我民视，天听自我民听。"天聪明、自我民聪明；天明畏，自我民明畏。天意、天命是从民意、民心来；民心向背，体现着天意天命——天命人间化、人情化、人文化——人算不如天算，人定胜天，这是夏商周时建立的新时代的天命观。

成汤是夏王朝的一个属臣——商侯，是王朝部落联盟一员；夏王朝最后一代夏桀："今尔有众，汝曰：'我后不恤我众，舍我穑事，而割正夏。'""夏王率众竭力，率割夏邑"；"曰时日遏丧，予及汝皆亡"——夏王耗尽民力，最削夏国民，民众怠慢不恭，他说："这个太阳什么时候消亡，我愿意同你们灭亡"。

不爱民众,不爱民力,引起民众的反抗,而夏王却说:"天之有日,犹吾之有民,日有亡哉,日亡吾亡矣。"(《史记·殷本纪》)自比太阳,太阳永远不会消亡,我也不会消亡,太阳消亡了,我才会灭亡。

但是,夏桀自比为太阳,永不灭亡。这是一个独夫民贼的妄想,因为他不明白:民心向背是决定性的,"有夏多罪,天命殛之",这才是决定性的,天命就是民心,就是民心向背,这成为朝代更迭的决定性的力量,成汤之讨伐夏桀,是"致天之罚",得到全国人民的拥护和支持:"时日曷丧予及汝皆亡"——民众要求太阳消失,愿意和他一起灭亡——万众一心,灭亡夏朝。

《汤誓》是一讨伐夏桀的檄文,一篇战斗誓言,一篇广大人民群众灭亡夏朝的决心令。在夏桀自喻为永不消失的太阳背景上,破除了夏桀的梦想(神权),表达了广大人民群众的强烈的灭亡夏桀的决心和愿景,获得了人民的支持,实现了灭亡夏王朝的战略计划。这是夏商王朝更迭的新模式的一个创造。

"万邦有罪，在予一人；予一人有罪，无以尔万邦"

《汤诰》

【题解】

汤率领诸侯军在安邑西的鸣条把桀打得大败，又乘胜消灭了三嵏（zōng宗），各诸侯都归服汤，于是汤登上天子位。回到都城亳之后，各诸侯国都来朝见，汤趁机向天下昭告了讨伐夏桀的大道理，史官记录了这件事，写成《汤诰》。在这篇诰词中，极力强调天道福善祸淫，汤伐桀是率行天命，最后告诫万方诸侯要奉公守法，希望刚刚建立的殷商有一个好的结果。

《史记·殷本纪》也记载了汤伐桀还亳后，至东郊作《汤诰》告诸侯群后，并引了三段诰词，但与本文完全不同。本文主要是向万方诸侯申述为什么要伐桀的大道理，《史记》引文主要是告诫诸侯群后要有功于民，如果不有功于民，就将受到惩罚，乃至于失国。可参看。

汤既黜夏命，夏归于亳，作《汤诰》。

【注释】

①[黜(chù)处]废除。[夏命]夏朝的王命。

②[归]回。

【译文】

汤废除了夏的王命以后，又回到了亳，作《汤诰》。

（以上是序。）

王归自克夏，①至于亳，②诞告万方。③ 王曰："嗟！尔万方有众④，明听予一人诰⑤。惟皇上帝⑥，降衷于下民⑦。若有恒性⑧，克绥厥猷惟后⑨。夏王灭德作威，以敷虐于尔万方百姓⑩。尔万方百姓，罹其凶害⑪，弗忍荼毒⑫，并告无辜于上下神祇。天道福善祸淫⑬，降灾于夏，以彰厥罪⑭"

【译文】

汤王从打败夏桀以后回来，到达国都亳，大告万方诸侯。王说："唉！你们万方的士众，请听清楚我的告诫。伟大的上帝，赐福给我们下民。顺从人所有的固有的通性，能稳妥地制定礼法，那就是做国君的方法。夏王灭绝道德，制定酷刑，对你们万方的百姓实行暴政。你们万方的百姓，遭受夏的凶害，不能忍受残害的痛苦，都向天地的神灵诉说自己没有罪恶。老天的法则是降福给善人，降祸给恶人，因此，对夏降下灾祸，用来显示他的罪恶。"

（以上是第一段，指出天无偏私，福善祸淫是老天的基本法则，夏灭亡是老天降灾的结果。）

---

① 自，从。克，战胜，攻破。
② 亳(bó 博)，汤的国都。故址在今河南商邱县北。
③ 诞，《孔传》："诞，大也。"
④ 有，名词词头，没有意义。
⑤ 予一人，古代天子自称。
⑥ 皇，《尔雅·释诂》："大也。"
⑦ 衷，《孔传》："衷，善也。"
⑧ 若，顺从。恒性，常性，通性。
⑨ 绥，安稳。猷，道，法则。《诗·小雅·巧言》："秩秩大猷，圣人莫之。"郑玄说："猷，道也。大道，治国之礼法。"后，君王。
⑩ 敷，布行。虐，暴政。
⑪ 罹(lí 离)，遭遇。
⑫ 荼(tú 途)毒，残害。《诗·大雅·桑柔》："民之贪乱，宁为荼毒。"孔颖达说："荼，苦叶；毒者，螫(shì 是)虫。荼毒皆恶物。"
⑬ 福善，降福给好人。[祸淫]降祸给邪恶的人。淫，邪恶。《商君书·外内》："淫道必塞。"
⑭ 彰，显示。

肆台小子①，将天命明威②，不敢赦③。敢用玄牡④，敢昭告于上天神后⑤，请罪有夏⑥。聿求圣元⑦，与之戮力⑧，以与尔有众请命⑨。上天孚佑下民⑩，罪人黜伏⑪，天命弗僭⑫，贲若草木⑬，兆民允殖⑭。俾予一人辑宁尔邦家⑮，兹联未知获戾于上下⑯，栗栗危惧⑰，若将陨于深渊⑱。

【译文】

因此我要奉行天命，表明天的威严，不敢赦免桀的罪行。我冒昧地用黑色的公牛做祭祀的供品，明确地告诉天地的神灵，请他们给夏降罪。于是，求得大圣贤伊尹，与他同心协力，替你们众人请求神灵保全性命。上帝信任并且保佑下民，罪人夏桀逃跑屈服了。天命之差，给夏降罪以后，天下灿然像草木一样繁荣，亿万百姓也因此乐生了。天使我这个人让你们的国家和睦安宁。这次讨伐夏桀，我不知得罪天地没有，内心十分恐惧，好像将会掉进深渊一样。

（以上是第二段，指出汤伐夏桀上顺天意，下合人心。）

---

① 肆，《蔡传》："肆，故也。"台(yí移)，我。

② 将，奉行。《诗·大雅·烝民》："肃肃王命，仲山甫将之。"郑玄说："仲山甫则能奉地之。"明威，表明天的威严。

③ 赦，意思是免除桀的罪行。

④ 玄牡，黑色的公牛。《礼记·檀弓》："夏后氏尚黑，大事敛用昏，戎事乘丽，牲黑玄。殷人尚白，大事敛用日中，戎事乘翰，牲用白。"这里汤用玄牡，是商刚建国，仍用夏的礼制。

⑤ 后，后土。古代指地神或土神。参见《书·夏社》注。

⑥ 罪，降罪。

⑦ 聿，(yù玉)遂，于是。元圣，大圣贤，指伊尹。

⑧ 戮(lù)路，通"勠"，并力，勉力。

⑨ 请命，请求保全生命。

⑩ 孚，为人所信服。佑，保佑。

⑪ 黜伏，逃跑屈服。

⑫ 僭(jiàn)见，差错。

⑬ 贲(bì必)，文饰。《孔传》："贲，饰也。"《广雅·释诂》："贲，美也。"

⑭ 殖，孳生。允，以此。《经传释词》："允，以也。"

⑮ 俾(bǐ比)，使。辑，和睦。《诗·大雅·板》："辞之辑矣，民之洽矣。"《毛传》："辑，和洽。"

⑯ 兹，此，指伐桀这件事。戾(lì利)，罪。

⑰ 栗栗，畏惧的样子。

⑱ 陨(yǔn允)，坠落。

147

凡我造邦①，无从菲彝②，无即慆淫③，各守尔典④，以承天休⑤。尔有善，朕弗敢蔽；罪当朕躬，弗敢自赦，惟简在上帝之心⑥。其尔万方有罪⑦，在予一人；予一人有罪，无以尔万方⑧。呜呼！尚克时忱⑨，乃亦有终⑩。

【译文】

凡是我建立的诸侯国，不要遵从不按常规的法则，不要过分追求享乐，要各自遵守你们的常法，接受天赐的吉祥。你们有好的方面，我不敢隐瞒掩盖；我本身有罪，不敢自己宽恕，因为已经考察在上帝的心里去了。如果你们万方诸侯有罪，罪在我一人身上；如果我一个人有罪，就不必连累你们万方诸侯。啊！但愿我能够这样诚信，就也会有一个好的结局。

（以上是第三段，告诫各诸侯国要遵守常法，并表明自己的诚意，希望能有一个好结局。）

这是成汤征伐夏桀时在《汤诰》中的话。

成汤灭夏是中国史上首次政权更迭用文字形式记名下来。

成汤原为夏的侯国，汤灭夏，以下犯上，在普通人心目中是罪过。《史记·殷本纪》："汤归至于泰卷陶，中垒作诰，既绌夏命，还亳作《汤诰》：维三月，王自至于东郊。告诸侯群后：'毋不有功于民，勤力乃事。予乃大罚殛女，毋予怨'，'不道，毋之在国，女毋我怨。'以令诸侯。"

汤伐桀在传统观念认为是以下犯上，在家天下的传统观念中，是违背者，犯罪行为，成汤需要在诸侯群臣中，在社会上，须要做出解释，对夏王有罪，天命殛之的天命观，需要人们接受，这才"有罪同责，有罪责己"的新思想

---

① 造邦，建立的诸侯国。意思是夏朝已经灭亡，商朝已经建立，原来的诸侯国同商建立了新的关系，所以也是商朝所建立的了。

② 无，通"毋"。匪，通"非"。彝（yí 移），常道，法度。《诗·大雅·烝民》"民之秉彝"，《毛传》："彝，常。"郑玄说："民所执持有常道。"

③ 即，就，靠近。慆淫，享乐过度。

④ 典，常法，法则。

⑤ 天休，天赐的吉祥。休，美善。

⑥ 简，简阅、专察。

⑦ 其，如果。

⑧ 无，通"毋"。以，用。

⑨ 尚，庶几，表示希望的副词。时，通"是"，代词。忱，诚信。

⑩ 终，好的结局。

新行为,用以消除社会上的怨情疑问,方可团结大众,建立新王朝。打破传统观念、团结民众,建立新王朝——这创造了一个新思想文化。提高了人民群众的权利地位一起超越了神权社会观念,突出了"问罪责己"新思想文化——建立了新的君主文化学。

一个新的君主的气度,以至于担当的胸怀,建立了新的思想文化制度与传统,成为中华文化的精华与传统。成汤的言行,呈现为殷商王朝建立过程中所表现出来的人文精神。

王朝寿命长短,在德不在祭(神鬼)

一、《高宗肜日》

【题解】

高宗,殷商的第二十三代君主武丁。肜日,肜祭之日。按照《书序》和《史记·殷本纪》,都说是高宗武丁祭成汤,有只山鸡飞到祭器上鸣叫,武丁恐惧,他的贤臣祖己作《高宗肜日》训王。

近人根据甲骨卜辞的记载,认为肜日之上的人名,是被祭祀的祖先,而不是主持祭祀的人。那么,《高宗肜日》应该是后人祭高宗,不是高宗祭成汤。

本文可能是武丁死后,他的儿子祖庚继承帝位,在肜祭武丁时,祖己训导祖庚的记录。

高宗祭成汤,有飞雉升鼎耳而雊,祖己训诸王,作《高宗肜日》《高宗之训》。

【译文】

高宗武丁祭祀成汤,有一只野鸡飞到祭祀用的鼎耳上鸣叫,祖己训导祖庚,作《高宗肜日》和《高宗之训》。

(以上是序。)

高宗肜日,越有雊雉。祖己曰:"惟先格王,正厥事。"乃训于王。

【译文】

肜祭高宗的那一天,有一只野鸡鸣叫。祖己说:"要先宽解君王的心,然后再纠正他祭祀的不当。"于是训导祖庚。

(以上是第一段,祖己作《高宗肜日》的由来。)

曰:"惟天监下民,典厥义。降年有永有不永,非天夭民,民中绝命。民有不若德,不听罪。天既孚命正厥德,乃曰:'其如台?'"

【译文】

祖己说:"老天监视下民,表扬他们遵循义理行事。老天赐给人的寿年有长有短,并不是老天使人夭折,而有些人不按义理办事而中途短命。有些人有不好的品德,有不顺从天意的罪过。老天已经发出命令纠正他们不好的品德,他们却说:'要怎么样呢?'"

(以上是第二段,祖己宽解祖庚,老天是遵循义理行事的,不必因为肜祭时的异常现象而恐惧。)

"呜呼!王司敬民,罔非天胤,典祀无丰于昵。"

【译文】

"啊!先王继承帝位敬重百姓,无非都是老天的后代,在祭祀的时候,父庙中的祭品不要过于丰厚啦。"

(以上是第三段,祖己告诫祖庚,对自己亡父武丁的祭祀不要过于丰厚。)

《尚书·商书·高宗肜日》和《史记·殷本纪》:

> 高宗祭成汤,有飞雉升鼎而雊。祖己训诸王,作《高宗肜日》、《高宗之训》。高宗肜日,越有雊雉。祖己曰:惟先格王,正厥事,乃训于王。曰:惟天监下民,典厥义。降年有永有不永,非天夭民,民中绝命,民有不若德,不听罪。天既孚命正厥德,乃曰其如台?呜呼!王司敬民,罔非天胤。典祀无非于昵。(《尚书·高宗肜日》)

> 帝武丁祭成汤,明日,有飞雉登鼎耳而雊,武丁惧。祖己曰:"王勿忧,先修政事。"祖己乃训王曰:"唯天监下典厥义,降年有永有不永,非天夭民,中绝其命。民有不若德,不听罪,天既附命正厥德,乃曰其奈何。呜呼!王嗣敬民,罔非天继,常祀毋礼于弃道。"武丁修政行德,天下咸欢,殷道复兴。(《史记·殷本纪》)

高宗武丁因"有飞雉升鼎(耳)而雊"而惧,祖己"训诸王"这件事——

"飞雉升鼎(耳)而雊"在殷青铜器铭上有记载：

据"中子𰀈弜父丁觥"的铭文"中子𰀈弜乍父丁障彝贤籀"（对铭《续殷》下，廿九），"弜父丁鼎"铭"弜乍文父丁鍊贤籀"（《恪斋》三·十三）。籀字形作雉在鼎上，并以"贤籀为徽记。可知𰀈为武丁时人，这两件青铜器就是"𰀈庆祝商王武丁以祥雉为德"，由𰀈之后裔作器以资纪德。雉雊之异为商王武丁时的大事，这个𰀈就是殷商历史上大名鼎鼎的祖己。𰀈在商周青铜器上作𰀈侯亚𢆶、亚𰀈侯𢆶、𰀈𢆶、亚𰀈𢆶、𢆶多种刻铭，可统称之为亚𢆶，"在商周青铜器中……亚𢆶铜器的总数约有二百件，相当引人注目"。曹、殷二位先生把这些铜器按形制分为三组，"分别代表了三个不同的阶段"：第一组"约与殷墟前期相当"；第二组"与殷墟后期铜器的形制、作风一致，时间也当接近"；第三组"约当商末周初"。"这三组亚𢆶铜器的年代上限约当商王武丁前后，下限可至西周康昭之际，表明这一族氏在商周历史上至少存在了三百年左右。"①

𰀈侯亚𢆶是𰀈侯与亚𢆶合文，𰀈侯为封爵，亚𢆶的𢆶即疑的本字，亚𢆶乃贞人卜史之长。金文又常称疑，其字上加己，"为东方𰀈国特造的国名专字，在殷代卜辞金文里，并不用作其他意义。书体作𢍜、作𢍜，作𰀈，殷周一系相承，也不以它体代替，从后文许多金文中，更能看出。"②"𰀈字的应用，在卜辞和殷代金文中，先后只有一个𰀈国的国名，正说明了𰀈为𰀈国新字，更说明了𰀈以东方国家读'其'为己，最晚是殷代东方的古读。"③

王献唐、金岳、曹淑琴、殷玮璋诸家均论定𰀈侯亚𢆶"在武丁时代已经存在"④，"𰀈既为国的专名，自有其本国的历史和地理范围。只有在少数场合仍用'其'，如𰀈女之名增女为娸，《说文》：'娸，人姓也。'甲骨文𰀈女嫁后或名娸，武丁卜辞有'[妇]娸冥'（《合集》5.13954）可证。是即𰀈女嫁殷王室为妇者，妇名去女旁为母家国名，娸字去女旁即为其，其即𰀈之本字，乃𰀈侯

① 曹淑琴、殷玮璋：《亚𢆶铜器及其相关问题》，《中国考古学研究》，文物出版社1986年版，第191—195、196页。

② 王献唐：《黄县𰀈器》，山东人民出版社1960年版，第67页。

③ 王献唐：《黄县𰀈器》，山东人民出版社1960年版，第25页。

④ 曹淑琴、殷玮璋：《亚𢆶铜器及其相关问题》，《中国考古学研究》，文物出版社1986年版，第196页。

的国名"。武丁卜辞有"贞：翌乙丑，令吴，不遘雨"（《合集》5.12595），"呼吴告中王壴"（《英集》1861正），"吴往来亡祸"（《合集》2.4448）。[1] 据此，我们认定这个"吴侯亚吴"就是商王武丁时代大名鼎鼎的祖己。

祖己氏为殷商之大族、重臣，为王决疑之贞人，其族团继承"吴侯亚疑"爵号，世代为"亚疑""疑"——贞人。

王献唐与金岳据"吴公作为子叔姜（媵）盨壶"（《薛氏》12.9），"王妇吴孟姜作旅匜"（《三代》12.32.2），"吴白（伯）宼左（左）媵姜无颣盘"（王献唐《黄县吴器》51页），论定吴为姜姓，"吴国并未因商周灭亡随之灭亡，仍然存在，仍然保持姜姓统治权，直到战国初期"[2]。还考定吴国地望在山东。

1973年辽宁喀左北洞村出土的斐方鼎、1975年内蒙哲里木盟出土的邢姜太宰巳簋、1997年香港新获见的吴侯簋均属近些年所发现的祖己——吴侯亚吴族团的遗留。（按：有人曾误以"斐方鼎"铭文"吴侯亚吴"为商末周初的箕子，实为一个史学误区。）

丁山以为祖己为己氏，对此，王献唐指出己乃纪的初文。"经传史籍都作纪，金文都作己，从来没有把他写作吴的证据，更没有把己写作吴的证据……（它们）只是两个国家，始终各写各的书体。"[3]是知祖己不是己氏。

二、祖己的政教观

在祭祀先祖先王成汤的礼仪中，"有飞雉登鼎耳而雊"，这一怪异之事，使"武丁惧"。武丁以外藩（旁支）入继大统，希望通过肜祭先祖先王成汤以得到对其地位的承认，雉雊之异的发生，使武丁震动、惊惧，使其失去信心。

这与太戊时，"亳有祥桑谷共生于朝"——宫殿上生长野草使"帝太戊惧"一样，"大戊拱木，武丁雊雉，皆感变而惧"；"天或有谴告"。[4] 因此怪异之事而惧，正认为这是"天或有谴告"——上帝的一种责问。而雉雊之异又正是在"祭成汤"的仪式中发生的，使武丁认为是先祖先王成汤对其"谴告"

---

① 金岳：《北方民族方国历史研究》，中州古籍出版社1994年版，第377页。

② 王献唐：《黄县吴器》，山东人民出版社1960年版，第123页。

③ 王献唐：《黄县吴器》，山东人民出版社1960年版，第72页。

④ 《尚书正义》，《十三经注疏》影印本，中华书局1979年版，第176页。

吧。这一事件是涉及神权与王权的关系的一个大问题。

"大戊拱木,武丁雊雉",这是一种灾异,伊陟与祖己认为这是"帝之政其有阙"——政治上有缺失错误,要求君王"帝其修德""惟先格王,正厥事"。

"雊雉之异"发生在祭祀先祖先王成汤的大典上,祖己据此"训王",则祖己当是管理宗庙祭礼的祝宗卜史一流人物,亦即与伊尹、傅说一样是"当时最重要的知识分子,能知天知地,是智者也是圣者"①。

在祖己的训辞中有两个要点:一是"惟天监下民,典厥义"——上帝监管下界民众,实行义理、天道。民众的寿夭,国家的兴亡盛衰,正在于是否遵守义理、天道。即所谓"天既以义为常,知天命之长短,莫不由义"②。在这里,祖己宣扬了上帝这种神秘力量的人间化、社会化和秩序化,它是一种超越社会与人间的自然之神,它洞晓人间社会的一切,"天监下民"——祖先神也在其中——上帝即通过祖先神监管下民,君王也在其监管之下。这就表现为上帝与祖灵崇拜结合产生的义理、天道观念的秩序化。只要按照这个义理、天道行事,可不必因雊雉之异而惊惧。二是祭祀观念与制度的变革——"王司敬民,罔非天胤",民众都是老天的后代、上帝的子民,君王应爱护、尊敬他们。这种"罔非天胤"观念中增加了很大的人文成分。最后提出"祀典无丰于昵"——祭礼过于隆重,祭品过于丰厚,不合义理、天道——即"若特丰于近庙,是失于常道"③。《史记·殷本纪》直记"常祀毋礼于弃道"。伊尹在《伊训》中反对"巫风""淫风""乱风";傅说在《说命》中指出"礼烦则乱,事神则难";祖己则提出"祀典无丰于昵",均是对殷商王朝的"殷人尊神,率民以事神"的传统宗教文化的怀疑与改造,是通过整顿祭祀仪礼之学以达到整顿人间社会秩序的目的。④ 简化了神秘而繁琐的祭祀仪式与制度,增强了殷商文化中的人文因素,从而建立了新的完全符合天道的适合王朝发展的祭祀制度,解决了武丁的疑惧,巩固了统治。"武丁修政行德,天下咸欢,殷道复兴。"⑤

---

① 张光直:《中国青铜时代》,三联书店1999年版,第256页。
② 《尚书正义》,《十三经注疏》影印本,中华书局1979年版,第176页。
③ 《尚书正义》,《十三经注疏》影印本,中华书局1979年版,第176页。
④ 参考葛兆光《中国思想史》第一卷,复旦大学出版社1998年版,第101页。
⑤ 《史记·殷本纪》。

政权巩固了,武丁开始对周边用兵。据卜辞与史料可知,武丁征伐鬼方、吉方、土方、危方、马方、㫃方、鬻方、虔方、祺方、𢀒方、印方、龙方、猷、下由、虎方、莞方、周等古族古方国。[①]

"武汤(今本伪武丁)孙子,武丁(今本伪武王)靡不胜,龙旗十乘,大糦是承。邦畿千里,维民所止。肇域彼四海,四海来假。"[②]这是对武丁开疆辟地的功烈的歌赞。武丁的征伐使殷商版图南至于江淮,北至河套辽沈,西达渭汭,与周接壤,可谓创建了亚洲东方的奴隶大王国。

张光直先生说:"如果商汤、伊陟、傅说、箕子等王室宫廷中的贵人也都具备巫师的本事,他们也就和巫咸、巫贤、巫彭等人一样也都是巫。""商代第一个王商汤为了求雨亲自'斋戒剪发断爪,以己为牲,祷于桑林之社'。伊尹的儿子伊陟为帝太戊解释祥桑一暮大拱的意义,而武丁相傅说(实为祖己)为武丁解释雊鸟飞于鼎耳,这都是巫师一类人物的本事。可能商代专职的巫才称巫,而王室官吏虽有巫的本事却不称巫。"[③]傅说、祖己作为商王武丁时期的巫史人物,作为武丁重新选用的精英文化集团,以他们的才能与智慧帮助武丁解决了内忧外患,继承并发扬了成汤伊尹所建立的王朝典章制度与文化传统,改革王朝祭祀礼仪制度,增大了殷商奴隶社会的人文因素,推动殷商王朝走上繁荣而强大的道路,"肆高宗之享国五十有九年",揭示了殷商王朝文化发展与变化的轨迹。

傅说与祖己均把"德"与"道"作为治国路线,作为他们的国家论与君主论的核心与最高标准,他们上承成汤伊尹,开启了两周及其后世以道自任、士志于道的文化传统。傅说与祖己(𢀒侯亚矣)是我国自有文字传世以来第一代知识分子,是继伊尹之后最具文化品格的中国古代第一代文化人。

夏商周仍在神权世界范畴中,祖己作为巫觋人物在高宗祭成汤(祭奠祖先神)时"有飞雉升鼎耳而雊",这是一件非常事件,时人认为是祖先神不满高宗的执政,而祖己却"惟先格王正厥事"——为之解决这一非常事件,以解除高宗的疑虑"天即孚命正厥生"——这是上天对高宗的警告,要求他改过

① 参考丁山《商周史料考证》,中华书局 1988 年版,第78—98 页。
② 《诗·商颂·玄鸟》。
③ 张光直:《中国青铜时代》,三联书店 1999 年版,第257—259 页。

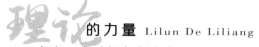

自新——改正错误,恢复法政,"典祀无丰于昵"—祭祀时,不要过于丰厚——不必如此重视祭祀——不必过分尊重鬼神,在神权世界中提出这种观念是对传统观念改造,对神权观念的改造!

新观念频繁出现对传统文化不断冲击,说明时代不变化,新时代要来了!

饮食——殷商王朝政治生态文化论

民以食为天，是农业民族的文化心理结构

殷商文化发展到殷纣王时代，发生了巨大变化，这从殷纣王的饮食文化中可以得到证明。

饮食文化是物质的也是精神的。

人类饮食文化类型与其所处的自然环境、经济类型和生产力发展水平有着密切关系。而殷人在占有中原之后，他们的生产力已经达到可以大规模地使用奴隶劳动的程度，这种社会生产力的发展、社会经济的日益发展、社会财富（主要是奴隶主的财富）不断增加，刺激并提高了社会生活的水平与质量，也刺激并提高了统治阶级对财富的贪欲、对生活的需要，饮食文化是最能反映社会物质文化与精神文化的水平与质量的。

关于殷纣王的饮食文化的史料中显示的行为，多被历代人们所批判和否定，从历史的也从现实的角度，尚可从中发现一些新问题、新信息。

饮食文化结构的变化

《韩非子·喻老》："昔者纣为象箸，而箕子怖。以为象箸必不加于土铏，必将犀玉之杯；象箸、玉杯，必不羹菽藿，则必旄象豹胎；旄象豹胎，必不衣短褐而食于茅屋之下，则锦衣九重，广室高台。吾畏其卒，故怖其始。居五年，纣为肉圃，设炮烙，登糟邱，临酒池，纣遂以亡。故箕子见象箸以知天下之祸。"这是记箕子见微知著，反映一位政治家的政治敏感。《韩非子·说林上》："纣为象箸而箕子怖，以为象箸必不盛羹于土簋，则必犀玉之杯；玉杯象箸，必不盛菽藿，则必旄象豹胎；旄象豹胎，必不衣短褐，而舍茅茨之下，则必锦衣九重，高台广室也。称此以求，则天下不足矣。圣人见微以知萌，见端

以知末。故见象箸而怖,知天下不足也。"

这里重复《喻老》篇,但较之更为明确深刻,褐橥箕子大政治家的风貌,也褐橥殷纣王饮食结构发生了巨大变化。这两段文字为史迁所吸取:

"箕子者,纣亲戚也。纣始为象箸,箕子叹曰:'彼为象箸,必为玉杯;为杯,则必思远方珍怪之物而御之矣。舆马宫室之渐自此始,不可振也。'纣为淫佚,箕子谏,不听。人或曰:'可以去矣。'箕子曰:'为人臣谏不听而去,是彰君之恶而自说于民,吾不忍为也。'乃被发详狂而为奴,遂隐而鼓琴以自悲,故传之曰《箕子操》。"(《史记·宋微子世家》)

象箸、玉杯是饮食器皿,器皿的变化对应着食物内容质量的变化,也正是由于饮食结构发生变化,饮食质量的提高,随之则是其饮食器皿也必然发生相应的变化:"象箸""犀玉杯""旄象豹胎""远方珍怪之物"对应"土铏"(陶制器皿)、"菽藿"(野菜、粮食);而饮食结构的变化必然引起社会生活的相应变化:"旄象豹胎,必不及短褐而食于茅屋之下,则锦衣九重,广室高台"——饮食文化与服饰文化、建筑文化相对应,并呈现平衡发展态势。饮食文化的巨大变化必然造成"舆马宫室之渐自此始"——促使社会生活发生重大变化,人们的观念也必然随之发生变化。正是从这种不可遏止的变化中,作为殷商思想文化的代表的箕子从中看到了社会的巨大变化,也看到了(预见到)社会的危机,由此产生了饮食文化上的忧患意识。

殷纣的超时代生活形态

1.酒文化

《韩非子·说林上》:"纣为长夜之饮,欢以失日。问其左右,尽不知也。乃使人问箕子。箕子谓其从曰:'为天下主,而一国皆失日,天下其危矣。一国皆不知,而我独知之,吾其危矣。'辞以醉而不知。"

《吕氏春秋·过理》:"亡国之主一贯……糟丘酒地,肉圃为格,雕柱而桔诸侯,不适也。刑鬼侯之女而取其瑰,戮涉者胫而视其髓,杀梅伯而遗文王其醢,不适也。文王貌受以告诸侯。作为璇室,筑为顷宫,剖孕妇而观其化,杀比干而视其心,不适也……夏、商之所以亡也。"

《韩非子·喻老》:"居五年,纣为肉圃,设炮烙(按:炮烙为炮格之误,为饮食奢侈之事,盖取肉置格上,炮而食之),登糟丘,临酒池。纣遂以亡。"

《史记·殷本纪》:"帝纣资辨捷疾,闻见甚敏;材力过人,手格猛兽;知足以拒谏,言足以饰非;矜人臣以能,高天下以声,以为皆出已之下。好酒淫乐,嬖于妇人。爱妲己,妲己之言是从。于是使师涓作新淫声,北里之舞,靡靡之乐。厚赋税以实鹿台之钱,而盈钜桥之粟。益收狗马奇物,充仞宫室。益广沙丘苑台,多取野兽飞鸟置其中。慢于鬼神。大聚乐戏于沙丘,以酒为池,县肉为林,使男女倮相逐其间,为长夜之饮。"

《史记集解》如淳曰:"《新序》云鹿台,其大三里,高千尺。"瓒曰:"鹿台,台名,今在朝歌城中。"《史记正义》:"《括地志》云:鹿台在卫州卫县西南三十二里。"

《史记集解》服虔曰:"矩桥,仓名,许慎曰钜鹿水之大桥也,有糟粟也。"《史记正义》引《括地志》云:"沙丘台在邢州平乡东北二十里。《竹书纪年》自盘庚徙殷至纣之灭二百五十三年,更不徙都,纣时稍大其邑,南距朝歌,北距邯郸及沙丘,皆为离宫别馆。"《正义》引《括地志》云:"酒池在卫州县西二十三里。《太公六韬》云纣为酒池,迴船糟(丘)而牛饮者三千人为辈。"

上述史料,告诉人们:殷纣王把殷商传统的酒文化发扬到极致——疯狂到忘了时间,忘了一切,以致有酒池、肉林的记载。奢侈腐败到这个地步,不亡何待!

据查:殷墟出土的饮食用具有十二种,其鬲、甗为炊器,其余如彝、盉、爵、罍、尊、瓿、觚、壶、卣、罍均为酒器。"酒器名称多、花纹精、制作美,表示出一代风尚;而尤以觚爵二器出土更多,富者铜觚铜爵,贫者陶觚陶尊,二者出必相联……当日嗜酒之风,确实异乎寻常。"[①]

商人嗜酒的文化传统到了纣王时代,发扬到最高峰,可谓穷奢极欲,荒淫无耻,以致因酒亡国。

2. 酒具

商人酒器不只有铜质酒具,尚有玉环、犀角杯。

《邺中片羽初集》著录有玉佩、玉虎、虎兔、玉鱼;《三集》著录玉玦、玉衡

---

① 郭宝钧:《中国的青铜时代》,三联书店1963年版,第114—115页。

等。《邺中片羽二集》著录一块玉残尊，为玉质酒器。《殷虚古器物图录》第二图为"筒形残器，中空而无当，上敛下广，但存半筒。不知为何物？雕文至精。"罗振玉《附说》："验其材，乃犀角也。"可知殷王用犀角为杯。

查甲骨文多有记殷王田猎"获豸"的记载：

"由于陟，往……猎豸一。"（征文、游田，110）

"壬辰卜，癸巳，在□，王兽，允（获）豸十……"（甲编）620 豸，即兕，即犀牛，并有"获白豸"的甲文。在帝乙帝辛之世的甲骨文中记殷王田猎所至之地有五十余处，如衣、枭、蓳、曹、宫、牵、亶、奚等地。

3. 广室高台

随着饮食文化的巨大变化，殷纣及其上层统治者生活结构均发生了变化："锦衣玉食，广室高台。"

查：《淮南子·本经训》："晚世之时，帝有桀纣，为璇室瑶台、象廊玉床，纣为肉圃酒池，燎焚天下之财，罢苦万民之力，刳谏者，剔孕妇，攘天下，虐百姓……武王甲卒三千，破纣牧野，杀之于宣室。"

《淮南子·坠形训》："北门开以内不周之风，倾宫、旋室……"

《春秋繁露·王道》："桀纣骄溢妄行，听郑、卫之音，充倾宫之志。"

《汉书·杨雄传》："袭璇室与倾宫。"注引服虔曰："桀作璇室，纣作倾宫。"

《后汉书·郎𫖮传》：𫖮"条便宜七事，具如状对……四事……昔武王下车，出倾宫之女，表商容之间，以理人伦……"注引《尚书大传》："武王入殷，归倾宫之女。"

《后汉书·周举传》："昔武王入殷，出倾宫之女……"注引《帝王纪》："武王入殷，命召公释箕子之囚，表商容之间，出倾宫之女于诸侯。"

《后汉书·陈蕃传》："蕃上疏谏曰：……今后宫之女，岂不贫国乎！是以倾宫嫁而天下化，楚女悲而西宫灾……"注引《帝王纪》："纣作倾宫，多采美女以充之。武王伐殷，乃归倾宫之女于诸侯。"

《三国志·魏志·杨阜传》："帝既新作许宫，又营洛阳宫殿观阁。阜上疏曰'桀'作璇室象廊，纣为倾宫鹿台，以丧其社稷……"

《晏子春秋·内篇谏下》："乃夏之衰也，其王桀背弃德行，作为璿室玉门。殷之衰也,其王纣作为倾宫灵台。"

《竹书纪年》:"殷纣九年,作琼室。"

《帝王世纪》:"纣作琼室,饰以美玉,七年乃成。"

张衡《东京赋》:"必以肆奢为贤,则是黄帝合宫,有虞总期,固不如夏癸之瑶台,殷辛之琼室也。"

《列子·杨朱》:"纣亦藉累世之资,居南面之尊,威无不行,志无不从,肆情于倾宫,纵欲于长夜,不以礼义自苦,熙熙然以至于诛。"

在周人眼中,殷纣王是一个罪恶所归的最大的恶人,所以桀纣并列,史不绝书。但是对于胜利者所记前期史料应持分析态度。

春秋时的子贡已经发现了这个问题:

"子贡曰:纣之不善,不如是之甚也。是以君子恶居下流,天下之恶皆归焉。"①

郭沫若先生指出:"实际,这个人(按指殷纣王)是了不起的人才,对于中华民族的贡献非常之大……中国民族之能向东南部发展,是纣王的功劳。"②

顾颉刚先生也说:"纣既不幸亡国,他的牌子天天被周人毁坏,他成为一个罪恶所归的偶像自然是无足怪的事了。"③

在这里我们当然不是为殷纣王鸣不平。他的饮食文化表现了殷商文化价值取向——相信鬼神力量,狂放的、享乐的、永不满足的追求,好大喜功,无所顾忌。我们姑且称为浪漫的非理性文化吧。对外依靠武力征伐,相信自己代表天命——"我生不有命在天乎!"对内"重刑辟",严刑好杀,"淫乱不止",终至亡国亡身。到了商周更迭的时代,殷商文化价值取向就为以周人为代表的适于农业民族的理性主义所取代,从而影响了中国文化的发展。

饮食文化的权利

饮食——采集、渔捞、狩猎以及支配是一种权力,饮食文化的主导权最初始时期是掌握在原始部落酋长手中,"酋长掌勺,合族以食",食物的烹制

---

① 《论语·子张》。

② 郭沫若:《今昔蒲剑》,新文艺出版社1953年版,第178页。

③ 顾颉刚:《古史辨》第三册,上海古籍出版社1982年版,第83页。

与分配权掌握在部落酋长手中,正揭示了原始社会时期人与人的关系。

"夫礼之初,始诸饮食。"(《礼记·礼运》)"轩辕乃修德振兵,治五气,艺五种,抚万民,度四方……"黄帝时已知播种五谷以养民。"舜耕历山,渔雷泽,陶河滨,作什器于寿丘,就时于负夏。"舜亲自耕种、渔猎、制陶器、创历数。"舜曰:弃,黎民始饥,汝后稷播百谷",令后稷主持农事以解民饥,"弃主稷,百谷时茂。"(《史记·五帝本纪》)可知三代以前的部落酋长、三皇五帝均把民众的饮食放在首要位置。"与稷予众庶难得之食。食少,调有余补不足,徙居。众民乃定,乃国为治。"(《史记·夏本纪》)夏少康"逃奔有虞,为之庖正(为有虞酋长掌管饮食之官)……以收夏众,抚其官职……复禹之绩。"(《左传》哀公元年)《世本》:"少康作秫酒",知少康善酿酒。秫,高粱,稷之不粘者。"汤之初作囿也,以奉宗庙鲜轿之具。"(注:生肉为鲜,干肉为轿)(《淮南子·泰族训》)

伊尹是商汤时著名的烹饪大师,"伊尹……乃为有莘氏媵臣,负鼎俎,以滋味说汤,致于王道"。(《史记·殷本纪》)"汤举伊尹于庖厨之中,授之政,其谋得。"(《墨子·尚贤上》)《韩非子·难言》《文子》皆记伊尹为中国第一大美食家事。而记之最详者则为《吕氏春秋·本味》(见第二章第一节"伊尹论")。最后伊尹指出饮食有道:"道者止彼在已,已成而天子成,天子成则至味具。"这是就烹调之术(道)引申为治国之术(道)。正如老子所云"治大国若烹小鲜",也是把治国之道与烹调之道统一观之。可知伊尹已把饮食烹饪哲理化、政治化了。而"食以体政""寓道于食""寓礼于食"正是对伊尹学说的发挥。

伊尹见成汤说以和羹至味,可知,时人均知饮食与政治相关。"帝武丁祭成汤,明日,有飞雉登鼎耳而雊,武丁惧。"(《史记·殷本纪》)也当是武丁主持烹调以祭其祖先之事。

殷纣王是一个经常主持烹调仪式的人:"如《四祀郜其卣》铭文记商代末王帝辛在召大庭举行尊宜父王文武帝乙的祭祀活动,亲自操持其烹饪礼仪,自乙巳日开始,到次日丙午主持了将食物或调料投放入炊器的仪式,到第三日丁朱煮成而献给神灵。铭中的'宜'为肉食祭,字像分格陈肉块于俎案之上,似关及牲肉的割切加工和分类。"①殷纣王在饮食烹调上的一个发明就是"纣为肉圃,设炮格"——取肉置铜格之上,炮烤而食;直至引申为刑罚——炮烙。他甚至煮人为肉羹,"醢九侯""脯鄂侯",任用奸邪,诛杀贤良,骄奢淫逸,暴虐无道,莫此为甚,不亡何待!

夏商时期由王者主持烹调礼俗,正是原始时期的饮食礼俗的继承与遗绪。

饮食与政治参和

饮食文化史上的危机意识产生在商末周初。箕子对殷纣王的饮食结构变化的担忧;《尚书·微子》中所披露的微子、比干、箕子对"天毒降灾殷邦,方兴沈酗于酒""我用沈酗于酒",忧心如焚。作为殷商智者如箕子显然知道前代酗酒乱政的史鉴:"内作色荒,外作禽荒,甘酒嗜音,峻宇雕墙,有一于此,未或不亡"(《尚书·五子之歌》)的太康失国之事。而"羲和湎淫,废时乱日……羲和废厥职,酒荒于厥邑……惟时羲和颠覆厥德,沈乱于酒。"(《尚书·胤征》)对这羲氏、和氏纵酒败德误国,祖有明训:"失时者杀无赦,不及时者杀无赦"。这些历史教训还历历在目,而眼前的殷商王朝已不可收拾:"商今其有灾""商其沦丧",败亡已不可避免,深深地表达了殷之三仁的忧国之情。好端端的一个"大邑商"终于灭亡了。

殷纣其人

一、王位继承权的斗争

《吕氏春秋·当务》:"纣之同母三人,其长曰微子启,其次曰中衍,其次曰受德。受德乃纣也,甚少矣。纣母之生微子启与中衍也尚为妾,已而为妻而生纣。纣之父、纣之母欲置微子启以为太子,太史据法而争之曰:'有妻之子,而不可置妾之子。'纣故为后。用法若此,不若无法。"

这是一场夺长立幼的王位继承权的斗争,实是帝乙爱幼子,而不是太史

---

① 宋镇豪:《夏商食政与食礼试探》,《中国史研究》1992 年第 3 期。

据法而争也。《吕览》未记在这一斗争中箕子的态度,但从《尚书·微子篇》的"王子弗出,我乃颠陨"中显然擘梧着"于时箕子盖谓请立启而帝乙不听,今追恨其事。我久知子贤,言于帝乙,欲立为太子而帝乙不肯,我病子不得立则宜为殷后者,子今若不出逃难,我殷家宗庙乃陨坠无主"①。可知,在这场夺长立幼的宫廷继承权斗争中,箕子曾参与其中,并为这场斗争的失败而深深懊恼,因为它直接关系到国家的命运与民族的兴衰。

在殷商王朝历史上,曾多次发生王位继承权的斗争,殷商王位继承实行兄弟相及制,这种制度源于母系社会,兄弟相及,则兄弟为一家人,父子非一家人。"相及之制,同母兄弟尽,则还立长兄之子。"②

《史记·殷本纪》载:"自仲丁以来,废嫡而更立诸弟子,弟子或争相代立,比九世乱,于是诸侯莫朝。"自仲丁至阳甲,整整九世。

太甲传六世仲丁,时商朝子姓贵族内部争夺王位继承权的斗争已经展开,武丁以末帝小乙之幼子的身份,以外藩身份入继大统,经傅说、祖己的辅佐,使殷商王朝得以复兴。箕子所以反对帝乙夺长立幼,显系因微子启更具有继承王位的品德与才能。历史证明了箕子的主张的正确及其预见性,也证明了箕子在王位继承上坚守成汤伊尹所开创与建立的君主文化学——"君德""君道"传统。

二、王朝内部思想文化冲突

随着殷商王朝社会经济高度繁荣,疆域的日益扩大,综合国力日益强大,社会生活水平日益提高,以殷纣王(帝辛)为首的奴隶主贵族集团也日益走上奢侈腐化的道路,统治者更加专横和暴虐。这是一个社会思想文化大变化的时代,也是道与势激烈碰撞与冲突的时代。

《史记·殷本纪》:"帝纣资辨捷疾,闻见甚敏;材力过人,手格猛兽;知足以矩谏,言足以饰非;矜人臣以能,高天下以声,以为皆出己之下。好酒淫乐,嬖于妇人。爱妲己,妲己之言是从。于是使师涓作新淫声,北里之舞,靡靡之乐。厚赋税以实鹿台之钱,而盈矩桥之粟。益收狗马奇特,充仞宫室。

---

① 《尚书正义》,《十三经注疏》影印本,中华书局,1979年版,第178页。
② 吕思勉:《读史札记》,上海古籍出版社1982年版,第134页。

益广沙丘苑台,多取野兽飞鸟置其中。慢于鬼神。大聚乐戏于沙丘,以酒为池,县肉为林,使男女倮相逐其间,为长夜之饮。百姓怨望而诸侯有畔者,于是纣乃重刑辟,有炮烙之法。以西伯昌、九侯、鄂侯为三公。九侯有好女,入之纣。九侯女不喜淫,纣怒,杀之,而醢九侯。鄂侯争之强,辨之疾,并脯鄂侯。西伯昌闻之,窃叹。崇侯虎知之,以告纣,纣囚西伯羑里。西伯之臣闳夭之徒,求美女奇物善马以献纣,纣乃赦西伯。西伯出而献洛西之地,以请除炮烙之刑。纣乃许之,赐弓矢斧钺,使得征伐,为西伯。而用费中为政。费中善谀,好利,殷人弗亲。纣又用恶来。恶来善毁谗,诸侯以此益疏。"

"纣愈淫乱不止。微子数谏不听,乃与大师、少师谋,遂去。比干曰:'为人臣者,不得不以死争。'乃强谏纣。纣怒曰:'吾闻圣人心有七窍。'剖比干,观其心。箕子惧,乃详狂为奴,纣又囚之。殷之大师、少师乃持其祭乐器奔周。周武王于是遂率诸侯伐纣。纣亦发兵距之牧野。甲子日,纣兵败。纣走入,登鹿台,衣其宝玉衣,赴火而死。周武王遂斩纣头,县之(大)白旗。杀妲己。释箕子之囚,封比干之墓,表商容之闾。封纣子武庚禄父,以续殷祀,令修行盘庚之政。殷民大说。于是周武王为天子。"①

对此,《史记·宋微子世家》记载了这种的激烈冲突:

"箕子者,纣亲戚也。纣始为象箸,箕子叹曰:'彼为象箸,必为玉杯;为杯,则必思远方珍怪之物而御之矣。舆马宫室之渐自此始,不可振也。'纣为淫佚,箕子谏,不听。人或曰:'可以去矣。'箕子曰:'为人臣谏不听而去,是彰君之恶而自说于民,吾不忍为也。'乃被发详狂而为奴,遂隐而鼓琴以自悲,故传之曰《箕子操》。"

"王子比干者,亦纣之亲戚也。见箕子谏不听而为奴,则曰:'君有过而不以死争,则百姓何辜!'乃直言谏纣。纣怒曰:'吾闻圣人之心有七窍,信有诸乎?'乃遂杀王子比干,刳视其心。微子曰:'父子有骨肉,而臣主以义属。故父有过,子三谏不听,则随而号之;人臣三谏不听,则其义可以去矣。'于是太师、少师乃劝微子去,遂行。"

先秦诸子多记箕子与殷纣的冲突,这里只拣其著者为例:

---

① 《史记·殷本纪》。

《韩非子·喻老》："昔者纣为象箸，而箕子怖。以为象箸必不加于土铏，必将犀玉之杯；象箸、玉杯，必不羹菽藿，则必旄象豹胎；旄象豹胎，必不衣短褐而食于茅屋之下，则锦衣九重，广室高台。吾畏其卒，故怖其始。居五年，纣为肉圃，设炮烙，登糟邱，临酒池，纣遂以亡。故箕子见象箸以知天下之祸。"这是记箕子见微知著，反映一位政治家的政治敏感。《韩非子·说林上》作相同记述。

《韩非子·说林上》："纣为长夜之饮，欢以失日。问其左右，尽不知也。乃使人问箕子。箕子谓其徒曰：'为天下主，而一国皆失日，天下其危矣。一国皆不知，而我独知之，吾其危矣。辞以醉而不知。'"

众人皆醉我独醒，正见出箕子在殷商末世保持清醒的政治家品格。充分表明箕子以一个政治家、思想家的理性认知，预见到纣王的奢侈与暴政，严重地脱轨失常，脱离了传统的德统与道德，造成道与势的尖锐对抗。

从成汤伊乡到武丁傅说、祖己，表现为王者与师相的结合，道与势的结合。伊尹、傅说等人以王者之师的身份，以"道"自任，与君王的结合是建立在"道"的共同基础上的。正是经过他们的努力，使王者与师相的结合、道与势的结合，成为殷商文化传统中的重要组成部分。这些以道自任、道尊于势的文化代表，是中国自有文字传世以来的最具文化品格的第一代文化人。殷商文化中的道与势结合的传统到了帝辛殷纣之世，发生了剧烈变化——由道与势的结合转化为道与势的尖锐对立与激烈冲突。伊尹、傅说出身微贱，后为王师，仍保持巫史身份，即所谓"舜、禹揖让，汤武用师"，他们所主张和坚持的"道"虽然已经增加了人文因素、人间性格，但尚未完全脱却神学宗教的外衣，箕子以及微子、比干等与帝辛殷纣的冲突是道与势的面对面的交锋 ——是关涉宇宙秩序、人类社会和国家法则等认知体系性的文化传统性的冲突。这种冲突体现为势大于道、势制压道的态势，霸道胜过"王道"（箕子《洪范》的王道观念），残酷而血腥，造成王子比干被杀，箕子被囚，微子出亡，最后造成殷商王朝的灭亡，五百多年的国基于毁于一旦。箕子出身王族，贵为三公，殷商王朝的精神文化领袖——殷商国家哲学与文化、宗教、社会伦理教义的创建者和"道"的承担者，他与殷纣的冲突，是道与势的冲突，他的"被发详狂而为奴"，他的被囚，正在于他是"道"的代表者。箕子仍为王师,仍属王官之学,还不是真正意义上的知识分子,还属于三代时期的智者、圣者——中国早期文化人的最初形态。但由于他是殷商文化的集大成者,由于他身跨两代,因此,在他的国家学说中既有旧的文化传统的继承,又有新的时代因素。他的政治实践,他所坚持的道与势的斗争及斗争策略,他的精神品质与人格力量,均成为极丰富的文化遗产,影响着中国历史文化的发展。

三、王朝灭亡前后内部分化

在殷商灭亡,周人代兴的历史大动荡时期里,箕子如何自处,这是判断箕子人格品质的一个关键点。

1.王朝灭亡前夕的一次对策性会议

《尚书·微子篇》以文诰的形式,保留了箕子、比干、微子在殷亡前夜举行会议,商讨对策的重要史料。

这次微子、箕子、比干三人在殷纣败亡前夕的对策、出处的会议在《史记·殷本纪》《史记·宋微子世家》也有记载。

在风雨飘摇、分崩离析的大背景下,三人会议决定了他们各自出处与命运:(甲)"周开王伐纣克殷,微子乃持其祭器造于军门,肉袒面缚,左牵羊,右把茅,膝行而前以告。于是武王乃释微子,复其位如故……乃命微子开代殷后,奉其先祀。"这是微子投降新朝,以期故国宗祀可保——"宗社虽亡,宗祀尚可保"——为了能"继绝世",国家虽然覆灭,但殷王朝的历代先王的宗庙祭祀可因微子而得以保护,这是微子所以投降新朝的根本目的。(乙)比干以死强谏,虽死犹生。(丙)箕子"详狂为奴,纣又囚之";"武王胜殷,继公子禄父,释箕子囚。箕子不忍周之释,走之朝鲜"[①]。箕子"详狂为奴"也未逃过殷纣的毒手,"纣又囚之",直到周武王伐纣,殷商王朝覆灭,周武王"释箕子囚",箕子认为"诛我君而释己,嫌苟免也"[②]。——(你周人)诛杀了我的国君而又释放了我,我没能死于国事,这不是有苟且偷生的嫌疑么?!我之所以佯狂为奴,是为了等待时机,以求对国家有所匡救,有所作为。今天家亡

---

① 《尚书大传·周书·洪范》。
② 《通鉴前编》。

国破，我又不能苟且偷生以事新朝，只有另谋出路了。

2."箕子之明夷""走之朝鲜"

当比干被害、微子投降于周，以续殷祀，周人"释箕子之囚"之后，箕子如何决定自己的出路呢？

《尚书大传·周传·洪范》："武王胜殷，继公子禄父，释箕子囚。箕子不忍周之释，走之朝鲜。"（《通鉴前编》注："诛我君而释己，嫌苟免也。"）武王闻之，因以朝鲜封之，箕子既受周之封，不得无臣礼，故于十三祀来朝。"

周人对箕子及殷遗礼敬有加："封比干之墓，靖箕子之宫，表商容之间，士过者趋，车过者下。"对箕子、商容等殷商文化代表人物如此尊崇，当然是要他们为新朝服务。对此，箕子并未走微子的道路——投周以续殷祀，而是选择了另一条——实现"道"——政治理想的道路，即"不忍周不释，走之朝鲜"。箕子"走之朝鲜"史事在《周易·明夷》卦爻辞中保存下来。

《周易》是中华文化史上最古老的文化典籍，其中保存着殷末周初有关箕子的珍贵史料——它以卦爻辞的形式保存了箕子在那个特定的历史时期的处境、心态和"箕子之明夷"——"走之朝鲜"的历史过程。

朝鲜半岛初始地名为旸谷（又称汤谷）——"日出东方海上，海波如沸，故曰汤谷；夏商时又名明夷"——日出处之地；商末又名朝鲜，为东方日出之地。

朝鲜一词与旸谷（汤谷）、明夷一样均属汉语言文化，来于东方海上日出之象。朝阳从东方海水（甘渊、汤谷）中升起，海水为之沸腾，明丽新鲜，光华灿烂，万方为之光明。朝鲜一词当产生（形成）于商周之际，它综合了旸谷（汤谷）、明夷的文化内涵，更为明确地概括了朝鲜半岛的自然、人文地理与历史文化的特点，更符合汉语言文化（以及文字构成）诸特点，内涵更为丰富，词汇声情更为鲜亮而易为人所接受，这就是朝鲜名称的由来及其文化内涵。

"相土烈烈，海外有截"（《诗·商颂·长发》），商先公先王开发海外朝鲜，就其地建辰国，是为半岛古韩族最初的国家名称。

箕子"之明夷"——"走之朝鲜"，由陆路，当经冀州古道渡大凌河、越辽河，经过辽东而径直进入朝鲜半岛，这一行为包含着深厚的历史文化内容。

箕子走之朝鲜之后，"武王闻而封之"；箕子走之朝鲜，以示"不臣"于周，"嫌敬免也"。在面临国破家亡的重大时刻，箕子三兄弟走着三条道路：比干谏而死，微子受封于宋，以存亡继绝；只有箕子出走海外，建立箕子朝鲜，坚持对故国的坚贞而"不臣"于新朝，以明志节。箕子所以单单"走之朝鲜"，就因为朝鲜半岛有深厚的中华文化底蕴，并有一个古之辰国，辰国是商人东方海外之属地，是宗国之遗绪，故国虽亡，但海外这块属地尚在，尚有可为。虽不能如伯夷、叔齐之不食周粟，但也不必臣服于周以求苟免，故而"走之朝鲜""而不臣"，这正是箕子人格品质的独特之处。周朝统治者也只好顺水推舟，"因以朝鲜封之"。"箕子既受周之封，不得无臣礼，故于十三祀来朝。"箕子终于臣服于周，成为周朝在半岛的一个地方政权，是为中国东北文明史的开端。

3. 殷纣的暴政

殷纣的暴政引起全国人民的反对，成了独夫民贼，"民之所欲，无必从之"，"天必诛之"，西周文武奉天之命"戎商必克"，以小邦周打败了大邑商。生活关乎政治这就是："殷鉴不远"，成为中华文化中牢固而不弥新的历史教训。

特意颁布《酒诰》以戒酒，"人无于水监，当于民监"，要求民众监督。

饮食文化直接关乎国家民族命运，也是对殷商文化中的非理性成分发挥到极致而走向反面的历史的深沉忧思。

以"小邦周"打败了"大邑商"的周人取代殷商王朝，建立周王朝，把殷商末年箕子等的饮食文化的忧患意识转化为政治上的借鉴。

"殷鉴不远，在夏后之世"（《诗·大雅·荡》）；"宜鉴于殷，骏命不易"（《诗·大雅·文王》）。周人乃以殷商之灭亡为鉴戒，保持国家命运不变易。

4. 商周文化之更替

殷商民族是一个富于创造性的民族，他们在文化上的创造与贡献，至今仍成为中华文化史上最光辉的一页。无论在文字（甲骨文、金文）、天文历法、青铜器的铸造与青铜艺术、陶器制造以及土木工程的建筑艺术以及饮食烹饪技术等等方面均达到了当时世界的最高水平，并泽及后代。待周人灭商，一个胜利者对一个失败者的谴责、揭发、抨击自在情理之中，也是中国历史文化的一个特点。

周武王伐殷纣的誓师词："今殷王纣乃用其妇人之言，自绝于天，毁坏其三正，商逖其王父母弟，乃断弃其先祖之乐，乃为淫声，用变乱正声，怡说妇人。故今予发维共行天罚。""古人有言'牝鸡无晨。牝鸡之晨，惟家之索。'今殷王纣维妇人言是用，自弃其先祖肆祀不答，昏弃其家国，遗其王父母弟不用，乃维四方之多罪逋逃是长，是信是使，俾暴虐于百姓，以奸宄于商国。"（《史记·周本纪》）史迁此文引自《尚书·泰誓》。综观《泰誓》，周武王指责殷纣王的罪行可归纳为：①宠信妇女，②不遵守事物的规律，③宠信奸邪，④不敬上天，⑤诛杀忠良，⑥杀戮无辜百姓，⑦荒淫酒色，⑧追求新声奇技奇物，⑨收纳逃亡奴隶，⑩违背祖先的规矩。

当"一戎衣，天下大定"，周人代商而建新朝，周人把前朝的灭亡作为鉴戒，"监于兹，联维其反"（《逸周书·皇门解》），在思想文化领域，摒弃殷商思想文化，实行以礼治为主导的周文化。

关于商周文化的比较研究，前人言之多矣。现仅转录美籍华裔文化人类学家、商周史学家张光直教授的研究成果：

（一）三代考古遗物所显示的衣食住一类的基本生活方式都是一样的……

（二）三代贵族都以土葬为主要埋葬方式……三代也都有骨卜，表现借占卜沟通生死的习惯。

（三）在器物上看三代文化虽有小异，实属大同……

全世界古代文明中，政治、宗教和美术都是分不开的，但只有在中国三代的文明中这三者的综合是透过了青铜器与动物纹样美术的力量的。从这个角度来看，三代都是有独特性的中国古代文明的组成部分，其间的差异，在文化、民族的区分上的重要性是次要的。①

这是从夏商周文化的连续性上作出的分析，强调了三代文明的共同性大于

---

① 张光直：《夏商周三代都制与三代文化异同》，《中国青铜时代》，三联书店 1999 年版，第 65 页。

差别性。

周人对三代文明提出自己的看法：

> 夏道尊命，事鬼敬神而远之，近人而忠焉。先禄而后威，先赏而后罚，亲而不尊。其民之敝，蠢而愚，乔而野，朴而不文。
>
> 殷人尊神，率民以事神，先鬼而后礼，先罚而后赏，尊而不亲。其民不静，荡而不静。胜而无耻。
>
> 周人尊礼尚施，事鬼敬神而远之，近人而忠焉。其赏罚用爵列，亲而不尊。其民之敝，利而巧，文而不惭，贼而蔽。①

这可能是孔老夫子的总结，这个总结的着眼点在于三代文明的差别性。

周人以中国西部地区的农业民族进入中原地区，面对文明高度发达的殷商王朝，鉴戒于殷商之灭亡，对"荡而不静，胜而无耻"的殷商文化，他们感到恐惧，并尽可能地控制它、遏制它，礼就出现了，就发挥作用了。"是故礼者，君之柄也。所以别嫌明微，傧鬼神，考制度，别仁义，所以治政安君也。"（《礼记·礼运》）礼，作为人为的规范，规范着社会生活的一切方面，诸如政治制度、君臣父子关系、宗庙祭祀、宗法等级、夫妇人伦、饮食男女等等均在礼的规范之中。可谓礼无所不在。

他们特意颁发《酒诰》，规定"祀兹酒"——在祭祀时方可饮酒。规定"无彝酒""饮惟祀，德将无罪"——不要经常饮酒，祭祀才可饮酒，要讲酒德。这是把酒文化提到政治高度——治国与亡国的高度作出规定的。

周武王等对殷纣王"乃用其妇人之言"深恶痛绝，认为"美女破国"（《逸周书·史记解》）"牝鸡无晨"，这是周人创造的女人亡国论，把夏桀、殷纣之亡"亡于妇人""惟妇人之言是用"。这种观念影响中华文化几千年。

从重视妇女的地位到轻视妇女，"惟女子与小人为难养"，把妇女与奴隶等同，并为之规定妇礼、妇诫、妇缄，这是自社会由母系转入父系之后的妇女地位的第二次大下降。

---

① 《礼记·表记》。

周人制礼作乐，把社会生活、文化艺术传统纳入礼的范畴，文明社会的一切方面均呈现理性化——直接地决定性地影响了自周之后的三千多年中国文化的发展以及中国文化的性质。

殷商文化中的非理性的、张扬个性的、天性豪纵的、"荡而不静，胜而无耻"的、不断追求、探索、创造的文化个性在礼的规范下被遏制了。

这种商周两种不同的文化价值取向的更迭，直接地影响了中国文化的各个层面，甚至影响着中国人民的个性发展。而中国文学艺术史中现实主义特别发达，而浪漫主义则相对不发达，只有南方徐、楚诸国长期与周抗衡，直接继承殷商文化，才有庄子与屈原的浪漫主义，成为我国文学史上一个突出的例证。当然这些已是另一个问题了。

饮食以礼，从周代以降，饮食文化也纳入礼的规范中了，饮食文化中的等级性、礼治性更为明显了。

殷商两大智者起于夏末

这里智者指巫觋,他们是通天通地,知天知地的智者圣者,颛顼高阳时为南正重、火正黎;殷商时,则在成汤灭夏的是伊尹、伊陟、巫咸、傅说、祖己、祖伊等。

一、商初伊尹

1. 伊尹"生于空桑"

生于桑树洞中——神树生子——把伊尹出身神化。实为庖人——庖厨。和羹至味说(成)汤,"致王道";把饮食文化提升到哲学高度治国理政的高度,"寓食于政",成为历史文化的最流行的主流意识。

从长期的庖厨经验中,体会出政治哲学、理政哲学,帮助成汤灭亡了夏朝,建立了殷商王朝。"昔有成汤,自彼氐羌。莫敢不来享,莫敢不来王,曰商是常。"①《商颂》记载了成汤的武功。汤时开始南迁至商亳一带(今河南商丘一带),西进灭葛(今河南宁陵)——此即《尚书》所记"自契至于成汤八迁,汤始居亳,从先王居"。"汤征诸侯,葛伯不祀,汤始征之。"从而截断祝融族的顾、昆吾、豕韦与夏的联系,即《商颂》所说的"包有三蘖"。逐一灭豕韦、顾与昆吾。在征灭了夏桀的与国之后,乘胜攻击夏桀——"韦顾既伐,昆吾夏桀"。夏桀与商汤会战于鸣条(当在山西中条山一带)。"商涸旱,汤犹发师,以信伊尹之盟,故令师从东方出于国,西以进",以应"两日相与斗,西方日胜,东方日不胜"的神谕谶言,最后取得了胜利。"汤立为天子",建立了殷商王朝。由于汤"尽行伊尹之盟,不辟旱殃",成就了灭夏建商的大事业,所以历代商王尊崇伊

---

① 《诗·商颂·殷武》。

尹的功业,"祖伊尹世世享商"——"此谓伊尹始得庙享于商而世世不绝也"。

终商之世,特祀伊尹,比于先王。如:"贞,其卯羌于大乙,伊宾,卯惠(惟)牛,王受又(祐)。"(《粹》151)这是记伊尹与大乙成汤同列配享。

"丙寅贞,又、勺、岁、于伊尹,二牢。"(《通纂》259)"癸丑,子卜,来日,酒伊尹。"(《菁》11.18)"癸丑卜,又于伊尹。〇丁巳卜,又于十立,伊又九。"(《粹》194)。卜辞中伊尹又单作伊,亦作黄尹(阿衡)、黄父,卜辞中有伊尹从祀上甲微之例:"癸丑卜,上甲岁,伊宾。"(《南北》明513)容庚释"岁"为殷祭的一种。殷商把祖先和天帝等同对待,伊尹配享大乙、上甲微,"伊尹五示"。(《墟后》2588)伊尹为五个受祭先王之首。"任戌卜,又岁于伊二十示又三。"(《京》4101)伊尹配祭于二十三个先公先王。可见伊尹在殷商王朝的地位。

"汤师小臣"(《吕氏春秋·尊师》);"有从卑贱而佑三王者"(《吕氏春秋·首时》)——卑贱者指太公望、伊尹、傅说;三王指大乙成汤、武丁高宗、周武王。"伊尹,庖厨之臣也;傅说,殷之胥靡也。皆上相天子,至贱也。"(《吕氏春秋·求人》)"伊尹名阿衡……汤举任以国政。"(《史记·殷本纪》)这是说伊尹是成汤的"国相",为王者之师,上相天子,任以国政。据《尚书·商书·仲虺》《注疏》记仲虺为成汤的左相,则伊尹为成汤之右相。

"汤崩,……伊尹乃立太丁之子太甲。……帝太甲元年,伊尹作《伊训》,作《肆命》,作《徂后》。帝太甲既立三年,不明,暴虐,不遵汤法,乱德,于是伊尹放之于桐宫。三年,伊尹摄行政当国,以朝诸侯。"[①]这是商代初期王朝政治上一件大事。对此,《孟子》有相同的记载。[②] 古本《竹书纪年》则记为:

> 外丙,名胜……即位,居亳。……命卿士伊尹。
>
> 仲壬,名庸,……即位,居亳。……命卿上伊尹……
>
> 伊尹放太甲于桐,乃自立……
>
> 七年,王潜出自桐,杀伊尹。天大雾三日。乃立其子伊陟、伊奋,命

---

① 《史记·殷本纪》。
② 《孟子·万章上》:"汤崩,太丁未立,外丙二年,仲壬四年,大甲颠覆汤之典刑,伊尹放之于桐,三年,大甲悔过,自怨自艾,于桐处仁迁义,三年,以听伊尹之 训己也,复归于亳。"

复其父之田宅而中分之。

《纪年》所记太甲杀伊尹恐不确。从历代商王从祀伊尹，而伊尹为宗教主、阿衡可知，"太甲悔过"，不可能杀害伊尹。

这一段史料，有四点需注意：（1）伊尹有择立王位继承人的权利。从太丁至外丙至中壬，是兄弟相继。"伊尹乃立太丁之子太甲"，是从兄终弟及又回到父子相继。这就是周公在《君奭》中所说的"在太甲，时则有若保衡"。保衡即阿衡，太甲时伊尹已被尊称为保衡或阿衡。（2）伊尹有放逐君王的权力。"帝太甲既立三年，不明，暴虐，不遵汤法，乱德，于是伊尹放之于桐宫。"《孟子》则记为"太甲颠覆汤之典刑"。这是伊尹所以放逐太甲的主要理由。——这时殷商已有"汤法""汤之典刑"——文物典章与礼法制度。"不遵汤法"，就被放逐或被杀。这当是从氏族社会遗传下来的习惯法，而且它具有世界性。"他（指国王）的命运，他的生死，他的健康状况，直接关系到世界的兴亡，直接影响着他的臣民，他的疆域中的一切牲畜。""许多古代希腊国王在位的年限只有八年，至少每当八年之期终结时，要重新举行就任圣职的仪式，重新接受神所恩赐的新活力。这样可使国王能履行他的行政和宗教的职务。"①"在非洲，国王如果求雨失败便常被流放或被杀死。"②伊尹之放逐太甲，正因其"不遵汤法"，影响了"行政与宗教的职务"。这当是氏族的国王（或酋长）的王位继承法的某种遗留。（3）"伊尹摄行政当国，以朝诸侯"——伊尹当了摄政王。这与"成王少，周初定天下，周公恐诸侯畔周，公乃摄行政当国"（《史记·周本纪》）是相同的行为。一个是因放逐国王，而"摄行政当国"，一个是因新君年少，"乃摄行政当国"。这是商、周历史上两件大事。伊尹是大巫，是国相；周公其实也是大巫，也是国相。当当政的国王因各种原因而不能履行国王职责时，就有权放逐他，自己"摄行政当国"，以便使国家的行政与宗教职务可以正常进行下去，不致使国家与民族的宗统与法统中断。伊尹"摄行政当国"为摄政王，这使伊尹的身份地位达到高峰。（4）"帝太甲居桐宫三年，悔过自责，反善，于是伊尹乃迎帝太甲而授之

---

① ［英］詹·乔·弗雷泽著，徐弃新等译：《金枝》，中国民间文艺出版社1987年版，第410页。
② ［英］詹·乔·弗雷泽著，徐弃新等译：《金枝》，中国民间文艺出版社1987年版，第132页。

政。""摄行政当国"三年之后,还政于太甲。伊尹卒于沃丁之时,"沃丁以天子礼葬之"。沃丁是太甲之子,沃丁葬伊尹以"天子礼",说明太甲及其子沃丁是承认伊尹之"摄行政当国"这一段史实的,这也应是历代商王"总是特祀伊尹,几乎比于先王"的根本原因所在。

可知,伊尹是以政治家的主体身份出现在殷商历史上的,文化人的身份是附带的、隐藏在政治家身份之中的。

2. 傅说

沃丁崩,弟太庚史立,帝太庚崩,子弟小甲立,为帝雍己。殷道衰,诸侯或不至。[解读]徐广曰:世表云帝小甲,太庚弟也。

帝雍己崩,弟太戊立,是为帝太戊。帝太戊立伊陟为相。亳有祥桑谷共生于朝,暮大拱。帝太戊惧,问伊陟。伊陟曰:臣闻妖不胜德,帝之政其有阙与?帝其修德。太戊从之,而祥桑枯死而去。伊陟赞言于巫咸。巫咸治王家有成,作咸艾,作《太戊》。帝太戊赞伊陟于朝,言弗臣,伊陟让,作《原命》。殷复兴,诸侯归之,故称中宗。(《史记·殷本纪》)

①《集解》孔安国曰:伊陟伊尹之子。

②《集解》孔安国曰:祥,妖怪也。二木合生,不恭之罚。郑玄曰:两手搤之曰拱。《索隐》此云"一暮大拱",尚书大傅作"七日大拱",与此不同。

③《索隐》刘伯庄言枯死而消去不见,今以为由帝修德而妖祥遂去。

④《集解》孔安国曰:"赞,告也。巫咸,臣名也。"《正义》按:巫咸及字贤冢皆在苏州常熟系西海虞山上,盖二子本吴人也。

⑤《集解》为融曰:"艾,治也。"

⑥《集解》马融曰:"原,臣名也。命原以万、汤之道我所修也。"

中宗崩,子帝中丁立。帝中丁迁于隞。河亶甲居相。祖乙迁于邢。帝中丁崩,弟外壬立,是为帝外壬。仲丁书阙不具。帝外壬崩,弟河亶甲立,是为帝河亶甲。河亶甲时,殷复衰。

①《集解》孔安国曰:"地名。"皇甫谧曰:"或云南敖仓是也。"《索隐》隞亦作"嚣",并音敖字。《正义》:《括地志》云:"荥阳故城在郑州荥泽系西南十七里,殷时敖地也。"

②《集解》孔安国曰:"地名,在河北。"《正义》:《括地志》云:"故殷城在相州内黄系东南十三里,即河亶甲所筑都之,故名殷城也。"

③《索隐》邢音耿。近代本亦作"耿"。今河东皮氏系有耿乡。《正义》:《括地志》云:"绛州龙门系东南十二里耿城,故耿国也。"

④《索隐》盖太史公知旧有仲丁书,今已遗阙不具也。

河亶甲崩,子帝祖乙。帝祖乙立,殷复兴。巫贤任职。祖乙崩,子帝祖辛立。帝祖辛崩,弟沃甲立,是为帝沃甲。帝沃甲崩,立沃甲兄祖辛之子祖丁,是为帝祖丁。帝祖丁崩,立弟沃甲之子南庚。帝南庚崩,立帝祖丁之子阳甲,是为帝阳甲。帝阳甲之时,殷衰。

①《索隐》系本作"开甲"也。

自中丁以来,废适而更立诸弟子,弟子或争相代立,比九世乱,于是诸侯莫朝。

帝阳甲崩,弟盘庚立,是为帝盘庚。帝盘庚之时,殷已都河北,盘庚渡河南,复居成汤之故居,乃五迁,无定处。殷民咨胥皆怨,不欲徙。盘庚乃告谕诸侯大臣曰:昔高后成汤与尔之先祖俱定天下,法则可修。舍而弗勉,何以成德? 乃遂涉河南,治亳,行汤之政,然后百姓由宁,殷道复兴。诸侯来朝,以其遵成汤之德也。

①《集解》孔安国曰:"自汤至盘庚凡五迁都"。《正义》汤自南亳迁西亳,仲丁迁隞,河亶甲居相,祖乙居耿,盘庚渡河,南居西亳,是五亶迁也。

②《集解》孔安国曰:"胥,相也。民不欲徙,皆咨夏愁,相与怨其上也。"

③《集解》郑玄曰:"治于亳之殷地,商家自此徙,而改号曰亳。"皇甫谧曰:"今偃师是也。"

帝盘庚崩,弟子辛立,是为帝小辛。帝小辛立,殷复衰。百姓盘庚,乃作《盘庚》三篇。帝小辛崩,弟小乙立,是为帝小乙。

①《索稳》尚书'盘庚将治亳殷,民咨胥怨,百姓思之,乃作盘庚三篇。

帝小乙崩,子帝武丁立。帝武丁即位,思复兴殷,而未得其佐。三年不言,政事决定于冢宰,以观国风。武丁夜梦得圣人,名曰说。以梦所见视群臣百吏,皆非也。于是乃使百工营求之野,得说于傅险中。是时说为胥靡,筑于傅险。见于武丁,武丁曰是也。得而与之语,是圣人,举以为相,殷国大治。故遂以傅险姓之,号曰傅说。

①《集解》郑玄曰:冢宰,天官卿贰王事者。

②《集解》徐广曰:"尸子云傅宕在北海之洲。"《索隐》书本作"险",亦作"岩"也。《正义》《括地志》云:"傅险即傅说版本之处,所隐之处窟名坠人窟,在今陕州河北县北七里,即虞国临国之界。又有傅说祠。注水经云沙涧水北出虞山,东南巡傅历,压傅说隐室前,俗名圣人窟。"

③《集解》孔安国曰:"傅氏之岩在虞虢之界,通道所经,有涧水壤道,常使胥雕刑人筑护此道。说贤而隐,代胥靡筑之,以供食也。"

3. 夏商周年表

表二十二　夏商周年表

朝代	王	年代(公元前)	年　数
夏	禹		
	启		
	太康		
	仲康		
	相		
	少康		
	予		
	槐		
	芒		

续表

朝代	王	年代(公元前)	年　数
	泄		
	不降		
	扃		
	廑		
	孔甲		
	皋		
	发		
	癸		
商前期	汤	1600—1300	
	太丁		
	外丙		
	中壬		
	太甲		
	沃丁		
	太康		
	小甲		
	雍己		
	太戊		
	中丁		
	外壬		
	河亶甲		
	祖乙		
	祖辛		
	沃甲		
	祖丁		
	南庚		
	阳甲		
	盘庚(迁殷前)		

续表

朝代	王	年代（公元前）	年　数
商后期	盘庚（迁殷后） 小辛 小乙	1300—1251	50
	武丁	1250—1192	59
	祖庚 祖甲 廪辛 康丁	1191—1148	44
	武乙	1147—1113	35
	文丁	1112—1102	11
	帝乙	1101—1076	26
	帝辛（纣）	1075—1046	30
西周	武王	1046—1043	4
	成王	1042—1021	22
	康王	1020—996	15
	昭王	995—977	19
	穆王	976—922	55（当王当年改元）
	共王	922—900	23
	懿王	899—892	8
	孝王	891—886	6
	夷王	885—878	8
	厉王	877—841	37（共和当年改元）
	共和	841—828	14
	宣王	827—782	46
	幽王	781—771	11

　　盘庚迁殷到武丁时期是殷商王朝历史发生剧烈变化时期,这一时期,尤其武丁时期,殷商历史文明具有了一系列新特征,标志着殷商文明史进入一个新阶段。

4.从盘庚迁殷到武丁继位

在盘庚(据夏商周断代工程《成果报告》确定盘庚迁殷为公元前1300年)之前,商曾迁都五次。成汤居亳(河南商丘一带),到第15代王仲丁时,自亳西迁至嚣(河南广武西北敖山)(《史记》作敖),到第17代王河亶甲时,自嚣渡河迁至黄河北的相(河南内黄东南商宗陵),第18代王祖乙时,自相迁至西南方的耿(河南温县平皋镇),耿南临黄河,黄河泛,耿圮,又东渡黄河迁于庇(山东东平与郓城间),22代王南庚时,又自庇东迁至奄(山东曲阜东)。

从前三次迁都可知,商人不断向西方与黄河北岸发展,以便经略西方和北方,这是与商人的外患相关。仲丁"六年,征蓝夷",外壬"元年,邳人、姺人叛",河亶甲"三年,彭伯克邳;四年,征蓝夷,五年佚人入于班方,彭伯、韦伯伐班方,佚人来宾"。"祖乙之世,商道复兴,庙为中宗。""阳甲三年,西征丹戎。"①

盘庚西迁殷地(河南安阳),继续商王朝经略西方与北方的战略,商朝前期频繁迁都,主要原因是抵御外患和扩大发展。但其中还有一个原因是内争。太甲传六世至仲丁,时商朝子姓贵族内部争夺王位继承权的斗争已经展开,《史记·殷本纪》载:"自中丁以来,废嫡而更立诸弟子,弟子或争相代立,比九世乱,于是诸侯莫朝。"自中丁至阳甲,整整九世。

殷商王位继承实行兄弟相及制,这种制度源于母系社会,兄弟相及,则兄弟为一家人,父子非一家人。"相及之制,同母兄弟尽,则还立长兄之子";"殷人盖亦如是,故中壬崩,立大丁之子大甲;沃甲崩,立祖辛之子祖丁也。殷自成汤至辛三十(六)王,兄弟相及者多,而还立长兄之子者,惟此二王;自契至汤十四世,则更无相及者,疑史传世系,或有谬误也。"②

据查:成汤大乙之子大丁早死,其后大丁之弟外丙继位,外丙死后,其弟中壬继位,后又立大丁之子太甲,太甲死子沃丁继,沃丁死其弟大庚即位。在这之后,两个世代都是由弟子继位的。但中丁、外壬、河亶甲三王的兄终弟继位之后,是长兄中丁的儿子祖乙继承王位。其后经过祖乙,在祖辛、沃

① 今本《竹书纪年》。
② 吕思勉:《读史札记》,上海古籍出版社1982年版,第134—135页。

甲、祖丁、南庚、阳甲、般庚、小辛、小乙三世代间都是长兄之子即位。其后，武丁是以末弟小乙之幼子的身份即位。以后经过兄弟继位，下一世代继位的都是末弟之子。可知，从中丁到小乙，这期间是由长兄之子继位，下一世代继位的都是末弟之子。可知，从中丁到小乙，这期间是由长兄之子继位，其前后都是由弟之子继位。"而且一王有几个配姚被祭祀的场台，多在中丁以后长兄之子继位的场合。产生这样的变化可能有各种各样的原因，但不管怎么说，这些事实表明在中丁、外壬、河亶甲三兄弟死后，继承法发生了变化，这是无疑的。根据《史记·殷本纪》祖乙虽被作为河亶甲之子，但根据卜辞，显然直系从中丁开始就是祖乙，从而说明《史记》的记载是错误的。这个时代对殷来说是一个变革时期，可能被误传遂成了如《史记》那样的记载。"

《史记·殷本纪》叙述了中丁之后在殷王室内有过王位继承的斗争，"因而使我们想到这不仅引起了王位继承法的变化，进而在配姚祭祀法上也发生了变化。而且先姚的五祀多半与王子的人数相对应。然而在中丁时有姚二人，子仅祖乙一王，这就产生了围绕以上王位进行的争夺，结果祖乙即位，中丁兄弟的一族从王室渐次退出，其结果可能是产生了在世系上的脱节。"[①]

从卜辞《粹》260、《粹》249、《粹》267 等条可知：祖辛卒，立其子祖丁，祖丁卒，其叔父芶甲（即《殷本纪》之沃甲）代立。芶甲传位其子南庚，南庚传位其子唬（阳）甲、般庚、小辛。小辛卒，由祖丁之子小乙由外藩入继大统。"中宗祖乙以后，芶甲（沃甲）夺了四祖丁的传统，毓祖乙又夺了小辛的传统，弟兄叔侄之间争夺王位如此的激烈，这就是有名的'九世之乱'。"[②]

据此，我们可以得出一个结论，殷商王朝历代之迁都，不仅有为了向外发展、防避水灾、防止王室与贵族的奢侈腐化等原因，也有支撑王权基础的各族团势力之争与王位继承之争的诸多复杂原因在其中。

武丁（前 1250—1192）即位伊始，就面临"九世之乱"的后果，一方面是成汤伊尹创建的文化传统的中断；一方面是外患严重；一方面是继其父以外藩（旁支）入继大统，改变了传统的兄终弟及制，如何平息内争、巩固政权就成了一个大课题。

---

① ［日］樋口隆康编，蔡风书译：《中国考古学研究论文集》，东方书店 1990 年版，第 238 页。
② 丁山：《商周史料考证》，中华书局 1988 年版，第 65 页。

二、武丁与傅说

1. 傅说的出世

《史记·殷本纪》记武丁与傅说事：

> 帝小乙崩，子帝武丁立。帝武丁即位，思复兴殷，而未得其佐。三年不言，政事决定于冢宰，以观国风。武丁夜梦得圣人，名曰说。以梦所见视群臣百吏，皆非也。于是乃使百工营求之野，得说于傅险中，是时说为胥靡，筑于傅险，见于武丁，武丁曰是也。得而与之语，果圣人，举以为相，殷国大治。故遂以傅险姓之，号曰傅说。

早于《史记》的《国语·楚语上》，记武丁得傅说事：

> 白公又谏，王如史老之言。对曰："昔殷武丁耸其德，至于神明，以入于河，自河徂毫，于是乎三年，默以思道。"卿士患之，曰："王言以出令也，告不言，是无所禀令也。"武丁于是作书，曰："以余正四方，余恐德之不类，兹故不言。"如是而又使以象梦旁求四方之贤，得傅说以来，升以为公，而使朝夕规谏，曰："若金，用女作砺。若津水，用女作舟。若天旱，用女作霖雨。启乃心，沃朕心。若药不瞑眩，厥疾不瘳。若跣不视地，厥足用伤。"若武丁之神明也，其圣之睿广也，其智之不疚也，犹自谓未乂，故三年默以思道。既得道，犹不敢专制，使以象旁求圣人。既得以为辅，又恐其荒失遗忘，故使朝夕规诲箴谏，曰："必交修余，无余弃也。"今君或者未及武丁，而恶规谏者，不亦难乎！

《帝王世纪》有武丁梦傅说的详细记述：

> 高宗梦天赐贤人，胥靡之衣蒙之而来。且曰，我徒也，姓傅名说，天下得我者，岂徒也哉。武丁寤而推之曰，傅者，相也。说者，欢说也。天下岂有傅我而说民者哉？明日以梦示百官，百官皆非也。乃使百工，写

其形象,求诸天下。果见筑者胥靡衣褐带索,执役于虞、虢之间,傅岩之野,名说。以其得之傅岩,谓之傅说。

这是以梦兆记傅说出世。先秦典籍多记有傅说事迹:

> 武丁三年,梦求傅说,得之。六年,命卿士傅说视学养老。①
>
> 孔子曰:"傅说负土版筑,以为大夫,遇武丁也。"②
>
> 傅说被褐带索,庸筑乎傅岩。武丁得之,举以为三公。③
>
> "傅说之状,身如植鳍。"注:郝懿行曰:"鳍在鱼之背立而上见,驼背人似之。然则傅说亦背偻欤!"④
>
> 孟子曰:"舜发于畎亩之中,傅说举于版筑之间……"⑤
>
> 说操筑于傅岩兮,武丁用而不疑。⑥
>
> "傅说转鬻"。陈奇猷案:"转鬻二字盖'版筑'之声近而误也。"⑦
>
> "伊尹,庖厨之臣也;傅说,殷之胥靡也。皆上相天子,至贱也。"注:"胥靡即胥徒。傅说为胥徒,故任版筑之贱役。古者执贱役之人皆系俘虏或罪囚。"⑧

从上述史料可以得出以下几点认知:

(1)傅说为"殷之胥靡",乃罪囚,"操筑于傅岩,任版筑之贱役",是奴隶身份。伊尹为庖厨,亦是奴隶身份。而傅说又是身有残疾之人。"从一名罚做苦工的罪人,举而任国家的大政,这不能不说是奴隶的大解放。"⑨

(2)武丁梦得傅说,这与成汤梦得伊尹是同一思维模式、同一文化模式。

---

① 《竹书纪年》。

② 《韩诗外传》。

③ 《墨子·尚贤中》。

④ 《荀子·非相》。

⑤ 《孟子·告子下》。

⑥ 《楚辞·离骚》。

⑦ 陈奇猷:《韩非子新校注》,上海古籍出版社 2000 年版,第 55 页,注[16]。

⑧ 陈奇猷:《吕氏春秋校释》,学林出版社 1990 年版,第 1514—1517 页。

⑨ 丁山:《商周史料考证》。中华书局 1988 年版,第 75 页。

以梦兆神谕的神秘形式对伊尹、傅说的巫史身份的一种曲折的隐讳的表述。这也正是武丁尊崇傅说为智者、圣者的原因所在。商周时代的巫史,是"数学家,也就是当时最重要的知识分子,能知天知地,是智者也是圣者"①。他们是最具文化人品格的中国古代第一代文化人。

(3)古籍载,武丁时几位著名贤佐有甘盘、傅说和祖己。

"台小子旧学于甘盘,既乃遁于荒野,入宅于河。自河徂亳,暨厥终罔显。"②则武丁即位之前,曾"遁于荒野",甘盘这时即为武丁之师。

"公曰:君奭!我闻在昔成汤既受命,时则有若伊尹,格于皇天。在太甲,时则有若保衡。在太戊,时则有若伊陟、臣扈,格于上帝;巫咸乂王家。在祖乙,时则有若巫贤。在武丁,时则有若甘盘。……"③

周公将能"格于皇天""格于上帝"的伊尹、保衡、伊陟、巫咸、巫贤、甘盘并举,可见,甘盘亦同伊尹、伊陟、巫咸等一样具有"格于皇天""格于上帝"——交通天地文化功能的大巫者。《史记·燕召公世家》作甘般,甲骨文则作师般,一称亚般。"可见甘般在武丁时官已命为亚旅师氏,所以有伐吉方之命。"④陈炳良据《新唐书》载吉尔吉斯语称巫为甘,建议殷相甘盘亦为巫。

甘盘之后辅相武丁者,就是傅说。甲骨文有"出𠬝出𠬝"。(《殷虚书契菁华三》),丁山以为"即有侑傅说的纪事。由今观之,梦父是傅说死后的尊号,所以用侑(出)礼;其生也甲骨文则通称为𠬝(甫)。"⑤吴浩坤等的《中国甲骨学史》亦疑"𠬝父即圣人傅说"。⑥

李孝定《甲骨文字集释》定𠬝为古甫字;丁山考定为傅说的傅,即谓"其生也甲骨文则通称为𠬝"。《三代8.19》有"宰𠬝贝五朋","宰𠬝"当是"大宰傅氏"的省称,也就是傅说的官衔。⑦

---

① 张光直:《中国青铜时代》,三联书店1999年版,第256页。
② 《尚书·商书·说命下》。
③ 《尚书·周书·君奭》。
④ 丁山:《商周史料考证》,中华书局1988年版,第74页。
⑤ 丁山:《商周史料考证》,中华书局1988年版,第75页。
⑥ 吴浩坤等:《中国甲骨学史》,上海人民出版社1985年版,第164页。
⑦ 丁山:《商周史料考证》,中华书局1988年版,第76页。

曾有"遁于荒野"、了解社会之经历的武丁，从社会最底层选拔傅说，"举以为三公"；这是在变革王位继承法之后，在贞人集团上的一个变革，为傅说的出世创造了条件，也为武丁实行新政奠定了基础。

2. 傅说的国家论

《尚书·商书·说命》三篇记载了武丁任命傅说为"相"，傅说阐述其国家学说的内容，《说命》就是任命傅说为相的命辞。

"王庸作书以诰曰：'以台正于四方，惟恐德弗类，兹故弗言。恭默思道，梦帝赉予良弼，其代予言。'乃审厥象，俾以形旁求于天下。说筑傅岩之野，惟肖，爰立作相，王置诸其左右。"

这是记武丁求贤的缘由："恭默思道"——恭敬地默默地思考、寻找治理国家之"道"。这又是在"恐德弗类"——如何实行德政和提高（君王）的品德修养的基本问题上的思考；这正是"兹故弗言"——三年（长时间）不说话的原因所在。"梦帝赉予良弼"，梦见天帝赐给我一位贤良辅弼。在这里从道至德（王）——天帝是统一的，天帝命傅说辅佐武丁以实现道与德。

"命之曰：'朝夕纳诲，以辅台德。若金，用汝作砺；若济巨川，用清退作舟楫；若岁大旱，用清退作霖雨。启乃心，沃朕心，若药弗瞑眩，厥疾弗瘳；若跣弗视地，厥足用伤。惟暨乃僚，罔不同心，以匡乃辟。俾率先王，迪我高后，以康兆民。呜呼！钦予时命，其惟有终。'"

这是武丁要求傅说作王者之师的期待与尊崇。武丁用一系列的形象比喻表示对傅说的厚望："铁须砺以成利器"，"渡大水待舟楫"，"霖以救旱"（《尚书正义》），用药治疾，赤脚走路为喻，达到"启乃心，沃朕心"和君臣"罔不同心"的境地，武丁将傅说看成智者、圣者和保护神，看成天帝赐予的无所不能的知晓天帝与先王意旨的人。

"惟说命总百官，乃进于王曰：'呜呼！明王奉若天道，建邦设都，树后王君公，承以大夫师长，不惟逸豫，惟以乱民。'"

"惟天聪明，惟圣时宪，惟臣钦若，惟民从乂。惟口起羞，惟甲胄起戎，惟衣裳在笥，惟干戈省厥躬。王惟戒兹，允兹克明，乃罔不休。"

傅说经过接触认为武丁是"奉若天道"的"明王"，并在这个基础上"建邦设都"的，正基于此，他提出"惟天聪明，惟圣时宪，惟臣钦若，惟民从义"——天帝、国王、臣工、民众的统一化与秩序化理论观念与学说体系。接下，他对国王武丁提出要求："惟口起羞"——轻易发口施令，会招致羞辱；"惟甲胄起戎"——随便动用军队，会引起战争；"惟衣裳在笥"——官服（官职）不可轻易赐人；"惟干戈省厥躬"——兵器、军权、军队不可轻易授予人。这四个方面是国家四大政治、国王的四大权力。这是君主文化学。

"惟治乱在庶官。官不及私昵，惟其能；爵罔及恶德，惟其贤。虑善以动，动惟厥时。有其善，丧厥善；矜其能，丧厥功。惟事事，乃其有备，有备无患。无启宠纳海，无耻过作非。惟厥攸居，政事惟醇。黩于祭祀，时谓弗钦。礼烦则乱，事神则难。"

这一段是傅说的君主文化说的具体阐释，国家的治与乱在于百官（的素质与工作质量）；要选贤任能；要谦虚谨慎，有备无患；不宠爱小人，不文过饰非，这才会"政事惟醇"。最后他指出"礼烦则乱，事神则难"——对殷商传统的祭祀文化提出批评。在这里，傅说提出政治最高标准——醇——纯粹、完美。这透露出傅说对前代君主政治的正反两方面历史的清醒认识与总结，反映出他的强烈的政治变革思想。

成汤、太甲时的伊尹在《伊训》中反对"三风十愆"——"恒舞于宫，酣歌于室，时谓巫风""殉于货色，恒于游畋，时谓淫风""有侮圣言，逆忠直，远耆德，比顽童，时谓乱风"。这是伊尹的君王文化论。傅说显然继承了伊尹学说并做了新的发展，对国王提出具体可行的准则，增加了殷商文化中的人文因素。

说曰："王，人求多闻，时惟建事，学于古训乃有获。事不师古，以克永世，匪说攸闻。惟学逊志，务时敏，厥修乃来。允怀于兹，道积于厥躬。惟教学半，念终始典于学，厥德修罔觉。监于先王成宪，其永无愆。惟说式克钦承，旁招俊义，列于庶位。"这是《说命》三篇最后傅说的一段重要说辞，其中表述了两种重要思想观念：

（1）"学古训""师古"——学习并继承传统文化方可使事业成功，以古（历史传统）为师，坚持并发扬"古训""监于先王成宪"——先王的教导，是国家长治久安的保证，是解决政治危机的一把钥匙。先王（成汤大乙）——师古——祖先崇拜与王权的结合，——先王与王权观的秩序化，从而使武丁的王位继承具有了合法性与正当性。"九世之乱",成汤伊尹的文化传统被破坏殆尽,这正是武丁"三年不言""恭默思道"的原因所在,又正是傅说所以强调"师古"恢复文化传统的现实性与必要性的所在。武丁对这种思想观念大加赞赏,认为"其尔克绍乃辟于先王,永绥民"——这种法先王的思想政治路线不仅可以长久地安定百姓——是国家安定的正确道路,而且解决了三年"弗言"的政治危机。"师古""法先王"——继承传统文化,使国家政治历史文化得以持续发展,这种思想路线由傅说明确提出,成为西周及其以后中国封建社会的基本路线,极大地影响了中国社会的发展。

(2)傅说对武丁再次提出"道积于厥躬"与"厥德修罔觉"的学习、积累、德、道的辩证关系。坚持学习,就会使品德逐步完善,长时间的积累就可以达到道的境界。傅说认为学习可以提高君王的品德;君王品德的提高可以使政治清明,国家大治,实现"道"的最高境界。在这里,傅说把君王文化学与国家文化学作了辩证统一的论述,发展了成汤、伊尹的君主论与国家论,把"道"作为最高的追求目标,正是继承了以伊尹为代表的中国自有文字传世以来第一代文化人的"以道自任""士志于道"的传统。

"德"的观念在夏代和夏代以前就已经出现了,最初是作为君王的个人品德修养,后发展为国家的政治观念,即"德政"。"道"的观念产生于夏代并很快与"德"的观念联系起来成为具有中国特色的历史文化传统。这是中国早期思想文化史上一个大问题。

励精图治,"朝夕纳海",真心求谏,从下层社会选拔英才进入统治集团,加强了政治活力,确定了治国路线,继承并发扬成汤、伊尹所创建的具有强烈人文精神的殷商文化传统,为武丁时期出现盛世局面奠定了基础。

仅录《说命下》以见傅说的观念

《说命下》

王曰："来！汝说。台小子旧学于甘盘①，即乃于荒野②，入宅于河③。自河徂亳④，暨厥终罔显⑤。尔惟训于朕志⑥，若作酒醴⑦，尔惟曲蘖⑧；若作和羹⑨，尔惟盐梅⑩。尔交修予⑪，罔予弃⑫，予惟克迈乃训⑬。"

【译文】

王说："来吧！傅说。我从前曾向甘盘学习，不久就跑到荒野，居住在黄河边。后来，又从黄河边来到亳，品德、学业始终没有明显的进展。你应当训导我，使我具有远大的志向。如果我要作甜酒，你就好像是麹和粟；如果

---

① ［台(yí移)］我。［甘盘］武丁时的贤臣。在《尚书·君奭》中，周公景仰殷商时的贤臣，把武丁时的甘盘，与成汤的伊尹、太甲的保衡、太戊的伊陟、祖乙的巫贤等相提并论，可见甘盘是武丁时的功臣。

② ［遯(dùn顿)］"遁"的古字。逃避。

③ ［宅］居住。《尔雅·释言》："宅，居也。"［河］黄河边。

④ ［徂(cú殂)］往。

⑤ ［暨(jì既)］到。这个意义又写作"泊"。《国语·周语中》："上求不暨，是其外利也。"韦昭注："暨，至也。"［显］明显。这里指品德、学业没有明显的进展。

⑥ ［于］大，远大，用作动词。《方言》："于，大也，于，通语也。"［朕］我的。［志］志向，抱负。

⑦ ［若］如果。［醴］甜酒。

⑧ ［曲］酿酒或制酱时引起发酵的块状物，用某种霉菌和大麦、大豆、麸皮等制成。《列子·杨朱》："聚酒千钟，积麹成封；望门百步，糟浆之气逆于人鼻。"又写作"粬"。［蘖(niè聂)］《玉篇》："曲也。"《礼记·礼运》："礼之于人，犹酒之有蘖也。"

⑨ ［和］掺和。［羹］用肉或菜调和五味做成的带汁的食物。

⑩ ［梅］青梅，有酸味，可作调味品。

⑪ ［尔交修予］《孔传》："交，非一义也。"《孔疏》："尔交修予，令其交更修治己也。故以交为非一义也，言交互教之，非一事义也。"意思是你要在多方面训导我，让我修德。"脩"通"修"。

⑫ ［罔予弃］即"罔弃予"。

⑬ ［迈］《尔雅·释诂》："迈，行也。"

我要做羹汤,你就好像是盐和梅。你要在各个方面训导我,不要厌弃我,我一定能够履行你的训导。"

(以上是第一段,武丁诚恳地向傅说求教。)

说曰:"王,人求多闻,时惟建事①,学于古训乃有获②。事不师古③,以克永世④,匪说攸闻⑤。惟学逊志⑥,务时敏⑦,厥修乃来。允怀于兹⑧,道积于厥躬⑨。惟敩学半⑩,念终始典于学⑪,厥德修罔觉⑫。监于先王成宪⑬,其永无愆⑭。惟说式克钦承⑮,旁招俊乂⑯,列于庶位⑰。"

【译文】

傅说说:"王啊,一个人要求多听,这是想要建立事业,只有学习古人的教导会有收获。做事情不向古人学习,而国家能够长治久安,我傅说没有听说过。要学习使自己的心志谦虚,务必时时努力,品德的完善就自然会实现。相信并且记住这一点,道就会在他身上积累下来。教是学的一半,自始至终念念不忘学习,道德会不知不觉地逐步完善。借鉴先王现成的法律,就会长期没有过失。我傅说因此能奉行您的意旨,广泛地招纳有才能的人,把他们安排在各种职位上去。"

(以上是第二段,傅说劝诫武丁学习古训,借鉴旧法,广纳人才,使国家

---

① [时]通"是",代词。[建]立。
② [乃]才。[获]获得,收获。
③ [师]师法,学习。
④ [永世]世世代代永远下去。意思是长治久安。
⑤ [匪]通"非"。[攸]所。
⑥ [逊]使谦逊。[志]心意。
⑦ [务]致力,追求。[敏]努力,奋勉。
⑧ [允]相信。[怀]想念。
⑨ [躬]自身。
⑩ [敩(xiào)]孝《孔传》:"敩,教也。教然后知所困,是学之半。"
⑪ [典]从事。
⑫ [脩]通"修"。完善。[罔觉]不觉得。自己没有感觉到。
⑬ [监]通"鉴",借鉴。[成宪]现成的法律。
⑭ [永]长久。[愆(qiān 迁)]过错。
⑮ [式]用,因此。[承]承受,接受。
⑯ [旁]普遍,广泛。[招]招集,求得。[俊乂]有才能的人。马融说:"才德过千人为俊,百人为乂。"
⑰ [列]排列,安排。[庶]众。[位]官位,职位。

长治久安。)

王曰:"呜呼!说,四海之内咸朕德①,时乃风②。股肱惟人③,良臣惟圣。昔先正保衡作我先王④,乃曰:'予弗克俾厥后惟尧舜⑤',其心愧耻,若挞于市⑥。"一夫不获⑦,则曰时予之辜⑧。佑我烈祖⑨,格于皇天⑩。尔尚明保予⑪,罔俾阿衡专美有商⑫。惟后非贤不乂⑬,惟贤非后不食。其尔克绍乃辟于先王⑭,永绥民⑮。

说拜稽首曰:"敢对扬天子之休命!"

【译文】

王说:"啊!傅说,全国上下都景仰我的品德,这是你的教化。有脚手才能成人,有良臣才能成圣。从前,先王的官长保衡使我们的先王兴起,却说:'我不能使我的君王成为尧舜,我内心感到惭愧和羞耻,就好像在集市上挨了鞭子一样。'如果有一个人没有得到妥善安置,他就说这是我的罪过。他辅佐了我们建立了功业的先祖,被皇天赞美。你应该明显地安定我们,不要让阿衡在殷商独享美名。君王没有贤臣不能治理国家,贤臣没有君王不能取得俸禄。你要能让你的君王继续先王的事业,长久地安定百姓啊!"

傅说跪拜叩头说:"我冒昧地告诉您,我在弘扬天子这些美好的教导。"

(以上是第三段,武丁赞扬傅说的政教,并进一步提出要求。)

---

① [咸]都。[仰]景仰,仰慕。

② [时]通"是",代词。[乃]你的。[风]《孔传》:"风,教也。"政教,教化。

③ [股]大腿。[肱(gōng)]上臂。

④ [正]《尔雅·释诂》:"正,长也。"这里指长官。[保衡]《孔疏》:"保衡、阿衡,俱伊尹也。"《君奭》传曰:'伊尹为保衡,言天下所取安,所取平。'"[作]兴起。

⑤ [俾]使。[后]君王。这里指成汤。

⑥ [若]象。[挞(tà 踏)]用棍子或鞭子打。[市]集市。

⑦ [一夫]一人。[获]得到。这里指得到妥善的安置。

⑧ [时]通"是"。[辜]罪过。

⑨ [佑]佑助,辅佐。[烈祖]建立了功业的祖先。烈,事业,功绩。

⑩ [格]通"假",嘉美,赞美。《礼记·中庸》释文:"假,嘉也。"[皇]《尔雅·释诂》:"大也。"

⑪ [尚]表示希望、祈求的副词。[保]安定。

⑫ [专]独有、独占。[有]名词词头。

⑬ [乂(yì 义)]治理。

⑭ [绍]继续。[乃]你的。

⑮ [绥]安抚。

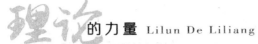

从成汤选用庖厨出身的伊尹,武丁选用刑徒出身的傅说:成汤面临伐夏王朝建立新王朝的新旧王朝转型的严峻时刻,武丁面对"九世之乱"的殷商王朝衰落的关键时刻,均需要一位具有新观念、新思想的思想战略家,提出新的战略思想观念——而不管他的出身如何,这是时代转型时,需要新的思想家提出新的战略方可战胜,方可获得,稳固政权。他们来于社会底层,有头脑,有经验,有文化,善于思维、观察,善于总结,呈现着殷商奴隶社会强烈的人文　特征,是社会的智者。

因灾问政，因灾罪己——周文王的治国方略

《大匡解》第十一

【题解】

匡，救荒。救大荒，故曰大匡。此篇主要讲文王救助灾荒的种种措施。

维周王在酆，三年①，遭天之大荒②，作《大匡》，以诏牧其方③。

【译文】

周文王居程第三年，遭遇了大灾荒，五谷不收，于是就作《大匡》，以诏令牧治他的领地。

三州之侯咸率，王乃召冢卿、三老、三吏、大夫、百执事之人朝于大庭④，问罢病之故、政事之失、刑罚之戾、哀乐之尤、宾客之盛、用度之费⑤，及关市之征、山林之匮、田宅之荒、沟渠之害、怠惰之过、骄顽之虐、水旱之灾⑥。曰：

【译文】

雍、梁、荆三州的诸侯全部恭顺以后，文王就召集卿士、国老、三公、大夫

---

① ［周王］文王。［宅］居。［程］地名，毕程氏之墟，在今陕西咸阳东。《纪年》："文丁五年，王季作程邑。帝辛三十三年，文王迁于程。三十五年，周大饥。"

② ［大荒］五谷俱不收。

③ ［诏］令。［牧］治。帝辛（纣）封文王为西伯，统西方，故曰诏牧其方。按以上犹《尚书》之序。

④ ［三州］雍州、梁州、荆州。［咸］皆。［率］遵循、奉顺。［冢卿］卿士之类。［三老］众国老。［三吏］盖指司徒、司马、司空，即所谓三公。［百执事］众有司。［朝］朝见。［庭］院。［大庭］宫中前院。

⑤ ［罢］读为"疲"。［戾］暴。［尤］过。［宾客］指宴飨宾客。［盛］丰盛。［费］浪费。

⑥ ［征］税收。［匮］乏材。［田宅］田地与宅院。［荒］荒芜。［沟渠］灌溉渠道。［害］损坏。［过］过失。［骄］恃己凌人者。［顽］凶暴贪婪者。［虐］残暴、祸害。

及所有执事官员在王宫前院朝见，询问国家疲病的缘故、政事的失误、刑罚的暴戾、哀乐的过度、宴飨宾客的丰盛、用度的浪费，以及关市的税收、山林的匮竭、田宅的荒芜、渠道的损坏、怠惰的过错、骄顽的暴虐、水旱的灾害。说道：

> 不谷不德，政事不时，国家罢病，不能胥匡①。二三子尚助不谷，官考厥职，乡问其人，因其耆老，及其总害②。慎问其故，无隐乃情，及某日以告于庙③。有不用命，有常不赦④。

【译文】

我德行不高，政事不善，致使国家疲病，不能相救。请诸位帮助我，去考察官吏的任职情况，并通过乡里的老年人，问明各乡利民之事以及一切害民之事。要详细推问其缘由，不要隐瞒其真情，到某一天把它报告到宫中。有不尽力从事的，将有一定的刑罚，决不宽恕。

> 王即发命，八食入举⑤。百宫质方，□不食饔⑥。及期日质明，王麻衣以朝，朝中无采衣⑦。

【译文】

文王发命以后，入内宫，从此食不列鼎，不奏乐。百官削减常膳，都不再吃公家供给的熟食。到了约定的那天平明，文王穿着麻布衣服上朝，满朝中没有一个穿彩服的。

---

① [谷]善。[不谷]文王自谦之称。[不德]犹无德。[时]善也。[罢]读"疲"。[疲病]疲软不振。[胥]相。

② [二三子]犹言诸位。此春秋恒语。[尚]上。[考]考察。[厥]其。[职]指任职情况。[人]依下文"乡问其利"当作"利"，指利民之事。[因]依靠、通过。[耆老]年长者。[总害]所有害民之事。

③ [慎]犹细。[故]缘故。[乃]尤其。[惰]实情。[某日]某一天。此述文王旧事，故不言具体时日。[庙]治事之处。《尔雅·释宫》："室有东西厢曰庙。"

④ [用命]尽力行事。[常]指常刑，一定的刑罚。

⑤ [入]进寝宫。[举]指举鼎，即列鼎而食。《周礼·膳夫》：王日一兴鼎，十有二物，皆有俎，以乐侑食。大荒则不举。"

⑥ [百官]在朝官员。[质]减。[方]常也，指常膳。[饔]熟食，公家所供给者。缺文当是"咸"，皆也。

⑦ [期日]约定之日，即上文"某日"。[质明]平明、旦明。[麻衣]穿着麻布衣服。[采]同"彩"。

官考其职,乡问其利,因谋其蔷①。旁匡于众,无敢有违②。诘退骄顽,方收不服③。慎惟怠惰,什伍相保④。动劝游居,事节时茂⑤。农夫任户,户尽夫出⑥。农廪分乡,乡命受粮⑦。程课物征,躬竞比藏⑧。藏不粥籴,籴不加均⑨。赋洒其币,乡正保贷⑩。成年不偿,信诚匡助,以辅殖财⑪。财殖足食,克赋为征⑫。数口以食,食均有赋⑬。外食不赡,开关通粮⑭。粮穷不转,孤寡不废⑮。滞不转留,戍城不留,□足以守⑯。出旅分均,驰车送逝,旦夕运粮⑰。

【译文】

考察了官员的任职情况、问明了各乡的利益以后,接着想办法赈救其灾荒。广泛地救助群众,不要胆敢违抗。查办斥退骄顽凶暴的人,拘捕放逐抗拒不服的人。谨慎地连系懈怠懒惰的人,使什伍自相担保。劝勉感动游乐好闲的人,使得事有节度,时气茂美。使农夫各养其户,户户男子全部出门。农夫的仓廪分乡而设,各乡自命农夫纳粮。按定量征收谷物,各乡比赛积藏。藏粮不要买卖,买卖就失去平衡。布散公家的钱币,乡正作借贷的保人。就是丰年也不急着偿还,诚心进行匡助,以辅助百姓生财。等到财生食

---

① [因]于是、接着。[谋]图谋,想办法。[蔷]同"灾"。[谋其灾]想办法救灾。
② [旁]广。[匡]救助。
③ [诘]责治、查办。[退]除。[骄顽]强悍凶暴者。[方]通"放",放逐。[牧]拘捕。
④ [惟]与"维"通。维,系结,连接。[伍]五户,[什]十户。[保]担保。
⑤ [动]感也,谓感其心。[劝]勉也,谓勉其力。[游居]游手好闲之徒。[节]有节度。[时]指阴阳寒暑风雨六气。[茂]美也。
⑥ [任]承担、负担。[户]家。[尽]全。[出]指出家门任耕作。
⑦ [廪]粮仓。[分乡]谓分乡而设。[受]粮纳粮于廪。
⑧ [程课]按规定的数量征收。[物征]谷物之征。[躬竞]各乡竞相。[比]比赛。[藏]所积藏的粮食。
⑨ [粥]读为"鬻",卖也。[籴]买进粮食。[加]更。[均]均等。
⑩ [赋洒]布散,这里指借贷。[币]钱币。[乡正]乡里长官。[保]作保人。
⑪ [成年]丰年。[偿]还。[信诚]真心实意地。[匡]救。[辅]助。[殖]生。
⑫ [克]能。[赋]收取。[征]指收回贷款。
⑬ [数口]按人口。[赋]指兵赋。
⑭ [外]指外乡、外运。[废]弃。[不废]谓当顾恤存念。
⑮ [穷]尽。[转]外运。[废]弃。[不废]谓当顾恤存念。
⑯ "不转"二字当倒。[滞转不留]有积存则转而不保留。[戍城]驻防之城。缺文当是"留"。
⑰ [旅]众。[分均]助劳。[驰]驱。[逝]归。"□"衍,别本在注首。

足,能够收回再作征收。按人口供给食物,食物平均才有兵赋。外邦食物不够,就开关周济粮食。粮食将尽的不要转运,但孤寡不能不顾。有积存的转运不留,戍守的城邑也不多留,留以足够保守为度。派出众人帮助劳动,赶着大车送回他们,不分早晚运输粮食。

于是告四方:

旅游旁生,忻通所在,津济道宿,所致如归①。币租轻,乃作母以行其子②。易资,贵贱以均③。游旅使无滞④。无粥熟,无室市⑤。权内外以立均,无蚤暮⑥。间次均行,均行众从⑦。积而勿□,以罚助均,无使之穷⑧。平均无乏,利民不淫⑨。

无播蔬,无食种⑩。以数度多少,省用⑪。祈而不宾祭服,服澣不制⑫。车不雕饰,人不食肉,畜不食谷⑬。国不乡射,乐不墙合⑭。墙屋有补无作,资农不败务⑮。非公卿不宾,宾不过具⑯。哭不留日,登降一等⑰。庶人不独

---

① [旅游]行商、商旅。[旁]广。[生]"出"字之误。[忻]乐。[通]通货物。[泽]渡口。[济]渡。

② [币]钱币。[租]借为"积"。积,重也,指重量。[母]大钱。[子]小钱。《国语·周语下》:"古者天降灾戾,于是乎量资币,权轻重,以振救民。民患轻,则作重币以行之,于是乎有母权子而行。"即指比。

③ [易]交易。[资]货物。[均]平、公平。

④ [滞]停滞。

⑤ [粥]读"鬻",卖也。[熟]熟食。鬻熟则浪费,故禁。[室市]即黑市、暗中交易。

⑥ [权]平。[内、外]本地与外地的物价。[均]平均物价。[蚤]同"早"。

⑦ [间]闾里。二十五家为闾。[次]居也。[间次]同闾居住的人。[均]均等。[行]劳也,指劳役。

⑧ 缺文疑是"市",卖也。[之]走向。[穷]穷途,指不能生存。

⑨ [乏]缺少。[无乏]使无缺乏。[利民]取民之利。[淫]过也。

⑩ [播]弃。[蔬]菜。[种]谷种。

⑪ [数]数目。[度]量、计算。[多少]指所存粮食言。

⑫ [祈]祈祷。"宾"字衍。《粜匡解》:"大荒有祷无祭。"

⑬ [雕]画。[雕饰]彩绘。[畜]指马。《礼记·曲礼》:"岁凶,马不食谷。"

⑭ [乡射]乡间赛射。[乐]乐器、秦乐。[墙合]合奏,即《周礼》所谓宫悬。郑司农曰:"宫悬,象宫室而四面有墙,一名墙合"。

⑮ [补]修补。[作]造新。[资]助。[败]害也。[务]农事。

⑯ [公卿]外邦来聘问者。[宾]行宾礼,宴飨。[具]馔,陈设准备食物。

⑰ [器]指丧事之哭。[留日]尽日。[登]当是"祭"字之误。祭,指丧祭。[降一等]即公卿用大夫礼,大夫用士礼,递降一等。

葬,伍有植①。送往迎来亦如之②。有不用命,有常不赦③。

【译文】

于是布告四方:

使商旅广泛出行,高兴地交通货物。渡口让他们渡、路上让他们宿,使他们感到所至如归。如果觉得钱币轻,就做大钱以代替小钱流行。交易货物,价格要公平。要使商旅没有停滞。不要出售熟食,不要作黑市交易。平衡本地、外地物价制定平均物价,并且要早晚一致。同闾居住的人劳役要均等,均等众人才会服从。有囤积而不出售的,用罚没的方法帮助平均,不使有人伦于贫困。平均而不使有人缺乏,取民财利不要过多。

不要舍弃蔬菜,不要吃掉种子。用数目计量存货的多少,节省用度。只祈祷,不祭祀。服装洗旧不缝新,车子不彩绘。人不吃肉,马不吃料。国内不举行乡射,秦乐不举行合奏。房屋宫室只修缮不建新,帮助农民而不害农事。宾客非公卿不宴飨,宴飨不备办过多的食物。丧事哀悼不超过一天,丧祭规格各降一等。普通百姓不单独埋葬,每伍有统一安置的地方。百姓间的送往迎来,也同样加以简化。有不认真执行者,将有一定的刑罚,决不宽恕!

因灾问政和因灾罪己

因灾问政、因灾罪己是中华文明史中天人同构宇宙观的核心内容。《大匡解》记述了周文王因灾问政、因灾罪己的思想行为。

一、因灾问政

维周王宅程之三年,遭天之大荒,作《大匡》,以诏牧其方。三州之侯咸率,王乃召冢卿、三老、三吏、大夫、百执事之人朝于大庭,问罢病之故、政事之失、刑罚之戾、哀乐之尤、宾客之盛、用度之费及关市之征、山

---

① [庶人]普通百姓。[植]借为"置",安置、放置的地方。
② [送往迎来]指百姓间的交往。[如之]如上,亦从简省。
③ [用命]认真执行。[常]指常刑。

木之匮、田宅之荒、沟渠之害、怠惰之过、骄顽之虐、水旱之灾。""官考厥积,乡问其人,因其耆老,及其总害。慎问其故,无隐乃情。

因灾问政,因为"遭天之大荒",上天降灾,是由于政治有缺失,检讨政治,以补缺失,以救免灾救灾。这是天人合一思维模式的产物。因为"遭天之大荒",造成"罢病"。问罢病之故,追查检讨造成大饥荒的原因,是政事的失误、刑罚的暴戾、歌舞的过度、宴享的奢侈、用度的浪费、征税的过多、山林的匮竭、田宅的荒芜、沟渠的损坏、大家的怠惰、官吏的暴虐、水旱的灾害等等方面,要求考察官吏的任职情况,通过乡里老人了解各乡利民、害民的情况,要求细致深入地调查研究,找出"国家罢病"的根由,不得隐瞒真情。

"遭天之大荒"就成了周文王全国检讨政事之缺失的契机和解决社会矛盾、提高国家文明程度的一个基础。

把自然灾变看作"天之降灾,以罚有罪",是中华古代社会一种天人关系的普遍认知体系,构成一种文化传统。因灾问政就构成了一种社会监督机制,借以协调社会关系,缓解社会矛盾,提高官吏的质量与素质,提高国家文明程度,使国家不断获得前进的动力。而其核心是"因灾罪己"——对最高统治者的追究与监督。

二、因灾罪己

古代中国的当政者,因天灾人祸而受到追究与监督,或自行追究——通称为"罪己",这是中华文明史一种重要的文化现象。

周文王认为周之"遭天之大荒",是由他的"不谷之德,政事之时,国家罢病,不能胥匡"——因他(不谷)失德,政事不善,致使国家遭受大饥荒,不能互相匡救。这种自认"不德"以致天降灾荒,实是一种自究、罪己的文化行为。

《吕氏春秋·制乐》记周文王遭遇"地动"(震)时的态度:"周文王立国八年,岁六月,文王寝疾而地动,东西南北,不出国郊。百吏皆请曰:臣闻地之动,为人主也。……文王曰:夫天之见妖也,以罚有罪也。我必有罪,故天以此罚我也。……昌也请改行重善以移,其可以免乎。……无几何,疾乃止。"这里认为"地动"是因为"我必有罪，故天以此罚我也"，为此"改行重善"，方得"止殃弭妖"。这是典型的"因灾罪己"行为。

《左传》庄公十一年(前683)宋大水，时为宋湣公九年。对这次水灾，宋湣公对曰："孤实不敬，天降之灾，又以为君忧，拜命之辱。"《史记·宋微子世家》："湣公自罪曰：寡人以不能事鬼神，政不修，故水。"《韩诗外传》卷三："宋人应之曰：寡人不仁，斋戒不修，使民不时，天加以灾，又遗君忧，拜命之辱。"

"不德""不敬""不仁"，造成"政事不时""政不修""斋戒不修"，方使"天之见妖，以罚有罪""遭天之大荒""地动""大水"，这使国王认识到"我必有罪""天加以灾"，由于"罪己""改行重善"，方得免除灾祸。人祸引起天灾，天灾是因人祸，人天同构，天人合一，这就是古代中国的宇宙观。

这种因灾罪己的观念，是伴随着中国文明的产生而产生的。

夏禹，商汤均有因灾罪己行为：

> 臧文仲曰：宋其兴乎：禹、汤罪己，其兴也勃焉；桀、纣罪人，其亡也忽焉。且列国有凶，称孤，礼也。言惧而名礼，其庶乎！[1]

> 昔上世之亡主，以罪为在人，故日钉戮而不止，以至于亡而不悟。三代之兴王，以罪为在己，故日功而不衰，以至于王。[2]

> (汤)曰：予小子履，敢用玄牧，敢昭告于皇皇后帝：有罪不敢赦。帝臣不蔽，简在帝心。联躬有罪，无以万方；万方有罪，罪有联躬。[3]

> 汤曰：惟予小子履，敢用玄牡，告于上天后，曰：今天大旱，即当联身履，未知得罪于上下……万方有罪，即当联身；联身有罪，无及万方。[4]

> 昔者汤克夏而正天下，天大旱，五年不收，汤乃以身祷于桑林，曰：余一人有罪，无及万夫。万夫有罪，在余一人。无以一人之不敏，使上帝鬼神伤民之命。于是剪其发，郦其手，以身为牺牲，用祈福于上帝，民

---

① 《左传·庄公十一年》。
② 《吕氏春秋·论人》。
③ 《论语·尧曰》。
④ 《墨子·兼爱下》

乃甚说，雨乃大至。①

《太平御览》八十三引《帝王世纪》有相同记载。"以罪为在己"，"以罪为在人"，这两种对待自然灾变的态度，关乎国家之兴亡、政事之成败。"罪己""罪人"实潜藏着政权的更迭与权力的交替，其中蕴含一种古代的文化传统与文化习俗。古代世界（包括古代中国），都存在过国王兼祭司（巫者）的文化现象，他们具有沟通天地的本领，具有亦人亦神的身份，他们的生死、健康状况以及他们治下的年成、政事直接关系到国家的兴亡。《竹书》云："昔尧德衰，为舜所囚也。"《竹书》："云舜囚尧，复偃塞丹朱，使不与父相见也。"②尧之禅让王位于舜，是其年老，因其"德衰"（这当是后儒所美化的禅让说的历史实际）。

这种权力交替文化习俗，在中华古族中也有遗存。这是说任何自然灾荒都成为权力交替的重要原因，而且作为一种氏族社会的习惯法延续下来（按这种习惯法及其延续正是中华文明的"早熟性"的一个特征）。

"德衰"——"不德""不敬""不仁"，引起"遭天之大荒""政事不时，国家罢病"，对此是"罪己"抑有"罪人"？"罪己"就是承担责任，接受监督，"改行重善"，积极救灾，求得上天与民众的谅解与支持，人以应天，人天互动，最后达到天人合一的境地——"功而不衰，以至于王。""罪人"就是诿过于人，怨天尤人，不自责，不承担责任，不接受监督，不改过自新，人天相背，最后是天怒人怨，"以至于亡而不悟"。

救灾是国家行为，由国王亲手抓，从制定法规、确定政策到督办，一直到成灾后的自罪、自罚，为后世施政树立了楷模，是中华救灾史上首次重大举措，为防灾、抗灾、救灾立法、执法提供了战略指导思想，即使从现代政治体制的运作方式来看，也是一种有效模式。

因灾问政，进而到因灾罪己，其中饱含可贵的人文精神，并成为中华文化传统的重要组成部分，而为历代有作为的统治者所继承，并也成为古代中国救灾思想文化观念的核心，成为古代中国克服大灾大难，不断产生活力的

---

① 《吕氏春秋·顺民》。
② 《史记·五帝本纪·正义》

一个文化来源。

　　因灾问政,因灾罪己,是中华文明发生学史上天人合一、天人同构所构成的文化原生态,认为天灾人祸的产生是上天降罪惩罚当政者,要当政者检讨,改正错误,这种因灾问政、因灾罪己的政治行为,表明当政者时时关注政治措施与天象直接关联,自己的政治措施是否符合天意民心,它们均会在日月星辰的天象、水旱灾情中表露出来——这种人文精神,这种"日月星辰与人间,祸福相关相连,因灾同政,因灾同罪,是替天行道,履行天意天道,用以考察民意、天意。这是天人合一宇宙观、价值观的具体体现,因以考查政治的得失,充分表现古老宇宙观、价值观的人文精神,是农业民族文化的核心内涵,是极为珍贵的文化遗产。

"和德"宇宙论命题

——周文王的自然生态学观

在人与自然的关系上,古代东西方认识观念是不同的。

中国古代文明一个重要现象,是天人同构、天人合一的宇宙观,即整个宇宙的所有组成部分都属于同一个有机的整体。因此,连续性与整体性就成为中国古代文明的一个鲜明特征,地与天、文明与自然、人类与宇宙是上下一体、各种生命力之间互相交叉的宇宙体系的一部分。这种认识体系逐渐跨越万物有灵的文化意识阶段,从神本向人本转变,进入理性认知的历史文化阶段。

与之相对应的是西方古代文明的人与自然的认知体系。以人们熟知的"摩西十诫"为例,摩西十诫是犹太教、基督教的宗教伦理性的基础,十诫中的1—4,是关于神与人之间关系的戒规,5—10 是关于人与人之间关系的戒规。这里规定了神与人之间、人与人之间关系的戒规,却没有关于人与自然之间关系的戒规,从而演变为人类文明(基督教文明)所必须背负的原罪——存在于人与自然之间关系上的局限。对这个问题,张光直先生归结为"破裂性文明"——"这种类型文明的特征不是连续性而是破裂性——即与宇宙形成的整体论的破裂——与人类和他的自然资源之间的分割性。"①

很显然,在东西方古代文明史上,关于人与自然关系的思维观念是截然不同的,正表明东方与西方的古文明经历着不同的发展道路,表现出不同的文明本质。

---

① 张光直:《连续与破裂:一个文明起源新说的草稿》,《中国青铜时代》,三联书店 1999 年版,第 496 页。

中华民族自古以来,就有关注人与自然的关系、人类生存环境生态的历史文化传统。

中华上古三代的经典文献中多遗留有从不同角度、不同侧面涉及或接触人与自然的关系以及人类生态诸问题。

例如:《尚书·尧典》是中国自有文字以来首次将"钦若昊天,历象日月星辰"与"敬授民时"、将宇宙自然与人类社会作为主客体放在同一个视角上观察与认知,构造了天人同构的宇宙认知体系,这在中华文明史上是一个伟大的创造。它将神圣、神秘而不可知的、只由少数人(巫觋)掌握的天象历法、宇宙自然人间化,以之与人间社会的生活、生产,与人们的衣食住行密切相关,使它们之间具有同一性、互动性,创造了天文与人文同构的文化观念与思想意识形态,首次接触到自然世界与生态体系诸问题。

又如:《尚书·禹贡》是我国自有文字以来首次阐述人与地关系的经典,它反映出夏代是产生中华文明中心观念与多样化的文明生态认知体系的历史阶段,第一次接触到自然地理环境生态与文化生态平衡发展的问题。

周文王继承了前代文化成果,根据周民族对宇宙观念与生产实践的总结,对人与自然、自然生态与文化的关系诸问题,提出具有体系性的观点,这就是《逸周书》的《文传解》。"文王受命之九年,时维暮春,王在鄗,(召)太子发……"据《竹书纪年》,文王受命之九年,即帝辛四十一年,是年三月,西伯昌薨,则此次谈话是文王临薨前所作。

一个有秩序的自然世界

认识自然,掌握自然世界的生命规律,调节人与自然的关系,是周文王对人与自然关系的基本认识。

"山林非时不升斤斧,以成草木之长;川泽非时不入网罟,以成鱼鳖之长;不麑不卵,以成鸟兽之长。"——山林不到时节不举斧斤,以成就草木的成长;河流湖泊不到时节不下网罟,以成就鱼鳖的生长;不捕幼兽不吃鸟卵,以成就鸟兽的生长。这里认为自然世界是一个充满生命律动的世界,有它的生命规律,有它的节候时序要求,森林、鱼鳖、鸟兽有其生长周期,有其生命规律,反对乱砍滥伐,反对过度捕捞,反对滥捕滥猎,应善待自然,尊重规律。人类应认识它、掌握它,按其规律与时序以适应其要求,方可为我所用,方可在人与自然的互动与互相依存中促进自然与人的共同发展。基于此,文告提出总的原则:"畋渔以时,不杀童羊,不夭胎,童牛不服,童马不驰,土不失宜"——打猎渔涝要按时节,不杀小羊,不杀怀胎的母羊,牛犊不让它驾车,马驹不驱赶奔跑,土地不失掉生长万物的本能。保护生态,就是保护生命,这是周文王的生态观,是周文王的生命观,在他看来,自然界是一个有生命有秩序的世界,人类要做的就是"万物不失其性,天下不失其时"。

为此,周文王对人与自然,社会界与自然界,直至宇宙整体做出总结:

"山木以遂其材,工匠以为其器;万物以平其利,商贾以通其货;工不失其务,农不失其时;是谓和德。"——山林得以成其资材,工匠得以制其器物;百业得以均其利益,商贾得以流通其货物;工人(疑工为士之误)不失掉他的业务,农民不失掉他的农时,这就叫作和德。在这里,周文王提出"和德"的宇宙论命题。

山林(指自然界)按自然规律生长成为人类之资源材料,士农工商(百业)按其本身特点各自发挥效能,各尽本性,各尽其力,这就是"万物不失其性,天下不失其时",就达到"和德"的境界。

古代中国很早就认识到宇宙、自然、社会是一个对称、交互关联的和谐一致的整体,宇宙自然、社会人类是一个矛盾对立的整体。天与地、天与人、地与人、日与月、阴与阳这些对立面的一体化,对立面的相互和谐一致、结合统一是天地大化之始。"夫和实生物,同则不继。以他平他谓之和,故能丰长而物归之。"①"先王之济五味,和五声也,以平其心,成其政也。"②"物和则嘉成。"③天地阴阳之和谐,使万物按其各自生命属性发展,"保合大和",保持天地阴阳的对立统一,方可使万物的生命属性持久保持而不衰竭。周文王曾多次提出"和"的观念。如"分次以知和,知和以知乐"(《逸周书·度训解》)、"众非和不众"(同上)、"抚之以惠,和之以均"(《逸周书·命训解》)等,这些仍停留在政策观念层面,应与"和德"观念有其内在的联系。

---

① 《国语·郑语》。
② 《左传·昭公二十年》。
③ 《左传·昭公二十一年》。

德是一个古老的概念,甲骨文有德字,字作一大眼睛,眼睛上有一竖线,左右标道路,像人瞪眼睛直视前方,心有所得,走在直道上,故目正之谓,心正之谓,走在正路之谓有德之人。后又标以直心之谓德。《说文》:"悳,从心直声,外得于人,内得于己也。"悳从直心,金文目形,目上有一竖线。是知德、悳之谓目正、心正、正路,当系标示人之本性、人之属性,正揭示中华文明的人文认知本源。《尚书·洪范》"无反无侧,王道正直",正直连用,正标示德之本义。王道正直显系中华文明伊始的社会基本法则和共同认知。德之为社会法则来源于氏族社会用以调整以血缘为纽带的民族内部关系,并用以要求与监督氏族酋长的行为规范。后为文明社会所继承、延续与发展。

周文武、周公、成王时期,周人创造了新时代下的道德观念。他们提出崇德、敬德思想,并把它与天命观联系起来、与王权联系起来,创造出天命观、道德观连为一体的思想文化观念,成为西周王朝思想信仰体系的核心部分。

所谓和德,即天人和谐之谓,人与自然和谐统一之谓,人类的经济发展与自然环境的和谐统一之谓,周文王的"和德"是对宇宙自然与人类社会的对立统一、和谐发展关系的哲学概括,其中既包括宇宙自然按基本性的发展,更包含着士农工商百行百业的人的创造力。尊重自然本性,尊重人的生命律动——充分发扬自然与人类生命之力,以达到天地和德、宇宙和谐境地。我们正可从中看到,作为崛起于西北地区的周民族所蕴藏的蓬勃生命力的文化底蕴。

周文王认为保持这个有秩序的自然世界,实现天地和德境界,是一个关乎国家兴亡的具有战略意义的问题。

"无杀童,不夭胎,无伐不成材,无惰四时。如此者十年,有十年之积者王,有五年之积者霸,无一年之积者亡。生十杀一者物十重,生一杀十者物顿空。十重者王,顿空者亡。"——不杀幼畜,不杀怀胎的母畜母兽,不伐未成材的树木,四季不误农时,勤劳不怠。这样做上十年,有十年积蓄的可以为王,有五年积蓄的可以称霸,没有一年积蓄的灭亡。生十个杀一个的财物堆积十层,生一个杀十个的财物顿时空虚。堆积十层的为王,顿时空虚的灭亡。

——只要遵守自然发展规律，保持人与自然之间的关系，保持生态平衡，这样经过十年生聚，十年的财富资源与人口的积蓄，国力大增，可称强国，可以称王；经过五年的积累，可以称霸一方，成为诸侯之长；而没有任何积蓄的必然灭亡。什么叫积蓄？周文王把它具体化："生十杀一者物十重"，反之，"生一杀十者物顿空"。增加生产，增加积累，开源节流，反对奢侈，反对浪费，提倡节俭，反对向大自然过分索取，就可使物质财富增大积累，使国库充实，国家富强，增强国力。反之，生产一分而索取十分，奢侈浪费，竭泽而渔，无限制地劫掠、掠夺，积累的物质财富会很快枯竭，国库空虚，国家衰败，必然很快灭亡。因此，他总结说："十重者王，顿空者亡。"最后他归之于"兵强胜人，人强胜天"的胜人、胜天的焦点上，归结到伐纣灭商、争夺政权的焦点上，从自然生态、人文生态扩大到政治生态领域，这是中华生态学史上第一次将生态问题与国家兴亡连在一起的生态观。从人与自然的关系进入到人与人、人与社会、人与道德关系领域，从维持生存、种族繁衍上升到文化学、国家学层面，从生态学进入政治学与道德学的领域，在这天人有序的互动关系中，为天人合一的宇宙观增添了新的内容，显示出周代早期文明极富人文精神与理性色彩的新特点，呈现出周代早期文明的早熟性特征。这种观念显然是对历史经验尤其是对殷纣政权必然败亡的现实经验的总结。

一个不断调整的自然世界

人类与自然界的关系总是经历着由平衡到不平衡，又到新的平衡的循环往复的运动形态。人口的增殖，气候的变化，地理环境的变迁，天灾人祸，影响着人与自然的关系，影响生态的变化。

周人首先遇到的是土地问题。

"土多民少，非其土也；土少人多，非其人也。是故土多，发政以漕四方，四方流之；土少，安斈而外其务，方输。《夏箴》曰：'中不容利，民乃外次。'《开望》曰：'土广无守，可袭伐；土狭无食，可围竭。'二祸之来，不称之灾。"——土地多人民少，土地就不是他的土地了；土地少人民多，人民就不是他的人民了。因此，土地多，就发政令以招引四方，让四方人口流入；土地少，就让百姓安顿好家室而到外地去出劳务，向四邻输出。古书《夏箴》中说：国内不能容纳利益，百姓就会到国外去住。古书《开望》中说：土地广阔无人防守的，可以袭击讨伐；土地狭小没粮食吃的，可以围困待其衰竭。这两种祸患的发生，都是土地、人民不相称造成的灾难。

土地与人口是不断变动的生态单位，土地的开发与减少，人口的不断繁殖增加，人与土地经常处在"不称"的状态之下。土多人少，人多土少，是人与土地的矛盾，这是"不称之灾"——这种生态失衡会带来国家危机、社会动乱，因此必须处理好人与土地的关系，调整失衡，解决矛盾，化解危机。这种调整是为了恢复生态系统，使人类社会恢复正常运转；实现这种调整依靠国家力量，是政府的日常职能。

天灾是造成生态失衡的重要原因。

"天有四殃：水、旱、饥、荒。其至无时。非务积聚，何以备之？《夏箴》曰：'小人无兼年之食，遇天饥，妻子非其有也；大夫无兼年之食，遇天饥，臣妾舆马非其有也；国无兼年之食，遇天饥，百姓非其有也。戒之哉！弗思弗行，祸至无日矣。'"——上天有四种灾祸：水灾、旱灾、庄稼不熟的饥年、果木不熟的荒年。它的发生，没有固定时间。如果不从事积蓄，用什么来防备它？《夏箴》中说：普通百姓没有够吃两年的粮食，遇上饥荒，妻子儿女就不属他所有了；大夫没有够吃两年的粮食，遇上饥荒，奴隶车马就不属他所有了；国家没有够吃两年的粮食，遇上饥荒，人民百姓就不属它所有了。警惕啊！不思虑不实行，灾祸降临就没几天了。

这里强调要有积蓄，要有储备，以防天灾。不论是平民百姓、官僚大夫，还是国家政府，都要有长期积聚的打算（依靠长期生态平衡所带来的积聚），一旦天灾降临，造成严重的生态失衡的"不称之灾"，就可以防灾救灾，把损失降到最低水平。周文王有《籴匡解》《大匡解》，是专门性的救灾文告，是中华救灾史上第一文。把防灾救灾提到生态学层面，提到国家政府以及属于每个人的行为，是西周早期文明进入成熟阶段的一个鲜明标志。

气候变化，地貌变化，水土流失造成生态失衡，这需要人为调整与改造。

"土可范，材可蓄：润湿不谷，树之竹、苇、莞蒲；砾石不可谷，树之葛、木，以为绤绤，以为材用。故凡土地之间者，圣人裁之，并为民利。孤寡辛苦，咸赖其生。"——土地可以为之制定规范，资源可以得到积蓄：不长粮食的低湿之地,就种上竹子、芦苇、蒲草;不能种粮食的砾石之地,就种上葛麻、种树木,以供纺织葛布,以供木材使用。所以,凡是空闲的土地,圣人都裁制它、改造它,使它们都成为百姓的福利。孤寡贫穷的人,都靠它为生。

从顺应自然、依赖自然,到能动地调整生态环境,改造自然,这是人的认识的一大飞跃,是社会生产力大发展的结果。这种调整和改造带来了生物多样性与文化多样性,也给社会带来了活力,充分调动了人的主观能动性和国家职能的建设性作用,也充分发挥了自然能量,其出发点是"并为民利"。突显了周文王的生态观念极富人文精神和民本精神。

将天人合一宇宙观具体化在人与自然的关系、生态关系上,即宇宙、自然、社会、人群是一个充满生命律动的互相关联的有机的整体,是一个遵循规律和法则的有秩序的整体。尊重生命(自然界与人类),遵循规律,就可以达到天地和德的最高境界,天人同构,人与自然和谐相称,国家富强,物质丰富,人民安乐,可以为王、为霸。只要本着"并为民利",就可以充分调动人的积极性与主观能动性,成为自然的主人,调整、改造,使自然为我所用。这也应是天地和德观念的最大效应,是周文王在生态观念上的一个新创造、新特点。

对人与自然的关系,对于文化与自然环境的关系,周文王归结为"开塞禁舍"的自然辩证观。

"明开塞禁舍者,其取天下如化;不明开塞禁舍者,其失天下如化。"开,开放;塞,堵塞、关闭;禁,禁令、约束;舍,设也。这是人与自然的辩证关系的新概括。这里将开塞禁舍作为夺取天下的指导思想原则——明白通晓开放、关闭、禁止、施设四者辩证关系的,夺取天下就像化育万物一样自然容易;不明白开放、关闭、禁止、施设关系的,失去天下也是很容易的事。能否懂得自然规律、掌握人与自然的辩证关系,是对夺取天下与失掉天下具有决定意义的大原则。在这里,周文王又一次将人与自然的关系提到"取天下"与"失天下"的高度,并对人与自然的关系做了辩证思维的新概括。这既是伐纣灭商前夜作为农业民族的农业文明的战略安排,又为西周建国之后确定了指导思想。作为一种新的文明价值观,必然会产生强大的亲和力,争取与国友邦,形成伐纣灭商的联合阵线,从而扩大了自己的力量。它为中华生态学史确立了基本架构与基本体系。

现代生态平衡发展观念远比周文王时代更丰富、更具时代性、更具世界性;它更关注环境科学、生态人类学和生态应用科学诸问题;而周文王为中华生态学史奠定了一块基石。

《逸周书·文传解》是中国自有文字以来最完整的一篇阐述人与自然关系和生态人类学的论著,是周文王对中华生态学史的开山之作,是周文王的重要文化遗产,其中饱含着3000年前周民族作为农业民族的智慧与才华,闪耀着周民族征服自然、改造自然的勇气与光芒,表明西周农业文明已达到一个新的历史高度,直到今天,仍有借鉴意义。对这份文化遗产,应珍惜它,认真研究它。

处理好人与自然的关系,它关系人类生长的环境——社会环境、政治环境、生存环境,周文王把这个问题提到"和德"的道法哲学、生存哲学。在全球化的今天,这是世界性问题,在全球生态危机日益严重的状态下,任何破坏这个问题的行为,均属于反人类的行为。

"兵强胜人，人强胜天"

——周文王创造新哲学观

一、一切事物存在矛盾对立面

"天生民，而制其度。度小大以正，权轻重以极，明本末以立中。"法度有大小，权有轻重，探明本末，确立立中标准，"明王是以敬微而顺分"——重视对立面的精细的区别，分次掌握，深入认知事物的矛盾对立双方，诸如好与恶、让与争、赏与罚等矛盾对立关系，均应分次精细，谨慎处理。

二、这种事物的矛盾对立双方不断变化，相互转化

"分次以知和，知和以知乐，知乐以知哀。哀乐以知慧，内外以知人"。哀乐由对立而变化，关键在人的内外一致，在于"明王是以无乐非人，无哀非人"——即君王与民同乐，与民同哀，才可达到"人是以众"——得到众人的拥戴。①

文王认为这种矛盾对立双方在一定条件下是可以转化的。"极命则命堕"，"极富则民禄"，"极祸则民鬼"，"极丑则民叛"，"极赏则民贾其上"，"极罚则民多诈"。"极"，过度过分。任何事物一过分，超越限度、超越规范、超越自然法则，就要向相反方面转化。这种转化，"凡此六者，政之殆也"，是为政者最危险的事。为了防止这种矛盾对立的转化，应该"福莫大于行义，祸莫大于淫祭，丑莫大于伤人，赏莫大于信义，让莫大于贾上，罚莫大于贪诈。

---

① 《逸周书·度训解》。

古之明君，奉此六者以牧万民，民用而不失"。要求为政者掌握矛盾双方发展的"度"，"权以知微，微以知始，始以知终"，只有了解事物的细节及其发展变化，方可掌握与认知事物的性质与变化。

文王认为事物的矛盾对立是普遍存在的，因此要求为政者"权不法，忠不忠，罚不服，赏不从劳；事不震，政不成（盛）；艺不淫，礼有时；乐不满，哀不至；均不壹，惠不忍人。凡此，物攘之属也。"①

在这里，文王规定了为政之"度"，以防止矛盾转化。

承认事物存在内在的联系性与因果关系，是新哲学思想的一个特点。"顽贪以疑，疑意以两……困在坌，诱在王，民乃苟……九奸不迁，万物不至。"②这里强调了事物发展有其因果关系，为政者要"慎微以始而敬终，乃不困"。应认识开端与结尾的因素关系方可避免政治危机。

三、发展观、变易观

"物无不落。落物取配，维有永究。急哉急哉，后失时。"③"物无不落"，任何事物都有其发生、发展、兴盛和衰亡的过程，事物没有永存的，一切都在动，都在变。这种变易观念、发展观念是文王的矛盾对立变易观的核心和精华。所以文王教导武王"后失时"，要抓紧时机，落后了就失掉时机！

周人正是在这种矛盾对立变易观的哲学观念指导下，认为"物无不落"，"大邑商"这个庞然大物不会永远存在，只要抓紧时机，加紧努力，大可以转为小，小可以转为大，我们的目标一定能达到。这种哲学观念成为一种动力，一种时代的新思潮，将改变中华文明的新格局。

文王的这种认识宇宙事物矛盾对立和运动变化的哲学观念，是初步的朴素的，还不是专门性的哲学论述，还是在具体工作中的朴素认识，还属于经验性的，还未上升到理论高度，存在狭隘性与片面性。《周易》的出现吸收并发展、丰富了文王所创造的哲学观念，把矛盾对立与运动变化的哲学观念提升到一个新阶段，但其中仍杂有巫史卜筮色彩和神秘意味，真正哲学时代

---

① 《逸周书·常训解》。
② 《逸周书·常训解》。
③ 《逸周书·文酌解》。

的到来还需更多哲人的出现。

周原曾出土带有八卦符号的甲骨,有专家指出这类符号中的奇数代表阴爻,偶数代表阳爻,有三个数字是三爻,六个数字是六爻,它应是由蓍草和算筹摆出来的数字象形。①《史记·周本纪》记"其(西伯)囚羑里,盖益《易》之八卦为六十四卦",则文王为《周易》作者之一的说法,当接近早周文化史实。

四、新天人观念

殷人信天命,作为"周虽旧邦,其命维新"的周人,既继承了夏人的天命观念,又对天人关系提出新认识。早在《逸周书·命训解》中集中地阐述了关于天人关系的新观念。

"天生民而成大命","大命有常,小命日成",认为人生是天命所定,而大命固定不变而小命由个人德行决定,故曰"日成"。君王要"道通天以正人",道天即天道,用天道教育人。"明天昭天"是以礼仪制度敬天,礼仪制度是天道的具象化,"使信人畏天,则度至于极",诚信人道敬畏天道,则礼仪制度就达到极致。因此,提出天道与人道及其关系问题。②

"夫天道三,人道三","以人之丑当天之命,以黻冕当天之福,以斧钺当天之祸",天道、人道相对应,"六方三述,其极一也,不知则不存",双方不要过极,在天道与人道的互动中,这里提出人道可以影响天道的认识。这是进一步申述天人关系,是在殷商天命观基础上提出人道、人道并重的观念。③

在《常训解》中提出"天有常性,人有常顺。顺在可变,性在不改"的天性(自然宇宙规律)不变而人性可变的观念。人性可变,故"明王于是生政以正之",强调了后天的教育作用。

五、强兵强人战略哲学观

在《文传解》中提出"兵强胜人,人强胜天"的天人关系的新观念。

---

① 陈全方:《周原与周文化》,上海人民出版社 1988 年版,第 146—147 页。
② 《天命训体》。
③ 《天命训体》。

天是最高的信仰，人战胜天，掌控天，主宰天，这是新时代的观念，这种战略哲学是以周文王为代表的周族集团为实现"实始翦商"这一伟大战略目的任务的战斗经历中总结提出来。

我们这里所说的早期，是指殷商王朝灭亡之前的相当一段时间，又可以指谓周族自岐山周原兴起至武王伐纣灭商这一历史时段。这是西周王朝建立之前的准备阶段，经历太王古公亶父、王季历、文王姬昌和武王姬发的四代努力，前仆后继，终于以"小邦周"打败了"大邑商"，建立了西周王朝。在这之前的早周时期，四代王，尤其是文王做了大量的政权建设工作，提出新的哲学观念、天人观念和民本思想，为西周王朝文化建设打下深厚的思想文化基础，为推动西周(王朝)文明进入全面成熟历史阶段开辟了道路。

六、季历、文王之死——早期商周政治、文化冲突

1.《史记·周本纪》记述了始祖后稷以下的周族世系，自不窋至公刘"而奔戎狄之间"，周族戎狄化，公刘率族众自有邰迁邠，"于邠斯馆，涉渭为乱，取厉取锻，止基乃理……"①走出西戎之地，东流渭水在邠地(今陕西彬县一带)定居，为周族的兴起奠定基础。故史谓"周道之兴自此始"。古公亶父因，"薰育戎狄攻之"，"乃与私属遂去邠，度漆、沮，逾梁山，止于歧下。[按：据《后汉书·西羌传》古公当殷王康丁、武乙(前1160—1113年)之间东迁岐山周原]……于是古公乃贬戎狄之俗，而营筑城郭室屋，而邑别居之，作五官有司。"是知，古公亶父摒弃戎狄文化影响，东迁岐下周原，筑城郭，别邑落，建法制，周始建国。《史记集解》引皇甫谧云"邑于周地，故始改国曰周"。迁于陕西扶风周原，因地名族，因地名国。对于太王古公亶父迁移岐山周原，建国立都的文化意义与历史作用，周人有十分明确的认识。"天作高山，大王荒之。"②周人认为太王古公亶父迁都岐山周原，是遵照天帝的意旨，从此为周族开辟了新的道路。"彼作矣，文王康之"，因为是按上天意志来做的，文王继承了这个事业，并使之发扬光大。《诗经·鲁颂·閟宫》中写道："后稷之孙，实维大王，居岐之阳，实始翦商。"这里明确地指出：古公亶父建都岐

---

① 《诗·大雅·公刘》。
② 《诗·周颂·天作》。

山之阳,开始揭开与殷商争夺天下的历史新篇章。"至于文武,缵大王之绪","敦商之旅,克咸厥功",文王、武王继续太王的事业,行使上天的惩罚,打败殷商军队,成就太王开创的功业。是时周族与西方戎狄古族保持着婚姻关系。"齐、许、申、吕由大姜"①,韦昭注:"大姜,太王之妃,王季之母也。"姜姓来于古羌族,后随周人入中原,因太公吕尚出于姜氏(按:"文王得之渭滨",则吕尚当为随周族东迁之羌族族众;其佐周灭殷之诸行事,如"其事多兵权与奇计",周人尊为"圣人","太公之谋居多"等,则吕尚乃巫者一流人物),则衍生齐、许、申、吕等姜姓大族。周王室与戎狄等族保持婚姻关系,史不绝书。"则我皇妣大姜之侄伯陵之后,逢公之所冯神也。"韦昭注谓:"周道起于大王,故本于大姜也。"②是知,太王古公亶父与羌族联姻,借助羌族力量,"太王谋事必于太姜,迁徙必与"③,则知以太姜为首的羌族成为太王兴国的重要力量。早周文化中实含西方羌狄文化因子。建都立国,使新兴的周国成为殷商后期在西部地区的一支重要力量,一个重要方国,今本《竹书纪年·武乙》:"三年……命周公亶父赐以岐邑",则古公已封周公,为殷之方国诸侯。周族就从此时起确定了"实始翦商"——推翻殷商王朝的战略目标,经过四代的努力,最终实现了这一战略任务。

2. 关于王季历,《史记·周本纪》记载得很简略:"太姜生少子季历,季历娶太任,生昌。……古公卒,季历立,是为公季。公季修古公遗道,笃于行义,诸侯顺之。"是谓季历为古公之少子,"公季",是季历承继亶父周公之爵,为殷商之方国。"修古公遗道"者,继父志以完成"翦商"大业也。

查今本《竹书纪年·武乙》:"二十四年周师伐程,战于毕,克之。"《逸周书》有《程典解》,文王制定法典在程邑(程,古地名,在今陕西咸阳东,程、毕为一地,有大小之别,原为一古国名,后为文王之初都)。可知,季历仍坚持乃父古公东伐战略。武乙三十年(前1118)"周师伐义渠,乃获其君以归"。义渠,古西戎国名、族名,其他在甘肃合水、泽川等县地。伐义渠,是周人向西扩张,征灭周围小国。武乙三十四年,"周公季历来朝,王赐地三十里,玉

---

① 《国语·周语中》。
② 《国语·周语下》。
③ 《史记·周本纪·正义》引《列女传》。

十毂(音 jue,珏,白玉一双)，马十匹"。武乙三十五年(前 1113)，"周公季历伐西落鬼戎，俘二十狄王"。西落鬼戎为西戎族之一支，又称犬戎，亦称鬼戎，后称鬼方，为三代时西北地区极为强悍的游牧民族。正在这一年，"王畋于河渭，大雷震死"。对武乙之死，丁山先生提出新见解："武乙之死于河渭，似乎不是田猎，可能是去征伐周王季，兵败被杀，殷商史官乃讳言'暴雷震死'而已。"并引甲文为证："亚㐅以众涉于胃，若。"(粹，1178)"然则辞云'亚㐅以众涉胃'，胃是周人所居的渭水;此辞正是'武乙猎于河渭之间'的纪事。换言之:武乙晚年，用兵于渭水流域，这是铁证;其死于战争，或为周人所杀，自是意中之事。""商周两大民族的对立，到了武乙时代，确很严重，我所以断定武乙死于河渭之间，绝不是'暴雷震死'，而是死于兵败。"①正由于"周师伐程""周师伐义渠""周公季伐西落鬼戎"，王季的一系列军事胜利，引起殷王武乙的警惕，先是赐地、赐玉、赐马以拉拢，然后出兵惩戒，但劳师远征，孤军深入，兵败被杀。这可见商周两大民族之走向对立与冲突，也可见周人力量之逐渐强大，成为殷商王朝的心腹大患。

武乙之后文丁时期(前 1112—1102 年)，《竹书纪年》文丁十年(前 1111 年):"周公季历伐燕京之戎，败绩。"《后汉书·西羌传》记为:"太丁之时，季历复伐燕京之戎，戎人大败周师。"所谓"复伐"，则周人之伐已多次失败。四年，"周公季历伐余无之戎，克之，命为(殷)牧师"。《后汉书·西羌传》:"后二年，周人克余无之戎，于是太丁命历为牧师。"殷代，"师"与马、亚、射、戍均为掌军事之官，"牧师"为地方长官，则文丁以季为西部地方长官，承认周人的力量，委以地方大权。恐当此时，与周王季联姻。"挚仲氏任，自彼殷商，来嫁于周，曰嫔于京。乃及王季，维德之行。大任有身，生此文王。"②殷王文丁以挚国任姓仲氏女与季历联姻。此即《史记》所云"季历娶太任，生昌"——太任乃文王之母。是以联姻巩固殷周关系，从中可以看到殷之力量衰弱，周之力量膨胀。文丁五年，"周作程邑"。这个程邑就是《逸周书·大匡解》"维周王宅程"的程，为季历之王都。"作程邑"即扩大王都。文丁七年，"周公季历伐始呼之戎，克之。"文丁十一年，"周公季历代伐翳徒之戎，获

---

① 丁山:《商周史料考证》，中华书局 1988 年版，第 153—156 页。

② 《诗·大雅·大明》。

其三大夫来献。捷王杀季历。"《后汉书·西羌传》:"自是之后,更伐始呼、翳徒之戎,皆克之。"《纪年》:"王嘉季历之功,赐之圭瓒、矩鬯九命为伯,既而执诸塞库,季历困而死,因谓文丁杀季历。"《吕氏春秋·首时》:"王季历困而死,文王苦之。"解者以为"季历为殷王困而死,故文王苦之,思待时以复殷杀父之仇。"①

《晋书·束皙传》引《竹书纪年》:"文丁杀季历。"关于"文丁杀季历"事,屈原《天问》曲折言之:"何冯弓挟矢,殊能将之?既惊帝切激,何逢长之?伯昌号衰,秉鞭作牧。何令彻彼歧社,命有殷国?"对前四句,林云铭、邱仰文、陈本礼等解为季历之事。以为季历事殷,凡七用师,而六大胜。太丁嘉历之功,赐之圭瓒秬鬯,彤弓玄矢,九命为伯,既而执诸塞库,困而死,连克三戎,功高震主,惊帝切激也。② "伯昌号衰",衰,丁山以为哀之误,"号哀",哀痛其父季历之无辜被杀。继承其父牧师之职,执鞭(策)为西土之长,在岐山宗庙前祭祀祖庙,发誓灭殷。殷王文丁因功以封赏季历,"既而执诸塞库,季历困而死",文丁已认识到周人的急剧发展已威胁到殷商王朝的国家利益,故借其朝献之机,执而杀之。商周民族之间的仇恨与冲突愈加深刻。

周人对大伯王季尊崇礼赞,在《诗经·大雅·皇矣》一诗中做了集中表达。文王历经帝乙、帝辛两代,其经历行状在《史记》中有较多的记载,其与帝乙、帝辛的冲突历史比较清楚,毋庸赘言。这里只就几个尚需进一步弄清的问题作一考察。

3. 殷王嫁女于周

"文王初载,天作之合。在洽之阳,在渭之涘。文王嘉止,大邦有子。大邦有子,伣天之妹。文定厥祥,亲迎于渭。""缵女维莘,长子维行,笃生武王。"③莘,姒姓,夏商之古国,莘之长女大姒,嫁文王,生武王发。殷王嫁女于文王,与嫁女于季历,其意义是相同的,通过政治性联姻,以图稳定殷周关系。周人虽然惊喜于这种与"大邦"的联姻,提高了周作为方国在殷商王朝的地位,但却不能减轻周人"灭商""夙夜忌商"的心思与力量。"保右命尔,

---

① 陈奇猷:《吕氏春秋校释》,学林出版社1984年版,第770页。
② 参考游国恩主编《天问纂义》,中华书局1982年版,第401—404页。
③ 《诗·大雅·大明》。

爕伐大商""凉彼武王，肆伐大商"。殷王两次嫁女于周，以政治联姻的方式稳定殷周关系，从中正可透露出殷周双方力量的强弱消长变化的信息。虽然这时的殷商王国仍以"大邦"自居，仍维持其"大邦"地位。其也从中透露出在强大浓烈的殷商文化氛围中，周人如何斗争、冲突、继承与变革、寻找新道路的文化动力学的运动轨迹。

4. 姬昌称王

西伯姬昌称王一事是商周史之一大疑案，昔日儒家多赞美文王为仁义之表，故多对此事讳之。

查《史记·殷本纪》："以西伯昌、九侯、鄂侯为三公。……崇侯虎知之，以告纣，纣囚西伯羑里。"《逸周书·程典解》："维三月既生魄，文王合六州之侯奉勤于商。商王用宗（崇字之误，指崇侯虎）谗，震怒无疆。"《吕氏春秋·行论》："昔者纣为无道……纣恐其（指文王）叛，欲杀文王而灭周。"殷纣早有灭周之意。又查古本《竹书纪年》："帝乙二年，周人伐商。"（《太平御览》八四引）可知，文王刚刚即位不久，即为其父报仇伐商，这当是崇侯虎所以潜毁，殷纣借机囚之羑里的根本原因。商周两大民族之文化冲突日益激烈。

"西伯归，乃阴修德行善，诸侯多叛纣而往归西伯"；"西伯阴行善，诸侯皆来决平"。周地逐渐成为政治、文化中心："西伯滋大，纣由是稍失权重。"[①]这就是"三分天下有其二"之说的由来，亦即前引"文王合六州之侯奉勤于商"的根据。

《诗文王序疏》曰："《尚书周传》云：文王受命，一年断虞芮之讼，二年伐邗，三年伐密须，四年伐犬夷，五年伐耆，六年代崇，七年而崩。"《书序》在四年伐犬夷下云："殷始咎周。"注：咎，恶也。《韩非子·难二第三十七》："昔者文王侵盂、克莒、举酆，三举事，而纣恶之。"文王的一系列扩张，直接侵犯了殷商王朝的利益，成为强大的对手，故"殷始咎周"。

周原出土早周甲骨，如"H11.82"、"H11.84"、"H11.112"三条卜辞记"文王受命为周方伯"之事。甲骨有"楚白（伯）今秋来""今秋王西克往密""伐蜀""克蜀""征巢""虫（崇）白（伯）""伐胡夷""髳（黎）乃用牡""虹子"

"毕"等,可知,周文王时一方面为殷之"周方伯",一方面则大力扩张,其势力已南及荆楚江汉,西及泾州(甘肃一带),东及河南嵩山,北及山西潞州(已进入殷商畿内)。①

司马迁以为"诗人道西伯,盖受命之年称王而断虞芮之讼"。受命当指殷纣"乃赦西伯,赐之弓矢斧钺,使西伯得征伐"②。《诗文王序疏》引《元命苞》云:"西伯既得丹书,于是称王(指《纬书》:'赤雀丹书,降彼岐社'),改正朔,诛崇侯虎。"又引《乾凿度》:"改正朔,布王号于天下。"可知,文王姬昌确实称王。前贤对此已多有辨正,现引清人崔适《史记探原》为说:"文王称王,经有明征。一征之《易》'升六四'曰:王用亨于岐山。岐山者,文王之都会也。再征之《诗》,《大雅·皇矣》篇,述文王伐崇,有曰:是类是祃。《礼记·王制》:天子出征,类于上帝,祃于出征之地。文王苟不称王,何为类祃。三征之《春秋》:元年春王正月。元年者何,君之始年也;王者孰谓,文王也。四征之《孟子》以德行仁者王,王不待大,汤以七十里,文王以百里……"陈登原据此指出文王"有自称为王之事",并引蒙文通谓"文王处心积虑,乃近于实,孔孟所言,反为疏漏",又引顾炎武《日知录》谓"文王何当不藉力哉"。③

《竹书纪年》:帝辛六年,"西伯初禴于毕"。是文王已建立王者才具有祭天地四时的祭祀礼仪制度。

成书于商周之际的《周易》爻辞中记有文王事:

(1)前引"升六四":王用亨于岐山,吉,无咎。

(2)"随上六":拘系之,乃从维之,王用亨于西山。

(3)"既济九五":东邻杀牛,不如西邻之禴祭实受其福。(此条正可与上引《纪年》"西伯初禴于毕"对看。)

可知《周易》直记文王之称王。

《礼记·文王世子》:"武王曰:西方有九国焉,君王其终抚诸。"《正义》:"文王继王季为西伯,是殷之诸侯,不合称王。今武王谓之君王,故知受命之后也。"是知,文王于受命之后称王。

① 参考陈全方《周原与周文化》,上海人民出版社 1988 年版,第 124—133 页。

② 《史记·周本纪》。

③ 陈登原:《国史旧闻》第 1 册,中华书局 2000 年版,第 162—164 页。

称王是"实始翦商""夙夜忌商"的结果，是周人继太王、王季到文王三代努力，公开走上反商、叛商的历史新道路，标志商周两大民族的文化冲突已进入决战阶段。

七、文王之死

文王之死是商周史上一件大事，是横死，抑或是善终，一直是一个谜，也是周人极力忌讳并为之隐讳的事，但文王之死事关商周两代的兴亡，故应加以辨正。

据《史记·周本纪》谓殷纣囚文王于羑里在文王受命之前，并谓文王受命七年而崩。

《礼记·文王世子》《正义》云："五年之初，得散宜生等献宝而释文王，文王出则克黎。"

《左传》襄公三十一年："纣囚文王七年"（应是"文王受命七年被囚"之误）。《正义》云："四年伐犬夷，纣乃囚之，四友献宝乃得免于虎口，出而伐耆。"

"克黎""伐耆"在《尚书·西伯戡黎》中有记述："殷始咎周，周人乘黎。祖伊恐，奔告于受。"《殷本纪》作"西伯伐饥国，灭之"。《周本纪》作"明年，败耆国"。耆、黎又作耆。《说文》"邑部"："耆，殷诸侯国，在上党东北。饥为黎之假借字。"《尚书正义》：黎"近王圻之诸侯"；"纣都朝歌，王圻千里，黎在朝歌之西，故为近王圻之诸侯也。"郑玄云："入纣圻内。"是知，"周人乘黎，迫近王圻，故祖伊恐，奔而告王"。"纣闻文王断虞芮之讼，后又三伐皆胜，始畏而恶之"；现又伐黎，逼近王畿，其图商之心已明，这不能不引起殷商王朝的震恐。

"耆，古文利"。（《说文》）甲骨文有利氏：

庚午卜，狄贞，王其田利，亡卅。吉。（侯家庄.2.甲）

壬申卜，狄贞，王其田衣，亡卅。吉。（侯家庄.2.甲）

知康丁时常到利氏地田猎，其地距殷（衣）都只一二日路程。

当殷纣得知"周人戡黎"的消息，一方面大呼"我生不有命在天"，有天命相助；另一方面，前已对周人的扩张"畏而恶之""殷始咎周"，这时周人又"戡黎"，周人亡商的野心大暴露，促使殷纣决心出兵灭周了。

"商纣为黎之蒐，东夷叛之。"①"纣为黎丘之蒐，东夷叛之。"②是知，文王被囚羑里，"出则克黎""出而伐耆"，则文王不因被释而放手，反而"戡黎"，坚持实行灭商大业。而殷纣出兵黎地，当然是对着文王去的。对此，《吕氏春秋·首时》有记述："王季历困而死，文王苦之，有不忘羑里之丑，时未可也。武王事之，夙夜不懈，亦不忘玉门之辱，立十二年，而成甲子之事。"《韩非子·喻老》："武（原作文）王见詈于玉门。"是知，殷纣囚文王于羑里，同时又在玉门斥骂武王。这种政治的文化的侮辱更加激怒文王父子，不忘奇耻大辱，"立十二年，而成甲子之事"。文王之伐犬戎、伐密须、败耆国，正是周人实施其灭商的战略措施。因文王之戡黎，"纣为黎之蒐"：一战而擒文王，硬是将他醢了。"③

总上可知，商周之间自太王"实始翦商"，开启了商周两大民族的政治、文化冲突，经"文丁杀季历"，文王受命称王，这个冲突愈烈，仇恨愈积愈深，"纣为黎之蒐"，一战而擒文王并杀之，这就是"文王受命七年而崩"的真实内容，也是《尚书·西伯戡黎》与《史记·周本纪》未明言而深藏着的一段商周文化冲突史。

我们还应从武王的反映与出师伐纣的系列动作上来透视文王之死的问题。

《尚书·泰誓》是武王伐纣出师的誓词。"予克受，非予武，惟朕文考无罪；受克予，非朕文考有罪，惟予小子无良。"这是用以向三军预测出师的胜败，其中重点申辩其"文考"的有罪无罪。"文王非死于纣手，武王何以辨其无罪有罪？"（原文有重点号）④

《史记》等史籍记武王出师经过："九年，武王上祭于毕。东观兵，至于盟

---

① 《左传·昭公四年》。
② 《韩非子·十过》。
③ 丁山：《商周史料考证》，中华书局1988年版，第189页。
④ 丁山：《商周史料考证》，中华书局1988年版，第190页。

津。为文王木主,载以车,中军。武王自称太子发,言奉文王以伐,不敢自专。"①"西伯卒,武王载木主,号为文王,东伐纣。"②"武王伐纣,载尸而行,海内未定,故不为三年之丧始。"③这些史料给我们提出以下几个问题:其一,文王既死,武王即位宜即改元,但周史仍记"九年"(《史记·周本纪》)、"惟十有一年,武王伐殷"(《尚书·泰誓》)。九年、十一年均为文王纪年,武王即位不改元,续文王受命之年,以示继成父业。《尚书·无逸》:"文王受命惟中身,厥享国五十年。""中身",中年,受命仅七年即崩,"中身"者,言其不当死而死,内含文王"中身"被害,武王自称太子发,顺续文王受命之年以明其灭商复仇之志,并向殷纣以示文王之英灵仍在、其事业仍在之意。其二,"为文王木主,载以车,中军",木主以代生人,正说明文王无端被害,尸骨未归,"奉文王以伐",藉木主以示文王虽死犹生,主持中军,继续发扬先祖和文王灭商大业,并用以鼓励士气。《周易·师卦》"六三":"师或舆尸,凶","六五":"长子帅师,弟子舆尸,贞凶"。"舆尸"即"载木主",虽然贞人卜问这次载木主出师伐纣,封象凶,但仍坚持出师。屈原《天问》也对此事发问:"武发杀殷,何所悒? 载尸集战何所急?""何所悒""何所急",正点明武王仇恨之深、复仇之切,也流露出屈原对周武王的不满与责难。姜尚《六韬》佚文记武王伐纣乃"太子为父报仇"。

查自殷王武丁时有征周方"扑周"(《新》5.1.7＋5.7.7)、"周弗其擒"(《乙》7161)的卜辞,此当周之先世公刘时期商周已发生冲突。《易·既济·九三》:"高宗伐鬼方,三年克之。"《易·未济·九四》:"震用伐鬼方,三年有赏于大国。"《周易》记载了商周争夺鬼方的政治冲突。在近两个世纪中,商周历史中有冲突,有联姻,有封赏,但季历、文王之死,武王伐纣"为父报仇",以小击大、以弱敌强、以落后敌先进,周人终于完成灭商大业。

殷商王朝,在太王、王季、文王、武王四代的艰苦经略、前仆后继的不懈努力下终于被毁灭。商周经过一个多世纪的政治、文化的冲突,表现为殷商王朝对异姓诸侯方国的野蛮性与暴戾性和以周族为代表的诸侯方国的反抗

---

① 《史记·周本纪》。
② 《史记·周本纪》。
③ 《淮南子·齐俗训》。

斗争,最后以周族的胜利而结束,从此,周文化、周文明主宰着中国三千多年的文化史、文明史。

强人、强兵,周文王的两大战略哲学终于完成"翦商"大业;有了强大的军队,有了武装,有了新动态哲学观念(发展观、变易观)、新的天人观念(打破了殷纣王的"我生不有命在天"的天命观)的人民大众,在姜尚这位"天下乃天下人的天下"的新型大思想家率领下终于以小邦周打败了"大邑商"。周文王的思想文化建设为周人兴起奠定了根基。

周文王时代的新天下观

周文王创造了新时代的人为主体的新型天人合一的宇宙观。

"天下非一人之天下,乃天下人之天下。"——周文王时代的新天下观。这句话出于姜尚之口。

姜尚,姜子牙,又称吕尚、吕望、太公望,在中国是一位妇孺皆知的人物,由于他的出身行状多有怪异神秘,加上后儒多有附会,故多具传奇神怪色彩。姜尚其人实关乎商末周初的一段朝代更迭史,关乎周代第一代文化人诸问题,去其粉饰,还其本来,认识其在中华早期文明史上的地位,实有重大的学术价值。

姜尚传记见于《史记·齐太公世家》,是了解姜尚出身行状的基本史料。

一、出身年龄考辨

1. 关于姜尚的出身

《史记·齐太公世家》:"太公望吕尚者,东海上人。其先祖尝为四岳,佐禹平水土甚有功。虞夏之际,封于吕,或封于申,姓姜氏。夏商之时,申、吕或封枝庶子孙,或为庶人,尚其后苗裔也。本姓姜氏,从其封姓,故曰吕尚。"

司马迁认为,姜尚出身东夷炎帝之后,为古族。这一说法影响很大,后世如《孟子》《吕氏春秋》《战国策》及《史记索隐》等均因姜尚封于齐故,附会此说。

查《礼记·檀弓上》:"太公封于营丘(山东临淄地),比及五世,皆反葬于周。君子曰:乐,乐其所自生,礼,不忘其本。古之人有言曰:狐死正首丘,仁也。"死后反葬,葬其初生之地,这是一种史前古老的习俗文化。周始祖后稷生于姜嫄,太王古公亶父与古羌族联姻,妃名太姜,武王妃名邑姜,是皆与羌族联姻之诚证。姜尚亦当为羌族,随太王古公东迁岐山周原,以姜(羌)为姓。是姜尚非"东海上人",盖因其封于东方齐地,故附会其为炎帝之裔,东夷之士。

"吕尚盖尝穷困,年老矣,以渔钓奸(干)周西伯。西伯将出猎,卜之,曰'所获非龙非螭,非虎非罴,所获霸王之辅',于是周西伯猎,果遇太公于渭之阳,与语大说,曰:'自吾先君太公曰,'当有圣人适周,周以兴'。子真是邪?吾太公望子久矣。'故号之曰'太公望'。"

"或曰,太公博闻,尝事纣。纣无道,去之。游说诸侯,无所遇,而卒西归周西伯。或曰,吕尚处士,隐海滨。周西伯拘羑里,散宜生、闳夭素知而招吕尚。吕尚亦曰'吾闻西伯贤,又善养老,盍往焉'。"①

这一史料提出以下几个问题:

①吕尚穷困;②年老;③文王因卜兆得遇(或说散宜生等招之);尝事纣。

司马迁在《自序》中再次强调"番番黄发,爰响营丘"。

《战国策·秦策》:"太公望,齐之逐夫。""朝歌之废屠,子良之逐臣,棘津之雠不庸。"

《尉缭子》:"太公望年七十,屠牛朝歌,卖食孟津。"

《韩诗外传》:"吕望行年五十,卖食棘津,年七十,居于朝歌。""太公屠于朝歌,天热肉败。"

《吕氏春秋·首时》:"闻文王贤,故钓于渭以观之。"

《楚辞·离骚》:"吕望之鼓刀兮,遭周文而得举。"

《天问》:"师望在肆,昌何识? 鼓刀扬声,后何喜?"

卖饭、屠牛、钓鱼、为妇所逐,皆言姜尚不得志之极。

姜尚之穷困得遇文王,伊尹为庖厨得遇成汤,傅说为刑徒得遇武丁,是商周时开国君主、中兴君王均从社会下层提拔人才,使国家大兴。这应是商周文明史的一大特点,也是自有文字以来中华第一代文化人登上历史舞台的一大特点。

---

① 《史记·齐太公世家》。

2. 关于姜尚遇文王时的年龄

关于姜尚遇文王垂老辅周之事,顾颉刚先生已辨其诬。①

查《诗·大雅·大明》:"牧野洋洋,檀车煌煌,驷骥彭彭。维师尚父,时维鹰扬。凉彼武王,肆伐大商,会朝清明。"此节描述武王伐纣牧野大战时尚父亲临战场,勇猛如雄鹰之飞扬、搏击;这当然不是一位"番番黄发"的耄耋老人形象。如史说:姜尚遇文王时已七十余,牧野之战时已九十,九十老翁何能上战场?

齐桓公三十年(前656年),齐伐楚,管仲曰:"昔召康公命我先君大公(指太公望姜尚)曰:'五侯九伯,女实征之,以夹辅周室。'赐我先君履,东至于海,西至于河,南至于穆陵,北至于无棣。"②《史记·齐太公世家》引用这段文字。则姜尚之封于齐为召康王公之时,《尚书·周书·顾命》记成王临终,命"召公毕公率诸侯相康王",文中提及姜尚之子齐侯吕伋;又晋《太公吕望墓表》:"康王六年(前1015年),齐太公望卒。"今本《竹书纪年》:"康王六年,齐太公薨。"则姜尚当受封于武、成之世。"兹假定当灭纣时渠(指姜尚)年三十,则至康王六年为七十九,自为极可能之事也。"③按我们的计算,武王伐纣灭商在公元前1046年,前十年(前1056年)文王受命,此年或前一年姜尚(约当三十岁)得遇文王,至康王六年(前1015),姜尚年已逾七十,这个计算,显然是近乎实际的。这是重要的四十年,王朝更迭,新王朝的文明建设,都有姜尚的心血和才智。西周早期文明深深地印刻着姜尚的烙印。

3. 关于太公望名号来源

太公望名号来于姜尚遇文王之时。"于是周西伯猎,果遇太公于渭之阳,与语大说,曰:'自吾先君太公曰'当有圣人适周,周以兴'。子真是邪?吾太公望子久矣。'故号之曰'太公望'……"④

"吾先君太公"是文王姬昌的祖父太王古公亶父,太王古公率周族脱离戎狄东迁岐下周原,"后稷之孙,实维太王,居岐之阳,实始翦商"(《诗·鲁

---

① 顾颉刚:《太公望年寿》,《史林杂识初编》,中华书局1963年版,第209—211页。
② 《左传·僖公四年》。
③ 顾颉刚:《太公望年寿》,《史林杂识初编》,中华书局1963年版,第209—211页。
④ 《史记·齐太公世家》。

颂、閟宫》)。"邑于周地,故始改国曰周"(《史记》裴注引皇甫谧语),周族之称周,建国曰周均因地称名。周族自太王古公始确立灭商的战略目标。周族之兴自太王古公始。文王姬昌引其祖父的预言"当有圣人适周,周以兴",是从太王经文王姬昌之父王季而至文王时(王季当商王武乙、文丁时期,前1147—前1102年),则太王古公当商王廪辛、康丁时期(前12世纪中叶,约公元前1160—前1148年),文王当帝乙、帝辛时期(前1101—前1046年)已有百年之久,故曰"吾太公望子久矣"。故号之曰"太公望"。太公望是说从太王古公时即盼望有圣智之人到周国来帮助周族,百年期盼,今日得遇先生,先生真是我们久盼的圣人,"故号之曰'太公望'"。"因而赐其名号为'太公望',以确认姜尚为太王古公所预言的'圣人'。"这就是太公望名号的由来。这个太公望与古人称老者、寿者为"太公"不是一个内涵,后儒则据"太公望"衍生出晚遇、垂老辅周种种传说,并影响至今。

二、姜尚身份考辨

文王尊姜尚为"圣人","立为师",为王者之师,武王亦尊为师,"要之为文武师",又尊为"师尚父"——《史记集解》引刘向《别录》:"师之,尚之,父之,故曰师尚父,父亦男子美号也。"《诗传》:"师,大师也;尚父,可尚可父。"尚父意谓可尊尚的父辈,则姜尚之名尚,当由"师尚父"而来,如吕望之由"太公望"而来。则名尚、名望,均由官号、名号而来;文王遇姜尚时,姜尚尚无名或有名而后隐去者。

"立为师""为文武师""师尚父",是知姜尚为文王、武王之"师"——王者之师,国之冢宰。这与商汤举伊尹"任以国政"、武丁"举(傅说)以为相"是相同的,伊尹、傅说为商王之"师"。"为文武师""师尚父",标明姜尚的政治身份。那么他的文化身份是什么呢?

我们考察一下姜尚是如何进入周族政治集团的。"西伯将出猎,卜之,曰:'所获非龙非螭,非虎非罴,所获霸王之辅。'于是周西伯猎,果遇太公于渭之阳……"[1]传为姜尚所撰《六韬》"文师"首篇亦记"文王将田,史编布卜

---

[1] 《史记·齐太公世家》。

曰:田于渭阳,将大得焉……兆得公侯,天遗汝师,以安佐昌,施及三王。"这是因卜兆而得遇,并因之尊为"圣人"。卜兆是上帝意志的体现,是通过巫觋(或其本身即为王者)的通神占卜来传达上帝的意旨,——"鬼神之明智于圣人"(《墨子·耕柱》),并将其所获尊为"圣人"。是知,西伯是按上帝的意旨得遇姜尚,这正符合卜兆。说明姜尚乃上帝选中以成就"霸王之辅"的通天通神的一巫者,并有征兆:"非龙非螭,非虎非罴"——神兽为其(化身)征兆。《六韬》则直记"天遗汝师",直言上帝所赐。

"周文王梦立令狐之津,太公在后。帝曰:昌,赐汝名师。文王再拜。太公梦亦如此。文王出田,见识所梦,载与俱归,以为太师也。"①

文王梦得圣人,与商汤梦得伊尹、武丁梦得傅说是同一文化模式。均是以梦兆神谕的神秘形式对伊尹、傅说和姜尚的巫史身份的一种曲折的隐讳表述。

古代巫者是交通天地、规划宇宙的文化人,"巫便是知天知地又是能通天地的专家","商周时代的巫便是数学家,也就是当时最重要的知识分子,能知天知地,是智者也是圣者"。②

太公(古公亶父)之"当有圣人适周""子真是邪","故号之曰'太公望'",正是太公所预言的"圣人",文王所卜兆的圣人,姜尚作为知天知地的巫者是被周人视为"圣人"的原因所在。而在这一点上又可以看出商周文化发展的连续性。

从姜尚归周后的作为看,"周西伯昌之脱羑里归,与吕尚阴谋修以倾商政,其事多兵权与奇计,故后世之言兵及周之阴权皆宗太公为本谋"。"天下三分,其二归周者,太公之谋居多。"③

这位王者之师,这位巫者,不再像伊尹、傅说那样处于"训王"的地位,在参与决策中是出谋划策的谋士、军师、智囊,而是作为"霸王之辅"——新历史时代文化的地位,辅弼之臣的地位。这也成为自周以降历代文化人的政治地位的模式。

---

① 王逸注:《楚辞章句·离骚》。注曰"文王梦得圣人"。
② 张光直:《商代的巫与巫术》,《中国青铜时代》,三联书店1999年版,第256页。
③ 《史记·齐太公世家》。

"武王将伐纣,龟兆不吉,风雨暴至。群公尽惧,惟太公强之劝武王,武王于是遂行。十一年正月甲子……伐商纣……师尚父谋居多。"①这是记武王伐纣灭商"师尚父谋居多"的事迹,其中可注意者是姜尚违逆卜兆之意,强行伐纣之行事。"卜,龟兆不吉,风雨暴至",在商周人看来,这是上帝示警,不宜出师;在天人同构的思维模式下,应听从上帝旨意,推迟出师。但当时的形势是"纣昏乱暴虐滋甚",内部分崩离析,"纣克东夷,而陨其身"(《左传·昭十一年》),殷纣主力部队连年征伐东夷,国力消耗殆尽,正是伐纣的好时机,"于是武王遍告诸侯曰:殷有重罪,不可以不毕伐。"因为在文王被害后二年(文王九年),武王已"为文王木主,载以车,中军","东观兵,至于盟津",出师伐纣,只因时机尚不成熟,"乃还师归"。这一举动定会引起殷纣的警觉,所以当二年之后的再出理由,只能一鼓作气了。

文王时周人已掌握了"度小大以正""物无不落"的矛盾对立转化的变易观念和任何事物不能永存的变化观念,并提出"后失时"的警告。②

既然伐纣时机已经成熟,就要抓住时机,因为"后失时"——落后就失掉时机;虽然上帝示警,但武王、姜尚坚持文王所创造的"兵强胜人,人强胜天"的思维观念,"能制其有者则能制人之有,不能制其有者则人制之",在制人与人制的选择上,姜尚"强之劝武王"(这些新思维新观念极有可能是姜尚帮助文王创建的)。这说明,姜尚不是一般的巫者,不是一成不变地遵从卜兆之意,而是全面权衡与判断,作出新的决断,哪怕这个决断不合卜兆,甚至违逆所谓"天意"。这是对巫史的新态度、新解释,显示出姜尚已超越夏商以来的巫史文化的旧樊篱,为周人建立"事鬼敬神而远之"新的天道观做了成功示范。

《韩诗外传》对此事另有记述:"武王伐纣,到于刑丘,轭折为三,天雨三日不休。武王心惧,召太公而问。曰:意者纣未可伐乎? 太公对曰:不然。

---

① 《史记·齐太公世家》《六韬·佚文》:"文(应是武之误)王问散宜生,卜伐殷,吉乎? 曰,不吉,钻龟,龟不兆,数蓍,蓍不交而如折(《御览》作数蓍交加而折),将行之日雨辎重车,至轸行之日帜折为三。宜生曰:此卜四不祥,不可举事。太公进曰:是非子之所知也。祖行之日雨辎重、车至轸,是洗濯甲兵也。"《北堂书钞》一百十四引:"武王伐殷,兵行之日大雨。太公曰:是洗濯甲兵,行之象;帜为折首。太公曰:此折纣首之象。"姜尚对天象天警作了全新的解释。

② 参考《逸周年》之《度训解》《文酌解》。

轭折为三者,军当分为三也。天雨三日不休,欲洒吾兵也……"①"轭折为三""天雨三日不休",连续出现怪异反常之事于伐纣途中,使"武王心惧""意者"——指上帝之意,意为上天示敬"纣未可伐"。对这两种反常现象,姜尚作出顺应天意的新解:上帝令你兵分三路,下雨洗军,化凶为吉,变阻兵为助兵,消除武王的疑惧,鼓舞了士气,取得战争胜利。描述了一位新型文化人与战略家形象。

"天下乃天下人之天下",这是姜尚构造的新天下观——针对殷纣的天下,殷纣的天下不是他一人一家的天下,而是全天下人的天下,这就把全国人民纳入抗殷的大战略中来,从家天下扩大为天下人之天下,是为反殷纣而组织全国人民的大战略,这提高了周文王及周人"实施翦商"的大战略的价值链,把问题提到国家政权更迭的新高度。这不是一家一姓问题,而是全国人民的事。这为周文武反殷纣组织了最高的战略统一战线。最后实现了"小邦周"打败了"大邑商",实现了以周代商的政权更迭,中华历史进入了西周王朝时代。

---

① 韩婴著,许维遹校释:《韩诗外传集释》第十三章,中华书局1980年版,第94—95页。

附1:对《论西厢记及其改编》的几点意见[①]

一、剧中所显示的矛盾的性质及主题思想的实质

《西厢记》的创作时代,正是中国封建专制主义极端加强的黑暗时代,封建专制主义歪曲了人类的灵魂,窒息了人的一切独立的感情,剥夺了人的最神圣的权利以及享受相互爱情的权利。任何一种自由感情(爱情也在内)在这个时代里是不被允许逍遥自在地留在专制主义重压之外的,因而它会不顾一切手段去扼杀作为这种感情的基础的个性,歪曲着一切人的心灵与性格。在《西厢记》中,通过矛盾,正反映了这一点。在《西厢记》所显示的主要矛盾中,我们看到女儿只是母亲——封建家长的占有物,是可以随时抛出去的一份财产;我们看到在封建制度下"夫妇的情爱并不是主观的而是客观的义务,不是结婚的基础而是结婚的附加物"。在这一矛盾下,就逼使张生去追求为了爱情而需预先交付丈母娘的代价和押金:金钱和名誉、地位和虚荣。应该说这是具有悲剧性的(即使情投意合也不能结合),在封建制度下,两性的结合必须以金钱、地位为前提。谁能拿来功名利禄,谁就能占有莺莺。尽管张生与莺莺实际上已经是夫妇了,但崔老夫人,莺莺的母亲并不认为他们是夫妇,因为这没有经过父母之命,不是门当户对,"白衣卿相"是不配做她的女婿的,如果张生拿不来代价和押金,她就可以把莺莺——自己的女儿再卖给别人。在这里她将莺莺、张生的婚事和封建科举制度结合起来,莺莺变成了科举赌博的彩头,赢则有,输则无。而张生自科举赌场赢得的功名利禄,便是交纳给崔老夫人的莺莺身份。这不是一种公开的合法化了的卖淫制度的表演与形象解剖吗!作者不仅是尖锐地揭发了礼教的伪善及封

---

① 《中国戏曲研究》1958年第1期。

建阶级丑陋卑鄙的面孔,而且不管封建阶级怎样的以伪善的道德礼法来装饰,就其所反映的矛盾的性质及主题思想的实质来说,这正是被所有剥削阶级合法化了的卖淫制度对于青年男女的迫害,以及反对这种迫害、争取人性解放的斗争,作者并以青年男女的胜利来结束这场激烈斗争。这就是西厢记的主题思想所显示出来的伟大的战斗意义及其强烈的人民性所在。因此,林先生仅仅认为《西厢记》一般地反映了青年男女的恋爱,这将会低估《西厢记》的价值,削弱《西厢记》的战斗意义与人民性。

二、崔莺莺性格的成长

在全剧中,我觉得"寺警"与"赖婚"是决定性的事件,轻视它们将会影响对这个人物性格发展的认识。林先生在论文中对这两折,特别是"赖婚"这一折没有给以足够的重视。

莺莺在封建专制淫威下,过着囚徒式的生活,但事情往往是这样,压迫越是厉害,要求新的出路也就越加迫切与必要。所以当自由与光明,无视垂死的专制势力的重重警戒,冲进了她的闺房之后,当她一见书生张珙之后,她的人性觉醒了,她有了爱情的需要。在"寺警"中她主动地提出"情愿与英雄结婚姻、成秦晋"。而张珙正是她心目中的英雄。应该说,这个时候要求自由与情爱的火焰已在她的心中点燃了,想要熄灭它是不可能的,而任何阻力都只能激起它燃烧得更旺盛,任何阻力都只有引起这个软弱的女子的不满,所以当老夫人"赖婚"时,她没有表示顺从,而是和张生站在一起了。林先生说她这时"只好沉默"是不对的,她没有沉默。她不仅怨恨她的母亲,而且在这以后,她以一系列的反抗行为反抗她的母亲。在这个时候,莺莺"无论她怎样自制,情欲超过她,超过她的一切成见和恐惧,超过她从小所听见过的一切训诫。她的全部生命都集结在这情欲中,她天性的全部力量,她所有一切活的憧憬都聚合在这里。"她酬简,她约会,她私自到西厢去并私自与张生结合,这都表明她没有沉默,当她决定要冲向新的生活时,她什么也不顾忌了。在这个时候,她的内心斗争已经完成了,所剩下的只是极小的犹豫,旧礼教的外衣还笼罩着她,就是这个外衣,她也很快地抛掉了。我觉得从"寺警"到"研婚"是莺莺性格成长的关键性的事件,在这些事件中,使她认识到封建家长的虚伪丑恶面目,使她认识到必须以行动来争取,幸福生活才会来到,莺莺也真地这样做了。当她知道自己需要什么和应该如何做的时候,没有胆怯,而且勇敢地走上了斗争的道路。她也就是在这个艰苦曲折的斗争的道路上逐渐成长起来的。

三、剧中所反映的几种矛盾及其性质

关于这个问题,林先生论文中没有交代清楚,我觉得林先生是把《西厢记》中所显示的复杂的矛盾简单化了。我认为全剧情节的发展是多样矛盾的交互错综,同时也是多样矛盾的解决过程。其中有莺莺的情感与家教礼法的矛盾;张生与老夫人的矛盾;张生与莺莺的在态度上的矛盾;莺莺与老夫人的矛盾;莺莺的自我矛盾。这些矛盾都有着不同的性质。莺莺的自我矛盾以及莺莺与张生的矛盾,乃是自由情感与礼法家教的矛盾,是主观愿望与客观约束的矛盾,是热情与怯弱的矛盾。它不是本质的矛盾。因此,剧情的发展,既是矛盾的对立过程,又是矛盾的解决过程。在剧情的发展中,通过各种斗争,莺莺逐渐自礼法下解说出来,逐渐克服了怯懦和顾虑而勇敢起来,张生与莺莺之间的矛盾便逐渐解决,从两人违背礼法而"自由"结合。当这矛盾解决之后,便促使另一矛盾尖锐化,即张生、莺莺与老夫的矛盾激化起来,这是剧的主要矛盾,它是礼教与自由、家长制与青年恋爱、门伐势力与爱情、金钱与人的真诚情爱的矛盾。在这一矛盾的发展下,就把情节引向矛盾冲突的公开化,引向两个方面的面对面的交锋,即转向剧的高潮。剧中的"酬简"是张生与莺莺的矛盾的解决,而"拷红"则使主要矛盾上升并激化起来。林先生批评了"拷红一折已是强弩之末"的意思,但并没有对拷红一折给予应有的评价,我觉得这是不应该的。

(1957.6.29)

作者的答信

《中国戏曲研究》编辑同志:

送来碧波先生的文章已拜读。碧波先生的意见,是很值得思考的,衷心地感谢碧波先生对我的帮助! 你们要我谈谈我的意见;由于我还在病中,不

可能详述，这里只能简单地谈谈几点初步看法：

（一）碧波先生批评我对"拷红"一折没有给予应有的评价，这个意见是很好的。我在写《论西厢记及其改编》的时候，由于对有些问题还体会不同，所以就没有详细论述。我对"拷红"一折及第五本结尾的问题，论述很少；对《西厢记》的结论、语言艺术等也没有探讨。这些地方，我希望以后能够深入再研究探讨，目前我还不能谈出什么新的意见。

（二）碧波先生认为《西厢记》所反映的矛盾的性质及主题思想的实质，是"被所有剥削阶级合法化了的卖淫制度对于青年男女的迫害，以及反对这种的迫害、争取人性解放的斗争，作者并以青年男女的权利来结束这场激烈斗争"。我想这样的提法还是值得商榷的。封建社会里，的确有"被剥削阶级合法化了的卖淫制度"，这种制度的确也迫害过不少青年男女；但在《西厢记》中并没有形象地反映出这样的事，碧波先生对老夫人的理解也有些简单化了。我想，老夫人她是爱鸳鸯的，她不知道她的爱越深，使女儿反应越痛苦。悲剧就在这里。碧波先生说，老夫人把鸳鸯当作"科举赌博的彩头"，并把这解释为卖淫制度的表演，这是难以理解的。这是不是离开作品太远了呢？

（三）关于崔鸳鸯的性格成长，拙作写得较多，不重复。碧波先生与我的分歧，在于他愿为鸳鸯在"赖婚"中"没有沉默"，"当她决定要冲向新的生活时，她就什么也不顾忌了。在这个时候，她的内心斗争已经完结了，所剩下的只是极小的犹豫……"我的看法是，"赖婚"中鸳鸯表现了无意的反抗，她的内心沸腾到极点，矛盾到极点。这时她的顾忌是很大的，这表现在她以后一系列的行动中，如"琴心""赖简"等是，忽略了鸳鸯的自我思想斗争过程，就会把这个人物简单化了。

以上看法不一定对，仅提出敬意碧波先生，此致敬礼！

林　表　1957.12.20

附：这是60年前的一篇短文，是1956年后第一篇写的东西，当时全国正处于"拔白旗"的浪潮中，1958年又处于下乡办学，作为一名刚出校门的助教收到文章后没敢申张，今日方拿出来，以见虽为年轻人却在国家级杂志发文章，虽不成熟，从中可见对问题思考的要求吧！

附2:文明探源工程上的理论分歧

——关于马克思"亚细亚生产方式""早熟的儿童"理论定位

2004年国家成立中华文明探源工作组,委托中国社科院考古研究所承担。当时我认为这是全国学人关心的大事,而且这个问题不只是考古学问题,应从全国选人组成这一课题组。

2015年5月29日《光明日报》刊发《陶寺遗址与中华文明起源》整版文字,这应是"探源工程"的代表意见,从中可归纳:文明理论"体统三要素",即"文字、冶金和城市";"尧文化是中华文明主要源头";"唯独以陶寺为代表的中原华夏文明延续至今";"崇尚神权模式……崇尚军权和王权模式——这两种模式带来了不同的后果:崇尚神权的垮掉了,崇尚军权和王权的延续了下来。"

说唐尧时期已"神权垮掉了",似不符合事实,唐尧时"历象日月星辰""敬授民时"——创建天人同构的宇宙认知体系,掌握天地运动规律和日月星辰的历数变化,天象、物候、民众、鸟兽、天象星历、人间物候、社会民众、鸟兽自然——天文、地文、人文构成一个内在关系链、一个宇宙社会共同体——从神界到人界——唐尧时宇宙秩序化到天人相关联的共同体,表明唐尧时仍然处在神权的世界中,是创造了天文与人文同构的思想文化意识形态时期。"历象日月星辰,敬授民时",天人同构,宇宙人间一体,主体是独占通天权力的王者巫者。唐尧时建立"历象日月星辰,敬授民时"这个宇宙秩序是由大巫者羲和巫史集团完成的。巫觋是主持"明神降之"的通神仪式的大祭司,是沟通天地、掌握天地的智者、圣者,是为群巫之长;中华早期文明王巫一体,王者出于巫者,王权即源于神权、部落联盟酋长,独占宗教权,沟通、掌握天地之历数——宇宙天地的是王者兼巫者的职能，古代王者掌控、垄断天文历数，历数与权力合一，是中华文明的一个特点。

从"家为巫史"到"绝地天通"，是文化或文明演进的两个阶段的标志。《国语·楚语下》记楚昭王问其大夫观射父关于颛顼命重、黎沟通天地的事时，观射父说："古者民神不杂……及少昊之衰也，九黎乱德，民神杂糅，不可方物。夫人作享，家为巫史，无有要质。……颛顼受之，乃命南正重司天以属神，命火正黎司地以属民，使复旧常，无相侵渎，是谓绝地天通。"家为巫史，人人皆可主持祭祀，人人皆可通神，造成"民神同位""神狎民则"，上天失掉威严，社会没有秩序，"祸灾荐至，莫尽其气"，给人间社会带来灾难，造成严重威胁。从旧石器时代进入新石器时代，社会发展需要新的社会秩序，而在万物有灵观念还严重影响与支配人们头脑的时代，需要在人天关系上有所整顿、有所突破——突破无序、突破家为巫史的散乱态势，变无序为有序，变"家为巫史"为"绝地天通"。"帝颛顼出来，使少昊氏的大巫南正重'司天以属神'——只有他同帝颛顼才管得天上的事情，把群神的命令汇集起来，传达下去，此外无论何巫全不得升天，妄传群神的命令。又使'火正黎司地以属民'，使他管理地上的群巫，使他们好好地给万民治病和祈福。""这是宗教里面从低级向高级上升的一个大进步，关系颇大。""帝颛顼是一个宗教主"；"帝颛顼的处置是有进步意义的，并不是复古"，"从宗教的低级、巫术而进于高级的宗教是人类知识演进时候必经的阶段。"①宗教文化领域的大变革，带动了整个历史的变动，并逐渐构成源于神权的王权的建立，造成社会结构的新变化。这是中华上古史从旧石器时代向新石器时代转轨时的重大事变。"绝地天通"是一次伟大的宗教文化改革，断绝地民与天神的交通，把混沌而无序的宗教文化秩序化，其实质是由少数人独揽宗教大权、独揽神权。"历象日月星辰，敬授民时"②；"黄帝使羲和占日，常仪占月，臾区占星气，伶伦造律吕，大挠作甲子，隶首作算数。容成综此六术而著调历也。"③黄帝时有羲和，尧时仍称羲和，这说明，唐尧时表现为王权神授的文化传统。

---

① 徐旭生：《中国古史的传说时代》，文物出版社 1985 年版，第 83—84 页。
② 《尚书·尧典》。
③ 《世本》。

尧舜禅让问题未见涉及，这是一个涉及尧舜文明王国的性质和特点问题，似不可回避。尧舜禅让是上古史中政权更迭的一个模式创造。

"禅让"说的文化人类学解释

关于尧舜禹之"禅让"帝位一事，先秦诸子多有议论。儒家称美之，以为天下为公之义；法家诋斥之，以为篡位弑君之恶。后又有新莽、司马氏之篡，各用以之为口实。说者纷纷，难见其本实，实为中华早期文明史之一大疑案。

我们认为上古时期，权力的更替是作为氏族部落（甚至在部落联盟阶段）的一种固定的习俗而传继下来。这是一种世界性的文化现象，不独中国存在。

"尧曰:嗟！四岳:朕在位七十载,汝能庸命,践朕位?"(《史记·五帝本纪》)于是帝尧老,命舜摄行天子之政,以观天命。"在位七十载""帝尧老",是尧舜"禅让"的基本形势。

尧与舜是互为婚姻的两个部落集团。"帝使其子九男二女,百官牛羊仓廪备,以事舜于畎亩之中……"(《孟子·万章》)据此,舜为尧之"子婿"。"尧乃以二女妻舜以观其内,使九男与处,以观其外",则尧之子女均归虞舜集团(此乃依母系氏族社会传统,男子到了婚龄离别其父母族团而到姨妹丈夫那个族团中过婚姻生活的习俗)。则尧之亲族皆归于虞舜集团,传婿不传子。

禅让事件的背后蕴藏着一种古老的文化传统与文化习俗,对此,英国文化人类学家弗雷泽在名著《金枝》中有深入的研究。

弗雷泽从研究中发现,在世界各国,都存在过国王兼祭司(巫师)的文化现象,他们具有半神半人、亦人亦神的性质。他的命运,他的生死,他的健康状况,直接关系到世界的兴亡,直接影响着他的臣民,他的疆域中的一切牲畜、植物。弗雷泽指出:"西卢克人过去有个惯例,国王一旦表现健康不好或精力衰减,就把他处死。""许多古代希腊国王在位的年限只有八年,至少每当八年之期终结时,要重新举行就任圣职的仪式,重新接受神所恩赐的新的活力。这样可使国王能履行他的行政和宗教的职务。"①

禅让,传婿不传子,打破了上古以来的天下文化传统,是氏族继承法,而因年老退位,是遵循氏族宗教法。据此可知,尧舜部落联盟在思想文化传统上遵守氏族法规,是一种倒退,违背家天下的上古文明传统,引起社会的混乱与反对,引起联盟内部的分裂。后来方有虞舜南巡守——以讨伐唐尧之子——丹朱,而"南巡不返"。

这些史实是文献学材料,因"工程"作者否定文献学,故弃而不顾。

《光明日报》上的大文是按"工程"组坚持"文字、金属、城市"的理论的。

考古学界有人如此对待马克思主义和古代文献学:"说到理论,本书没有使用新近流行的舶来的考古学理论和方法,只是通过一些中国考古学个案的研究,发现了一种特殊的线索,形成了一点点自己的看法而已。世界上流行的关于文明起源的理论不能说完全没有道理,但是,那终究是国外的经验。中国考古学的研究必须像老一辈考古学家那样实事求是,走自己的路,总结自己古老国度的特点与规律,完全按照外国的经验对号中国的资料犹如隔靴搔痒,根本不解决问题。中国文明起源的探索很像是对甲骨文和金文的研究,只能依靠中国古代文献提供的理论、辞例和用法加以考释,因为别处没有这种古老的文字。中国古代文化就是具有这种特殊性。所以,拿来主义、教条主义只能吓唬别人、糊弄自己,削足适履更是容易被耻笑的:这是被中国革命实践反复证明了的道理。本书的研究主要依据考古学资料,尽量不用历史文献,偶尔用一点儿,也实出于无奈。因为东周的文献说西周的事情,大概还有可信度,如果讲商代的事情就不能那么认真了,用来套新石器时代的考古资料那就更没谱了。对于中国古代文明的核心与特色、传统与精华又有哪个学科能够比考古学更有发言权? 中国古代漫长的历史中有很多重大课题是必须由考古学来完成的,考古学还在研究和探索的课题,其他学科当然就无能为力了,只有中国考古学能够化腐朽为神奇,向历史的深度挺进,为其他学科的研究提供理论的武器。在中国的学术界,几乎所有关于人类精神生活和思想意识水平的研究,否认方法、理论或例证都是照搬

---

① 弗雷泽:《金枝》,中国民间文艺出版社 1987 年版,第 394、410 页。

照抄外国的经验,而缺失自己的认识体系。探索思想的起源、艺术的起源、宗教的起源、财产的起源、国家的起源和文明的起源,都把眼光仅仅局限在原始宗教的概念上,用这个概念解释中国的考古学资料是典型的削足适履,而且,很容易令人对这个时期的精神生活和社会行为产生出个别的、杂乱的、无序的误解。原始宗教的意识与行为在古代中国的存在是不能否认的客观事实,但其意义如何,在人类社会的进程中发挥怎样的作用是不能笼统地、似是而非地加以解释的。因此,在中国研究原始社会史、研究原始宗教必须有个年代的界定。距今 10000 年以前是原始宗教的研究范畴,此后是古礼的研究范畴,用国外的那套研究方法和理论是无能为力的。"①这位论者提出两个问题:一是拒绝"舶来的考古学理论和方法","拿来主义、教条主义只能吓唬别人,糊弄自己","世界上流行关于文明起源的理论……终究是国外的经验……对号中国的资料……根本不解决问题";二是拒绝用历史文献,拒绝与其他学科合作。

《北方文物》2010 年第 2 期田建文先生的《让材料牵着鼻子走》一文,编辑部将此文列在"考古学研究基本方法"一栏中,则此文阐述了考古学方法论,涉及考古学与史学的关系,这是考古学与史学研究的一个大问题。

田文的主旨是"让材料牵着鼻子走",其所说的"材料",是指考古材料:"通过以物论史,透物见人,代死人说话,达到把死人说活的目的","这也是在考古学研究中贯彻实践是检验真理的唯一标准的具体表现"。这是一种理论,一种考古学研究的基本方法。

田文强调让考古材料牵着鼻子走,却对历史文献持怀疑态度。请看:"得分清(历史)文献的真与伪和可靠性有多大";"当时或接近发生时间的文献较少,比较可靠。再往后就与实际有着差距,甚至概念混淆……导致是非极端化";"似是而非的文献,去伪存真的任务,非考古学莫属,在与文献数据的比较与权衡过程中,首先考古学,才能做到优势互补。"

田文是上文所列观点的进一步补充。这种拒绝国外(主要是对马克思恩格斯的)理论,这种文献学怀疑论和考古学独门化倾向,这是一种宗派主

① 上引自卜工《文明起源的中国模式》,科学出版社 2007 年版,前言第 6—7 页。

义思潮，应引起我们的关注。

考古学大师苏秉琦先生晚年提出考古学的改革问题，苏先生将欧洲创立的考古类型学理论成功地实现了中国化，进一步提出考古文化的区系类型理论，把考古类型学理论推向了新高度。

晚年苏先生提出"把（考古学）描述的科学变成真正的科学；科学是讲规律的，恰巧我们的学科缺这一块"，应该指出中国考古学的局限和问题，为此，苏先生急呼："也该改换门庭了。"为此他提出科学考古、动态考古学的命题，作为中国考古学的"学科建设的思考"，深情地表达了一位老学者对考古学科建设的关切与期待，并提出重建中国史的目标，将史学、人类学与考古的相互交流融合，构建成合为一体的研究模式。

《中国文物报》总第1376期2005年12月9日第4版刊发的河南博物院等单位召开"文明探源：考古与历史整合"学术研讨会实录，从学科整合思维角度讨论文明探源问题，标志文明探源问题讨论已进入一个新阶段。

中国是一历史文献大国，历史文献出于"实录"。

这种对马克思主义的排斥诋毁，对历史文献学的拒绝思潮，在"工程"研究中鲜明地执行着。

中国是一个文献大国，这些汗牛充栋的文献是从上古三代以来的巫史人物传下来的。

人们最熟知的楚国大诗人屈原，中国最知名的大史学家司马迁出于巫史世家。

古代有巫觋，为专职奉事神明、主持祭祀的宗教人物，是为通天阶级，是知天知地的智者、圣者。

在从氏族社会向文明社会转型的历史过程中，巫觋中之极少数因通神独占，因其在部联盟中之领导地位（部落长或军事首领）而为王者。上古三代王权源于神权，"由巫而史而为王者的行政官吏，王者虽为政治领袖，同时仍为群巫之长"[1]；"君及官吏皆出自巫"。[2] 则这一时代的王者均来自巫，构

---

[1]　陈梦家：《商代的神话和巫术》，《燕京学报》第20期。
[2]　张光直：《商代的巫与巫术》，《中国青铜时代》，三联书店1999年版，第257页；引李宗侗语，则是这一文明史上第一代文化人。

成王巫结合的统治体系和王朝帝王史。其余的巫觋为中华文化史上的第一代文化人。

1.从《史记》《尚书》等典籍中,除了记述历史王朝史诸帝王史外,能够见诸典籍的人物均为巫史人物,这些人物为官吏、为国相、为王师,为王朝的开辟者、国家的建设者与设计者,为中华早期王国与王国文明的创建者。所以,中国上古三代史上记下他们的名字、事迹与业绩,与上古三代诸帝王,共同创建了中华早期文明史,形成文明起源的中华模式而传承下来。

2.这些巫史人物,这些第一代文化人,从氏族社会"家为巫史"中转化为神权垄断者、独占者、世袭者,并把氏族社会的社会法则、宗教法则、血缘宗族法则以及道德伦理法则带给新王朝、新社会——或者说在向阶级社会转型过程中,氏族社会的某些文化成分保留了下来——"古老的过时的生产方式以及伴随着它的陈旧的社会关系和政治关系"还得以保存、得以延续,这就是东方古代社会的所谓"早熟性"的一个重要方面。这也正是这些巫史人物,第一代文化人所竭力追求并加以概括的德统、道统,并作为文化传统,成为国策,铸成为民族性格,构成中华文明的本质特征。正是他们是中华早期文明的催生者、创造者。

古代中国,社会分工相对不发达,商品生产交换相对不发达,直接影响着物质生产与精神生产的分工相对不发达,因此没有如同古希腊古罗马那样产生专门哲学家、职业文学家;相反,在我国古代文明史初期,思想家与政治家往往是统一的,政治家与文化人(包括文学家)往往是统一的。上古及夏商周时代的祝、宗、卜、史等,他们是官吏,又是思想家、智者、文化人;宗教与政治是统一的,官、师是统一的。

这些巫史人物首先是作为一个政治家的身份出现在历史舞台上的,而不是以严格的文化人出现于历史舞台上。这种双重身体的历史人物的特点,正是中国文明史、中国文学艺术史最鲜明的特点:即它的综合性——哲学的、政治伦理学的、文学的综合。这些文化人的徽记是附带性质的,并表现为中国古代第一代文化人的先驱者的特色。

这与春秋战国时期由于社会大分工而产生的士阶层,有其历史文化的渊源关系,又有其文化性质上的区别。

这是中华文明史开端期的一大特点,也是中国自有文字传世以来第一代精英文化的一个特点。

2018年5月29日《人民日报》刊发:

重大科研项目"探源工程"成果发布——《考古实证:中华文明五千年!》。

该文有三个小标题,依次是:

1."中华文明探源工程"——揭示中华民族五千年文明起源与早期发展;

2.以调查发掘为主要手段——采取多学科交叉研究方式,填补世界文明史空白;

3.加强成果整理与宣传——相关成果编入中小学教科书,建设国家考古遗址公园。

在这篇"考古实证"中,通篇谈资料,却不见其提出指导研究这些考古资料的"文明理论"。文明理论就是指导,就是指路明灯。只有有了正确的理论指导,方可正确认识中华文明起源、中华文明的特质,中华文明发生、发展的历史,方可认知中国。

两年前还坚持"文明三要素"理论,这次在报道中却一字都不提,让人疑窦顿生:是改弦易辙,还是刻意回避,或者有了新认识? 还是相信只有考古就可以解决问题?

没有揭示中文明发生学真面目的东西,虽然大示张扬,还要坚持么? 这将会强化世人嘲笑中国所说的文明起源原来是不正确理论的东西,甚至还要把它引进教科书以贻误后人?

中国文明是农业文明,它所显示的早熟性及血缘纽带——宗法宗族观念,家天下观念,意识形态早期的综合特征,商品经济相对不发达等等,这些独特特征,在文明探源中没能说明,这还是"探源"么?

报告中说:"考古实证:中华文明五千年!"指明中华文明产生在5800年前。这是指辽西红山文化中期6000—5500年,中期早段和晚段5800年。

其中没有揭示中国文明的特质,没有涉及中国文明是农业文明以及它早熟性及血缘纽带——宗法宗族观念、家天下观念、意识形态早期的综合特征、商品经济相对不发达等等,这些独特特征,没提及中国文明探源遵循那一种理论——没有理论的文明?甚至还要引进教科书?

他们不再坚持"文明三要素:文字、金属器、城市"——按马克思所说的应为"古典古代的历史是城市的历史"而不是"亚细亚的历史,亚细亚的历史是城市和乡村无差别的统一"。但又拿不出新的理论观念,因为他们不肯承认马克思"亚细亚生产方式""早熟的儿童"理论,形成没有理论的"中华文明探源"的尴尬局面。

2018 年 7 月 13 日《人民日报》《参考消息》刊发重要的文化信息:《古人类走出非洲的时间可能更早——陕西蓝田发现约 212 万年到 126 万年前古人类活动遗迹》《中国两百万年前就有古人类——研究称系亚洲最古老居民》。二文指明:"从顶部到底部的 20 多个层位都发现了石器,主要包括石核、石片、刮削器、尖状器、钻孔器和手镐等"。

"——十五层土壤至二十八层黄土层——年代大约在 212 万年到 126 万年之间,这一重大发现完全改变了中国上古史、文明发生学史中的体系结构。"在新疆石河子发现三趾马化石,证明早在 300 万年以前,石河子一带的自然环境和气候条件曾适于三趾马的生存、繁衍。从而说明那时石河子已有了人类生存的条件。这为在石河子区域寻找早期原始人类活动遗迹提供了依据和线索。

这一发现表明,距今 300 万年前就有人类在此繁衍生息、驯养马匹,使他们成为草原骑马民族。

新疆、西藏称自己的古先是猕猴——类人猿,从猿到人,西方学者称为人族。

辽西浑善达克沙漠地发现距今 300 万年的红山文化边缘地区古遗址,是红山早期文化遗存。

中国人不是非洲人

1.这"比公认的西北格鲁吉西德玛尼西旧石器遗址年代还早 27 万年,同时表明古人类出现在非洲以外地方时间可能比之前认为的更早"。

2.中华自然生态环境与民族文化格局

　　历史地理的生态环境制约着甚至决定性地影响着民族文化格局。中华大地是一从西向东逐级倾斜的斜坡，西部有世界屋脊的青藏高原，海拔 4000 米以上，东接横断山脉，形成云贵高原、黄土高原、内蒙古高原的由西南到东北的半圆形高原带，海拔 200 米以下的平原地带及沿海地带。东北则为大兴安岭及燕山山脉接触地带和东北平原。中华大地本身是一个巨大的地理单元，东西落差形成三级巨大阶梯。南北跨度达 30 个纬度，这既决定了中华文化的起源的本土性，又形成了极其不同的多种文化区系。

　　人类产生是宇宙本体论的核心问题，中国人的诞生自有它的人类生成史，"女娲抟黄土作人"（《风俗通义》），文化改造过了黄土，诞生了黄种人——中国人，西北黄土高原成为"黄土作人"的中国人的诞生地。

　　这些重大发现完全改变了中华上古史、中华文明发生学史的体系结构，为中华文明史增添了深厚、沉重的文化底蕴。

　　马克思关于亚细亚方式的理论为我们认识中国古代社会的性质特点诸问题以及几千来年中国为何没有转型资本主义，它的礼仪体系、家天下的政权模式、音乐美学模式等等问题提供了理论指导和实践方法。

　　这些理论及其方法论仍是我们认识、推动中国社会前进的理论动力源。仍是我们做好工业革命、推进中国人民伟大复兴的金钥匙，建设人类命运体、天下大同的指路明灯。

　　我们对文明探源工程提出问题，因为这是一个中国人民极为关心的问题，也是世界人民关心的问题，它涉及中国人民是怎样从历史中走来的，它的思想文化是如何形成与发展的，中国文化的影响力是怎样形成的等等重大历史问题、理论问题。我们应建立符合历史实际的中华文明史观及其理论，继续开展文明探源工程。

　　知古鉴今，有利于实现中国复兴梦。